L'Année psychanalytique internationale
2018

The International Journal of Psychoanalysis
Fondé par Ernest Jones sous la direction de Sigmund Freud

Rédactrice en chef : Dana Birksted-Breen

Annuels européens de
The International Journal Of Psychoanalysis

Rédactrice en chef : Nilufer Erdem

En langue française : L'Année psyciianalytique internationale
En langue italienne : Annata Psicoanalitica Internazionale
En langue allemande : Ausgewählte Beiträge Aus Dem
International Journal Of Psychoanalysis
En langue turque : Uluslararasi Psikanaliz Yilliği
En langue russe : Международный психоаналитический ежегодник
Избранные статьи из Международного журнала психоанализа
En langue grecque : Ετήσια ελληνική έκδοση
En langue roumaine : Anuarul Român de Psihanaliză Internaţională
En langue chinoise : 国际精神分析杂志中文版年刊

Annuels latino-américains de
The international journal of psychoanalysis

En langue espagnole : Libro Anual de Psichoanàlisis
En langue portugaise : Livro Anual de Psichoanálise

Site web des annuels :
www.theijp.org/annuals/

L'Année psychanalytique internationale 2018

TRADUCTION EN LANGUE FRANÇAISE
D'UN CHOIX DE TEXTES PUBLIÉS EN 2017 DANS
THE INTERNATIONAL JOURNAL OF PSYCHOANALYSIS

Site de *L' Année Psychanalytique Internationale* :
http://www.theijp.org/annual-french/

Éditions In Press
127, rue Jeanne d'Arc – 75013 Paris
Tél. : 09 70 77 11 48
Fax : 01 45 86 99 42

E-mail : inline75@aol.com
www.inpress.fr

Tous nos remerciements au Centre de Psychanalyse de la Suisse Romande (CPSR) pour son soutien à la publication de *L'Année Psychanalytique Internationale.*

L'ANNÉE PSYCHANALYTIQUE INTERNATIONALE 2018.
ISBN : 978-2-84835-472-9

Couverture : Elise Ducamp
Mise en page : Christian Millet

Imprimé par GPS en avril 2018

SOMMAIRE

Éditorial

PLURALITÉ DES LANGUES, PLURALITÉ DES CULTURES, RÉSISTER AU MONOLINGUISME

Céline GÜR GRESSOT

Dans un ouvrage récent, Barbara Cassin (2016) explore les enjeux philosophiques de la traduction. À partir de ce qu'elle nomme un « journal de pensée »[1], elle passe de l'éloge du grec à l'exposé de ses conceptions issues de son *Vocabulaire européen des philosophies, Dictionnaire des intraduisibles*[2], aux fins de nous démontrer combien la force des mots repose sur la pluralité de sens contenus dans la langue. Avec son éloge de l'homonymie et d'un « relativisme conséquent », elle cherche à débusquer l'exclusion, restaurer l'apport de la *barbarie*, de l'« étranger » dans notre culture méditerranéenne.

Précédemment, dans un récit vivant de sa propre expérience de la nostalgie (Cassin B., 2013), elle affirmait son attachement aux lettres classiques, d'abord à la langue grecque, à sa culture en partant de l'épopée homérique, puis au latin, analysant le voyage d'exil d'Énée et sa profonde différence de celui d'Ulysse. Différence qu'elle situe dans la langue, Énée renonçant au grec pour créer une langue de l'exil tout en négociant avec les dieux le maintien de la langue locale. Pour Barbara Cassin, le sentiment d'appartenance, l'être « chez soi », passe par la langue et par ce qu'elle véhicule, et pour notre part, comment ne pas évoquer l'affect qui l'accompagne ? Elle poursuit avec la position défendue par Hannah Arendt d'une langue maternelle inaliénable, garante de notre complexité et de la fragilité de notre être.

En participant au projet des *Annuals* de *The International Journal of Psychoanalysis* nous pourrions rejoindre l'argument de Barbara Cassin qui prône une attitude de résistance au monolinguisme. Concernant ce dernier point, elle rapporte notamment l'expérience personnelle de Derrida, « jeune

1. Note : en référence à Hannah Arendt.
2. Seuil-Le Robert, 2004.

juif pied-noir auquel l'arabe était enseigné comme une langue étrangère facultative » (Cassin B., 2016, p 65), une expérience pour le moins paradoxale compte tenu de son environnement familial et culturel dans l'Algérie coloniale de l'époque, et de la présence inéluctable de ces deux langues. Or c'est bien la position de Barbara Cassin qui part des mots et non des choses, revendique une conception anti-ontologique de la langue : « [...] nous ne sommes plus sous le régime de l'ontologie et de la phénoménologie, qui ont pour tâche de dire ce qui est comme c'est, mais sous le régime de la performance, qui fait être ce qui est dit » (*op. cit.,* p 48). Sa conception est résolument anti-identitaire, fondée sur la diversité dans laquelle les langues se nourrissent l'une l'autre : il n'y a pas qu'une traduction possible mais plusieurs, dont l'une sera peut-être la meilleure. Ainsi, elle se réclame de Humboldt[3] pour qui la langue est une *energeia*, « une activité en train de se faire » et non un *ergon*, un travail en soi. Sa sophistique est une porte d'entrée dans la traduction : « Il y a des langues – des cultures, des visions du monde – et des gens qui les parlent, des textes, et l'on passe en traduisant d'une langue à l'autre » (*op. cit.*, p. 231).

En fin d'ouvrage, elle décrit son sentiment d'absurdité et de révolte devant le territoire dévasté par le démantèlement de la jungle de Calais. Il y a là des gens qui ne devraient pas être là, dans un territoire de non-lieu : « *No man's land* invivable, plein de gens » (*op. cit.*, p 237) et là encore, des volontaires anglophones enseignent quelques rudiments à des gens qui ne peuvent ni partir ni rester. Barbara Cassin rappelle alors que « Les Grecs appelaient ces autres-là des barbares, mais ils pensaient qu'eux-mêmes barbarisaient quand ils ne donnaient pas les moyens de partager leur langue et leur culture, quand ils n'éduquaient pas. » Elle termine en citant la première phrase de la *Métaphysique* d'Aristote : « tous les hommes désirent naturellement savoir » (*op. cit.,* p. 239).

Notre travail pourrait se définir par un désir de transmettre (le savoir, la diversité des cultures) et de résister. Résister au monolinguisme d'une langue simplifiée, globalisée et unifiée, pour revenir à un travail de compréhension de la complexité de cultures différentes. Pourquoi traduire ? Ou même retraduire puisque nous partons souvent d'un texte déjà transformé de sa langue à l'anglais, pour aboutir au français, à notre langue maternelle (à notre langue natale, nous dit Barbara Cassin) ou même à notre langue parlée. Et si c'était pour comprendre un texte qu'on ne comprend pas, ou pas suffisamment, aux fins de « compliquer » notre compréhension, pour paraphraser Barbara Cassin ? Nous rejoignons Étienne Barilier quand il déclare, dans un texte que nous choisissons de citer largement en raison de sa pertinence et de sa beauté :

3. Cassin B. L'intelligence de la traduction in *Les routes de la traduction Babel à Genève*, catalogue de l'exposition. Fondation Martin Bodmer, Cologny, Genève, Suisse. Gallimard/Fondation Martin Bodmer 2017.

> […] si je m'empare d'un texte pour le faire vivre dans ma langue, ce n'est point parce que je le comprends dans l'original et veux en faire bénéficier autrui. C'est au contraire, très égoïstement et très exactement, parce que je ne le comprends pas. Si l'original m'était transparent, si son sens n'était pas une présence cachée, un mystère improbable et douloureux, s'il ne tremblait pas, indistinct, au fond des eaux du temps, jamais je ne trouverais le courage de passer des heures, des jours ou des années à le déplacer simplement d'une langue dans une autre, à lui faire subir ce qui serait (du moins je me l'imagine) une simple translation, dépourvue de mystère. Non, traduire, c'est accomplir un geste vertical, c'est faire monter à la lumière, c'est retirer un trésor des grands fonds.
>
> (Barilier É. 1998)

Ce numéro de *L'Année Psychanalytique Internationale* a été composé de façon à refléter la diversité de cultures psychanalytiques exposées en cours d'année dans les 6 numéros parus de *The International Journal of Psychoanalysis* entre décembre 2016 et octobre 2017.

C'est ainsi que nous présentons des articles d'auteurs issus de cette diversité : la clinique de Matte Blanco, une analyse de la complexité du Surmoi du psychanalyste, l'analyse d'une adolescente aux prises avec ses secrets familiaux, les problèmes posés par le contretransfert du superviseur, la difficulté de maintenir le cadre psychanalytique dans nos sociétés précarisées, une tentative d'intégration de champs neuroscientifiques et symboliques et enfin, l'analyse et l'évolution d'un enfant carencé suivi de sa double discussion.

Notre comité éditorial s'est enrichi de nouvelles collaboratrices, toutes personnalités passionnées par leurs domaines d'activités : l'écriture et la langue, l'adolescence et la psychosomatique, l'observation du bébé et les relations précoces… Jenny Chan (France), Marie-Pascale Paccolat (Suisse), Régine Prat (France) et Brigitte Reed-Duvaille ; Anne Rosenberg s'est retirée de notre comité.

BIBLIOGRAPHIE

BARILIER É. (1998). « Le traducteur ce misentrope », in *L'écrivain et son traducteur en Suisse et en Europe*. Genève : Éditions Zoé.

CASSIN B. (2016). *Éloge de la traduction. Compliquer l'universel*. Paris : Librairie Arthème Fayard.

CASSIN B. (2013). *La nostalgie. Quand donc est-on chez soi ?* Paris : Éditions Autrement.

PRÉSENTATION DES AUTEURS

Robin ANDERSON est analyste formateur de la Société britannique de psychanalyse, enseigne et travaille en pratique psychanalytique privée, en psychanalyse d'adultes, d'adolescents et d'enfants. Jusqu'en 2003 psychiatre consultant et chargé d'enseignement dans le département Adolescents de la Tavistock Clinic. Il a publié des articles de psychanalyse et de psychothérapie d'enfants, d'adolescents et d'adultes et a contribué à deux ouvrages avec Anna Dartington : *Clinical Lectures on Klein and Bion* et *Facing It Out : Clinical Perspectives on Adolescent Disturbance*. Ses intérêts : les relations d'objet précoces et la façon dont elles s'expriment ultérieurement.

Fred BUSCH, Ph. D, est analyste formateur et superviseur, membre de la Société psychanalytique et de l'Institut de Boston. Entre autres intérêts : littérature psychanalytique, méthode et théorie de la cure. Son œuvre a été traduite en huit langues, auteur de plusieurs ouvrages et de 160 communications, directions d'ateliers cliniques aux États-Unis et dans le reste du monde. *Creating a Psychoanalytic Mind : A Method and Theory of Psychoanalysis*, a été sélectionné en finale pour le prix « Gradiva ». Il a été le rédacteur en chef de *JAPA Books* et membre de plusieurs comités de rédaction.

Roosevelt M.S. CASSORLA est psychanalyste formateur, membre de la Société brésilienne de psychanalyse de São Paulo et du Groupe d'étude de Campinas, professeur de psychologie médicale de l'université d'État de Campinas, membre du comité éditorial de *The International Journal of Psychoanalysis* et collaborateur de *l'Encyclopaedic Dictionnary of Psychoanalysis* de l'IPA. Intérêts : psychanalyse et psychologie médicale, configurations borderline, technique analytique et autodestruction à l'adolescence. Il a reçu le prix Mary S. Sigourney 2017 pour ses contributions à la psychanalyse.

John Thor CORNELIUS, M.D., est psychanalyste en pratique privée à Sacramento. Californie. Il est professeur de psychiatrie clinique à l'université de Californie/Davis où il enseigne la psychothérapie psychanalytique. Il enseigne aussi au San Francisco Center for Psychoanalysis.

Margaret Ann FITZPATRICK HANLY, Ph. D, psychanalyste formatrice et superviseuse, directrice du Toronto Institute of Psychoanalysis, Chairwoman du IPA Committee on Clinical Observation, modératrice du groupe de travail « Évaluation de la fin de la formation » (EFF).

Nancy KULISH, PhD psychanalyste formatrice et superviseuse auprès du Michigan Psychoanalytic Institute, professeure au Department of Psychiatry, Wayne State Medical School, and professeure associée de psychologie, University of Detroit/Mercy.

Maria Inês NEUENSCHWANDER ESCOSTEGUY CARNEIRO est psychanalyste en pratique privée à Rio de Janeiro, analyste formatrice et analyste d'enfants et d'adolescents de la Société brésilienne de psychanalyse de Rio de Janeiro. Diplôme de langues (anglais et allemand) de l'université pontificale catholique de Campinas (PUCC), de São Paulo, et d'un diplôme de psychologie. A publié des articles au Brésil et dans *The International Journal of Psychoanalysis* dont coécrit avec Jorge Luiz Ahumada dans *American Imago*. Mme Carneiro se consacre à l'enseignement de la psychanalyse et à la supervision de candidats au sein de l'Institut de sa Société.

Nicola NOCIFORO pratique de psychanalyse individuelle et groupale à Catane. Il est membre ordinaire de la Société italienne de psychanalyse et secrétaire scientifique du Centre de psychanalyse de Palerme. En collaboration avec un groupe de collègues de Catane, il travaille sur le concept de « pensabilité élargie », compris comme une capacité de l'esprit (fondée sur la fonction analytique) à explorer les aspects les plus profonds et les plus inconscients de la dynamique institutionnelle, sociale et culturelle. Nicola Nociforo fait également partie d'un groupe de recherche sur l'éthique psychanalytique.

Marianne ROBINSON, PhD, MSW, psychanalyste formatrice et superviseuse, fondatrice de la Northwestern Psychoanalytic Society et de Institute à Seattle, modératrice du groupe de travail « Évaluation de la fin de la formation » (EFF).

Arden ROTHSTEIN, PhD – psychanalyste, préside le « Student Progression Committee » de l'Institute for Psychoanalytic Education affilié à la NYU School of Medicine ; professeur de psychiatrie clinique, NYU School of Medicine.

Michel SANCHEZ-CARDENAS (France) est psychiatre et membre de la Société psychanalytique de Paris. Il s'est consacré en particulier à l'approfondissement de l'œuvre de Matte Blanco et à la question du pluralisme en psychanalyse. Il a publié dans *The International Journal of Psychoanalysis* : en 2005, Jules Verne's *Journey to the Centre of the Earth. The secret of counterdepressive narratives* ; en 2011, *Matte Blanco's thought and espistemological pluralism in psychoanalysis* ; en 2013, *Matte Blanco and narrativity : Hitchcock's Vertigo.* Et co-publié Carvalho R, Ginzburg A, Lombardi R, Sanchez-Cardenas (2009). *Matte Blanco : une autre pensée psychanalytique. L'inconscient (a) logique*. Paris, L'Harmattan.

Lena THEODOROU EHRLICH, Psy.D., psychanalyste formatrice et superviseuse du Michigan Psychoanalytic Institute et de la Supervising Faculty of the Psychodynamic Clinic of the Department of Psychiatry de la Michigan University Medical School.

Vic SEDLAK est analyste formateur au sein de la Société britannique de psychanalyse et exerce en pratique privée à Leeds. Il a une formation de psychologue clinicien et s'est formé à la Tavistock Clinic. Il a publié sur le contre-transfert, le rêve, la supervision et l'évaluation. Il s'est consacré au développement de la psychanalyse dans de nouvelles régions géographiques et a joué un rôle significatif dans l'expansion de la psychanalyse en Pologne. Il est également professeur invité à l'université de Kyoto.

PRÉSENTATION DES TRADUCTEURS ET DES RELECTEURS
de *L'Année psychanalytique internationale 2018*

Jenny CHAN (France) est psychanalyste en pratique privée à Paris, membre de la Société Psychanalyste de Paris. Docteur en psychopathologie et psychologie clinique, ancienne chargée de cours à l'université Lumière Lyon 2, elle poursuit ses recherches dans l'écriture chinoise ancienne au Collège de France (traduction français/chinois). Psychodramatiste de groupe et de l'institution, elle pratique le psychodrame d'adultes, d'adolescents et d'enfants. Elle travaille au Centre de psychanalyse Evelyne et Jean Kestemberg, au centre de psychosomatique Pierre-Marty (PARIS ASM13).

Danielle GOLDSTEIN (France) est psychanalyste en formation à l'Association psychanalytique de France, à Paris. Elle est traductrice (anglais/espagnol vers le français) et a collaboré depuis une vingtaine d'années aux publications psychanalytiques suivantes : *Revue Française de Psychanalyse*, *Bulletin de la Fédération européenne de psychanalyse*, *Lettre d'informations de l'IPA* et *The International Journal of Psychoanalysis*.

Céline GÜR GRESSOT (Suisse) est psychanalyste en pratique privée à Genève, membre de la Société suisse de psychanalyse, médecin spécialiste FMH en psychiatrie-psychothérapie et en psychiatrie-psychothérapie d'enfants et adolescents. Elle est consultante auprès du Service de Psychiatrie d'enfants et adolescents des Hôpitaux universitaires de Genève.

Maria HOVAGEMYAN-ODONE (Suisse) est membre associée de la Société suisse de psychanalyse. Elle est médecin spécialiste FMH en psychiatrie-psychothérapie et exerce en pratique privée à Genève.

Luc MAGNENAT (Suisse) est psychanalyste, membre formateur de la Société suisse de psychanalyse, médecin spécialiste FMH en psychiatrie-psychothérapie, en pratique privée à Genève, consultant auprès des Hôpitaux universitaires de Genève. Il a publié « États psychosomatiques et conflictualités dépressives » in *Dépression de vie, dépression de mort* (F. Palacio-Espasa éditeur, Ramonville Saint-Agne : Érès, 2003) et *Freud* (collection Idées reçues, Paris : Le Cavalier Bleu, 2006.)

Marie-Pascale PACCOLAT (Suisse) est psychanalyste en formation à la Société suisse de psychanalyse. Elle est médecin spécialiste FMH en psychiatrie-psychothérapie et exerce en pratique privée à Genève.

Jean-Michel QUINODOZ est psychanalyste en pratique privée à Genève, membre formateur de la Société suisse de psychanalyse, *Distinguished Fellow* de la Société britannique de psychanalyse et médecin spécialiste FMH en psychiatrie-psychothérapie. De 1994 à 2003 il a été *Editor for Europe* puis de 2003 à 2014 il a été rédacteur en chef des *European Annuals* auprès de *The International Journal of Psychoanalysis* (publiés en français, italien, allemand, turc, russe, roumain et grec). Il a reçu en 2010 le Mary Sigourney Award.

Michel SANCHEZ-CARDENAS est psychiatre et psychanalyste en pratique privée à Nantes (France). Il est membre de la Société psychanalytique de Paris et du London Bi-logic Group (qui œuvre à approfondir l'œuvre de Matte Blanco). Il a publié différents articles sur l'épistémologie de la psychanalyse et sur l'œuvre de Matte Blanco, dont, récemment « Clinical applications of Matte Blanco's thinking » (*Int. J. Psychoanal.* (2016) 97 : 1547-1573).

Patricia WALTZ (Suisse) est psychanalyste, membre de la Société Suisse de psychanalyse. Médecin spécialiste FMH en psychiatrie-psychothérapie en pratique privée à Genève, elle est consultante auprès du Département de Psychiatrie des Hôpitaux universitaires de Genève.

LE PSYCHANALYSTE AU TRAVAIL

LE CAS BENTO :
UNE ANALYSE D'ENFANT EN QUATRE PARTIES[1]

Maria Inês NEUENSCHWANDER ESCOSTEGUY CARNEIRO
Brasilian Psychoanalytic Society of Rio de Janeiro — minec620@gmail.com

Partie 1. — Le début de l'analyse de 6 à 11 ans

Cette présentation de cas rend compte de l'évolution du processus analytique chez un garçon âgé de 6 ans au début du traitement. Bento, comme j'ai choisi de le nommer, est venu me consulter accompagné de ses parents. Les « troubles » qu'il présentait s'étaient accentués après la naissance de son unique sœur, Malu, et leur aggravation avait conduit ses parents à consulter à l'époque où cette petite sœur était âgée de 10 mois. Bien que les deux parents fussent inquiets, c'était surtout le père qui avait le sentiment que Bento avait été trop gâté et choyé. Sa femme ne partageait pas son avis.

Bento était né légèrement prématuré et avait été nourri au sein pendant quelque temps. Sa mère ne se souvenait pas au juste combien de temps elle l'avait allaité. Il avait souffert d'un ictère néonatal grave pour lequel il avait été traité à l'hôpital par photothérapie. Durant ces séances de photothérapie, il était apparemment resté seul. Lors d'une de nos séances, Bento apporta une photo de lui prise à l'hôpital. Il était maigre et tout petit et portait seulement des couches et une paire de grandes lunettes foncées. Il fut pris d'un rire maniaque à la vue de cette photo. Le sentiment de peur, de solitude et de tristesse qu'il avait pu éprouver dans cette situation semblait très lointain. J'éprouvai quant à moi un vif malaise à la vue de cette photo.

Bento était un enfant consciencieux et intelligent, mais ses capacités ne transparaissaient pas dans son travail scolaire. Il lui était très difficile de tirer le sens d'un texte, de s'appliquer à faire ses devoirs et d'établir des relations sociales. L'école avait conseillé à ses parents de l'emmener voir une orthophoniste. Cependant, sa mère, qui était en analyse à l'époque, pensait que ses besoins étaient d'un autre ordre. Elle demanda une adresse à son analyste et c'est ainsi que Bento débuta une analyse à l'âge de 6 ans.

1. Article paru sous le titre : The case of Bento : A child analysis in four parts. *Int. J. Psychoanal.* 2017, 98 : 1411-1421, traduit par Danielle Goldstein, relu par Jenny Chan.

Lors de notre premier rendez-vous, je fus immédiatement frappée par son expression triste et insaisissable, son atonie, son aspect fragile et son manque d'investissement. Durant les premiers temps de notre relation, il se montra très passif, ce qui confirma le tableau qu'avait décrit sa mère. Il acceptait docilement et sans enthousiasme les propositions émanant des autres et ce, quelles qu'elles fussent. Je présupposais qu'il réprimait la haine qu'il avait ressentie en ces occasions, haine qui émergerait dans l'analyse.

Bento était viscéralement attaché à sa mère ; celle-ci, tout en étant attentive, était très peu capable de moduler les émotions. Parfois, Bento insistait pour qu'elle l'accompagne dans mon cabinet. Il s'asseyait alors sur ses genoux et enroulait ses bras autour de son cou, comme s'il était un bébé en détresse. Ces moments, qui étaient dénués de tendresse et apparaissaient traduire au contraire l'inaptitude de Bento à établir des relations, ainsi que l'embarras de sa mère, étaient source d'un profond malaise pour la mère comme pour l'enfant.

Ils me rendaient anxieuse, moi aussi. J'éprouvais un sentiment de vide presque physique qui traduisait, c'est ainsi que je le comprenais, l'expérience émotionnelle de Bento cherchant à trouver sa mère. La relation de Bento avec son père, qu'il admirait, était teintée de réserve. À cette époque, le père – un personnage public – était peu expansif, ses marques d'affection (affection ou affect ?) étant rares. La relation de Bento avec sa sœur obéissait au même schéma de relations inanimées : « Posez-la là-bas. Je n'en ai rien à faire. Sa présence me dégoûte », disait-il. Ses propos illustraient sa jalousie envers Malu, jalousie qui était également perceptible dans sa relation avec moi. En raison de contraintes familiales, Bento venait à ses séances accompagné de sa sœur et de l'employée de maison. Durant les quatorze premiers mois de l'analyse de Bento, Malu m'accueillit souvent avec le sourire et un signe de la main lorsque je venais chercher Bento dans la salle d'attente. La même scène se répétait lorsqu'elles venaient chercher Bento à la fin de la séance. Tout en s'efforçant de contenir quelque peu sa rage, Bento disait, « cette petite morveuse devrait rester à la maison ». Je lui signifiais qu'il craignait que je laisse Malu entrer dans mon cabinet et qu'elle envahisse notre séance de la même manière qu'elle avait envahi sa vie.

Selon l'usage des garçons de son âge, Bento exprimait souvent l'envie de rester dormir chez l'un ou l'autre de ses camarades. Cependant, ces tentatives se terminaient mal, ses parents se voyant obligés de venir le rechercher en pleine nuit. Ce n'est qu'à partir de ses dix ans qu'il fut capable de passer toute une nuit en dehors de chez lui, comme il me le raconta avec une joie manifeste. Il avait aussi pour habitude de se glisser dans le lit de ses parents pendant la nuit et il arrivait également souvent que l'un ou l'autre de ses parents reste à ses côtés jusqu'à ce qu'il s'endorme. Je lui faisais remarquer qu'il pouvait ainsi surveiller ses parents afin de les empêcher de rester seuls l'un avec l'autre, car bien des choses risquaient de se produire et lui, de se retrouver aux prises avec d'autres frères et sœurs.

Durant cette première phase de l'analyse, Bento se montra souvent réfractaire aux observations ou commentaires que je faisais pendant nos séances. Il rejetait toute tentative de ma part de me rapprocher de lui. Il répondait à mes interprétations en se bouchant les oreilles. Il lui arrivait souvent de crier et de m'insulter en me traitant d'imbécile et d'idiote. À d'autres moments, il s'allongeait simplement sur le divan et se roulait en boule dans une franche attitude d'opposition et de défi. Il cherchait à m'inquiéter en s'accrochant à la chaîne de sécurité de la porte. Je craignais que le cadre de la porte et la porte elle-même ne tombent et le blessent. À d'autres moments encore, il me faisait peur en grimpant sur les étagères de la bibliothèque ; je redoutais qu'elles ne s'affaissent et l'écrasent. Lorsqu'il se mettait à grimper, il me fallait le contenir physiquement et lui dire que je ne lui permettrais pas de se faire mal. Ce à quoi il me répondait qu'il voulait se faire mal, que ce serait de ma faute et que donc sa mère mettrait fin à cette « foutue analyse ».

Séance 1 (Bento a 7 ans)

Bento arriva à sa séance du lundi de très mauvaise humeur. Je l'entendis râler après Malu en la traitant d'abrutie et de pourriture. Lorsque j'ouvris la porte en disant bonjour, Malu me sourit, ce qui ne fit qu'accroître la colère de Bento. Sa mauvaise humeur ne se dissipa pas et il me dit, « Elle a quoi de bon cette journée, espèce d'idiote ». Je me dis alors dans mon for intérieur, « Ça va être une semaine difficile… » Après ce début de mauvais augure, nous entrâmes dans mon cabinet. Sans dire un mot, Bento se précipita sur sa boîte et se mit à en répandre le contenu partout dans la pièce.

M.I. : Bento, tu… (*j'avais eu l'intention de lui demander pourquoi il était si en colère.*)

Bento : Ferme-la ! Tu ferais mieux de ne rien dire, car je suis vraiment énervé.

M.I. : Je vois ça… Tu as tout jeté sens dessus dessous… J'ai l'impression que tu es très fâché contre moi, car pendant le week-end tu dois affronter ta colère tout seul…

Bento : Je ne veux pas en parler. Je n'ai rien fait de tout le week-end, car mon idiote de petite sœur avait de la fièvre. Tout le monde prenait soin d'elle et mon père était trop occupé. J'ai passé tout le week-end à tourner en rond à la maison. Il n'y avait même pas Beto [un garçon de son âge qui habite le même immeuble]. Il est parti à Angra. Il m'avait proposé de partir avec lui, mais je n'en avais pas envie. Il allait y passer la nuit.

M.I. : Ah ! Oui. Effectivement. Tu ne peux pas passer la nuit ailleurs, n'est-ce pas, Bento ? Tu dois rester à la maison et tourner en rond, pour reprendre ton expression…

Bento : (*Fou de colère, il se mit à jeter les coussins et je me sentis très irritée. Il était empli de haine. Il n'arrivait pas à se contenir. Il ne parvenait qu'à évacuer sa colère en jetant tout partout.*) Je t'ai déjà dit de la fermer ! Si tu ne le fais pas, je vais te lancer quelque chose à la figure aussi !

M.I. : Et si je ne dis rien parce que j'aurais peur de toi, je pense que tu vas te fâcher pour de bon, car tu vas penser que je ne peux pas t'aider.

Bento se mit à crier, à frapper des pieds, à serrer les poings, à bougonner, puis il commença à faire des boules avec la pâte à modeler. Il en fit des boulettes qu'il lança ensuite de toutes ses forces contre le plafond. Ce faisant, il éclata d'un rire incontrôlable. Parmi les boulettes, certaines retombaient immédiatement, d'autres restaient collées au plafond quelque temps. Bento s'essaya à les frapper avec les boules qui étaient retombées. Il continua ainsi frénétiquement pendant tout un temps. Je l'observais avec compassion. Je percevais ici même comment il éprouvait sa haine et quel devait être l'étendue de son désespoir lorsqu'il ne se trouvait personne pour contenir sa souffrance.

M.I. : On dirait qu'il va falloir que le plafond et moi-même supportions toute ta colère, non ?

Bento : (*Il s'arrêta et fixa le plafond. Je remarquai que ses boulettes de pâte à modeler avaient taché le plafond, qui était maculé de traces grasses. Je me dis qu'il allait falloir repeindre le plafond.*) Ah, regarde-moi ça ! Tu vois ce que j'ai fait ? Ton plafond est tout abîmé ! Quelles cochonneries ! J'aimerais bien savoir ce que tu vas faire maintenant !

M.I. : En effet, quelles cochonneries ! On peut repeindre le plafond. Mais, tu penses peut-être que je suis si fâchée, qu'on ne peut pas me réparer.

Bento : Je m'en fous complètement ! Si tu ne peux pas m'aider, c'est que tu n'es bonne à rien. Tu vois ? (*Il pointa son doigt vers la pendule.) C'est terminé ! (Il ouvrit la porte de mon cabinet et sortit. Je le suivis, puisqu'il nous restait encore deux minutes. L'employée de maison et Malu n'étaient pas encore arrivées.*)

M.I. : Viens, on va les attendre.

Bento : Il ne manquerait plus que ça ! Retourner dans ton foutu bureau !

M.I. : Il est barbouillé de rage… détruit… il fait peur…

Lorsque la sonnette retentit, Bento se précipita dehors sans se retourner.

Ce climat d'hostilité ne commença à se transformer qu'à partir du moment où je fus à même de comprendre et de montrer à Bento que tout ce qui venait du dehors, y compris ce que je disais, semblait être quelque chose qui le blessait. Ainsi, dans cette séance, le fait d'évoquer sa colère avait pu être ressenti par Bento comme si l'on introduisait en lui tout ce qu'il essayait désespérément d'expulser via ce comportement incontrôlable. C'est pour cette raison qu'il avait besoin d'être constamment sur la brèche – il essayait en réalité de m'empêcher de parler. Bento avait sept ans et demi à l'époque.

C'était pour moi une expérience inquiétante que celle de ne pas être prise en considération. Si je ne le laissais pas tomber, c'était du seul fait de mon obstination. C'était très douloureux que d'être ainsi l'objet d'un rejet constant de sa part. Je me sentais impuissante et désespérée. J'étais souvent triste.

L'élaboration de ses identifications projectives – selon mes présuppositions théoriques – était souvent une tâche extrêmement ardue. Et cependant, il y avait quelque chose chez ce garçon qui me faisait tenir bon. Quelque chose qui me portait à croire que ma tolérance à l'égard de ses accès de violence l'aiderait en retour à ne pas laisser tomber.

Aux yeux de Bento, tout ce qui était lié à l'agressivité et à la violence était irrésistible. Il était à la fois effrayé par la violence et intrigué. Bento était au courant d'épisodes fréquents de morts violentes dont avaient été victimes des membres de sa famille, qui avaient été attaqués, volés, ou bien encore avaient péri dans des accidents. Il évoquait souvent des films, des bruits et des dessins emplis de sang, d'explosions et d'attaques. Il s'essayait souvent à communiquer en imitant des sons liés à ces expériences. *Boom ! Bash ! Ca-boom !*

Bento adorait la série Star Wars que son père lui avait fait connaître. Au cours de l'un des épisodes, Bento était particulièrement impressionné par le fait qu'Anakin Skywalker, l'adorable garçon blond, allait se voir transformer en Darth Vader, *le côté obscur de la Force*. L'acteur qui interprétait le rôle de Darth Vader en tant qu'enfant, ressemblait en fait beaucoup à Bento. Chez Bento comme chez ce personnage, la fragilité qui leur était inhérente semblait masquer un danger et une traîtrise. Bento se sentait menacé par la transformation progressive vers le mal à laquelle on assistait dans les épisodes suivants ; mais cela aiguisait également sa curiosité : *est-ce que cela risquait de se produire chez n'importe qui ?*

Séance 2 (Bento a maintenant presque 9 ans)

La plupart du temps, Bento arrivait à l'heure. Cette fois-ci, il avait vingt minutes de retard. Il sonna à la porte, tout seul, ce qui était inhabituel. Il arborait le même air fâché, ce qui, en revanche, était habituel. Mais il était loquace, ce qui de manière générale était de plus en plus souvent le cas. Il commença par m'expliquer pourquoi il était en retard.

Bento : C'est la faute de ma mère. Elle m'avait dit qu'elle me déposerait en voiture et me laisserait monter seul, comme à la maison. Mais elle est arrivée tard à la maison. Elle a été retenue à son bureau. J'étais furieux, comme d'habitude. J'ai pensé que tu n'allais pas m'attendre.

M.I. : Mais je suis là… comme toujours. J'ai l'impression que tu es inquiet à mon sujet, que tu penses peut-être que je veux m'éloigner de toi…

Bento : Ben… C'est ce que je me suis dit le jour où j'ai abîmé ton plafond, il y a assez longtemps. Tu te souviens ? Après ça, je n'osais même pas lever les yeux. Et puis un jour, j'ai osé regarder et j'ai vu que le plafond était tout propre. Il avait été repeint. Je ne t'ai rien dit.

M.I. : Alors ce jour-là, même si tu n'en as rien dit, tu as senti que tu pouvais compter sur moi. Comme aujourd'hui, où je t'ai attendu même si tu étais en retard.

Bento : Ouais. C'est ma mère qui est toujours en retard. Toujours. Et elle ne peut pas supporter d'attendre même une minute. Elle ne fait que répéter : *Dépêche-toi, Bento ! J'ai des choses à faire !* Mon père aussi se plaint de ses retards. Il n'empêche qu'elle m'a accompagné jusqu'ici.

M.I. : Tu as pu compter sur elle aussi. Mais aujourd'hui, tu peux accepter que tout n'aille pas comme tu veux.

Bento : (*Il prend sa boîte et en sort des pièces de Lego.*) On n'aura pas le temps de faire ça aujourd'hui, hein ? Mais j'aimerais bien reconstruire ça… Tu te souviens de ce que tu m'as dit ? Tu m'as dit que le trésor sous la pyramide[2], c'est comme les choses qui sont cachées dans ma tête, que toi et moi on essaye de trouver. Est-ce qu'on peut commencer à la reconstruire ?

M.I. : Il ne nous reste plus que cinq minutes, Bento. On n'aura pas le temps aujourd'hui.

Bento se mit à ranger les Lego à contrecœur. Lorsque la sonnette retentit, il se dirigea vers la porte en traînant des pieds. J'eus l'impression qu'il avait envie de passer plus de temps avec moi dans mon cabinet. C'était la première fois que je voyais Bento montrer qu'il pouvait accepter la frustration et c'était aussi la première fois qu'il manifestait de la curiosité et était désireux de savoir ce qui se passait dans sa tête. Il avait alors presque 9 ans.

Au terme de ces cinq années d'analyse, qui s'étaient avérées difficiles, des signes encourageants étaient apparus. Bento avait maintenant 11 ans. Je proposai donc que nous fixions une date, dans l'année à venir, de terminaison de la cure. Dans ma pratique d'analyste d'enfants, il m'arrive de proposer une interruption du traitement même si les conditions idéales ne sont pas réunies. Mon point de vue est qu'à partir d'un certain moment, l'épreuve de réalité peut avoir lieu en dehors du cabinet, l'enfant étant à même de s'engager seul dans le processus de perlaboration. Dans de telles circonstances, ce que je ressens cliniquement, un *sine qua non*, est que le processus de réparation peut être mis en œuvre. À mon sens, l'analyste, qui fait partie du cadre structurel, devrait avoir confiance en le fait que le processus analytique va se poursuivre. Lorsque j'ai proposé à Bento de fixer une date de fin d'analyse, il me semblait que ses angoisses schizoïdes et ses défenses paranoïdes – telles que je les avais formulées – avaient cédé place dans le transfert à la naissance d'angoisses dépressives. Je présupposais que ses objets parentaux étaient mieux intégrés et que son surmoi tyrannique, qui avait entravé sa créativité, s'adoucissait progressivement. D'un point de vue théorique, je dirais que Bento oscillait entre des aspects schizoïdes et dépressifs ; sa séparation douloureuse d'avec moi commençait à pouvoir être envisageable.

2. La momie en Lego était l'un des jouets préférés de Bento. On n'arrêtait pas de la reconstruire et de la défaire tout en essayant de trouver le trésor caché sous la pyramide.

Partie 2. — Entre 11 et 12 ans, la phase de transition vers la fin de l'analyse

Lors d'une séance qui eut lieu durant la sixième et dernière année du traitement puisqu'une date de terminaison de l'analyse avait été fixée, Bento emmena, caché dans un sac, un chiot. Sa mère le lui avait donné dans l'espoir qu'il s'intéresse à autre chose qu'à des jeux et des films. Au début, il ne manifesta aucun intérêt pour le chien et ne me rapporta que des faits anodins. Il se référait à lui en le traitant d'*aboyeur*, de *cochon*, d'*enquiquineur*. Assez rapidement cependant, il sembla s'identifier à lui et éprouva le besoin de l'emmener avec lui dans mon cabinet afin de s'assurer que je n'en ai pas peur ou que je ne l'empêche pas de manifester en séance ses côtés insupportables. C'était typique du lien que Bento instaurait avec moi : il lui fallait le mettre à l'épreuve et voir si je le supportais lui, Bento, de la même façon que j'avais supporté son chien. Il évoqua l'éventualité suivante : *que se passerait-il s'il faisait pipi et caca ? Il salira ton bureau et tes autres patients vont se plaindre, mais ça ne sera pas de ta faute*. Il semblait éprouver ainsi une inquiétude, jusque-là inédite, pour l'objet, ayant trait à l'état de mon cabinet et ma crédibilité auprès de mes patients.

Bento arriva bouleversé à la séance suivante. Il s'assit tout contre moi sur ma chaise. Il s'appuya contre mon épaule, tout en se plaignant d'*un monde qui ne valait rien*. Sa voix était celle d'un tout petit enfant. Cette séance fut imprégnée de tristesse et de plaintes. Le lendemain, il arriva fou de rage. Après avoir ouvert la porte de mon cabinet, il redescendit l'escalier à toute vitesse. Puis rapidement, il remonta. J'y vis une tentative réussie d'attaquer le cadre et l'analyste. Une fois dans mon bureau, il se mit à frapper et à jeter violemment les objets à travers toute la pièce. Se couvrant les oreilles, il se mit à hurler : « Dégage, vieille barbe. Remballe ta foutue analyse. On m'a obligé de venir. Tu m'as fait rater une émission à la télé. Je vais de nouveau m'accrocher à la porte ! » Je lui dis qu'il avait peur de souffrir s'il ne pouvait pas se raccrocher à moi quand il était seul. J'ajoutai qu'il devait penser qu'il m'avait fait peur et qu'à cause de lui j'étais très fâchée et que c'était pour cela que je voulais me débarrasser de lui en mettant un terme au traitement. « Je ne suis plus Baby Hulk[3], t'es bête ou quoi... je peux vraiment me mettre en colère et heureusement, heureusement, je ne reviendrai plus », me répondit-il. Je lui dis que comme Baby Hulk il pouvait lui aussi se fâcher, mais que maintenant il était capable de ressentir sa colère et d'en parler. Bento s'interrompit et me regarda droit dans les yeux. Il semblait surpris et irrité. Il me demanda de

3. Dans sa deuxième année d'analyse, Bento avait dessiné au tableau un bébé vert aux yeux rouges. Il l'avait appelé Baby Hulk, car « il était très en colère, ne pouvait pas parler et avait peur de déchirer ses vêtements et de mettre sa mère en colère ».

l'eau : « Je veux de l'eau, de l'eau de ton frigidaire. De l'eau très froide. Il fait vraiment chaud. » Je lui répondis que puisque je lui avais parlé de sa colère sans en avoir peur, j'étais soudain devenue quelqu'un capable de lui donner quelque chose de bon, comme de l'eau fraîche, pour apaiser sa soif.

À la fin de la séance, je me sentis épuisée, à bout et surtout triste d'éprouver la souffrance de Bento. La perspective de la fin de l'analyse le faisait réellement souffrir ; il m'en voulait, ce qui le conduisait à me rejeter moi et l'analyse. En même temps, il avait réussi à réparer l'analyste. Il avait bu, « introjecté », le verre d'eau, l'emportant avec lui. Ce mouvement me semblait être le signe d'une évolution de l'analyse, de même qu'il marqua un changement dans mon travail et ma compréhension du processus analytique chez cet enfant, que je résumerai de la façon suivante : la désintégration violente du début de la séance fut réintégrée dans un mouvement d'élaboration de son ambivalence à mon égard.

Lors de la séance suivante, Bento me tendit un sac empli de jouets cassés. Il me demanda de l'aider à les réparer, car il ne se sentait pas capable de le faire seul, d'autant plus qu'il n'avait pas trouvé de colle chez lui. Parmi les jouets, il y avait un super héros alien à qui il manquait la tête, une figurine portant une tenue de base-ball à qui il manquait une jambe et un *Digimon* (une figurine) avec deux dents : une en argent, qui était énorme, et l'autre, qui bougeait.

Séance 3 (à l'âge de presque 12 ans)

Bento : Tu sais qui c'est ? C'est Goku. C'est un alien avec des sentiments humains, mais il peut se transformer en un gigantesque gorille. Un jour, il a eu un problème au cœur. Un docteur du futur est venu le soigner.

M.I. : J'ai l'impression que se mettre en colère signifie pour toi avoir un problème au cœur. Puisque tu ne t'es pas transformé en gorille et que tu ne m'as pas fait mal, je suis comme ce docteur du futur qui répare les cœurs et les figurines cassées.

Bento : Ce *Digimon* est un bébé, mais quand il se *digistransforme*, il lui pousse d'énormes dents de lapin. Ce joueur de base-ball n'est qu'un enfant.

M.I. : Oui. Même les enfants se mettent en colère. Ils se battent, ils jouent… Et ils peuvent parler de ces choses-là sans avoir un problème au cœur.

Bento : (*Il rit*) Ça veut dire quoi ? Ah ! Je sais, c'est comme ça qu'on parle ici. Mais moi, tu ne peux pas me recoller la tête comme avec Goku. Ma tête est toujours sur mon cou.

M.I. : Exact ! Mais quand tu n'arrives pas à parler, quand tu peux seulement te battre et dire des gros mots, c'est comme si tu sentais que ta tête ne tient pas très bien… Tu n'es plus alors qu'un gorille super fort qui n'a pas besoin de moi, qui n'a besoin de rien.

Bento : Mais quand Goku se met en colère, il devient vraiment fou furieux… Tout ce qu'il a à faire, c'est regarder la lune pour se transformer en gorille… C'est de la haine, ça ?

M.I. : Oui. Un cœur raccommodé peut aussi éprouver de la haine – ainsi que de la confiance, de la joie, de la tristesse.

Bento : (*À partir de ce moment-là, il se mit à sautiller à travers la pièce, quelque peu maladroitement. Il commit plusieurs lapsus d'affilée, même après s'être repris à la suite du premier*) Quand **j**'ai commencé à me battre contre un monstre, non, pas moi, je voulais dire Goku. Il y avait un type qui **m**'a prêté une arme d'intimidation, enfin ça ressemblait à ça, je ne crois pas qu'il y ait eu des tirs… Je crois qu'il s'agissait d'une arme légale.

M.I. : En rassemblant tout ce que tu ressens, tu as une arme qui fonctionne. C'est comme ça que ta tête tient sur ton cou.

Au moment de partir, Bento donna le sac à l'employée de maison et lui dit de faire attention, car les objets qu'on avait recollés n'avaient pas eu le temps de sécher. Mais il reprit le sac en disant : « Je préfère les porter, je vais faire attention. »

À mes yeux, ce matériel clinique était l'expression d'un processus de réparation. Bento prenait l'objet en considération, identifiait ses attributs et reconnaissait sa dépendance et sa responsabilité envers l'objet réparé. La métaphore du *cœur raccommodé* en dit long. La reconnaissance de l'objet par Bento était incontestablement le fruit de la mise en œuvre d'un mouvement interne.

Séance 4 (à l'âge de presque 12 ans)

L'inquiétude de Bento au sujet de sa tête sans accroche resurgit au cours du mois qui précéda la fin du traitement. Il allait avoir 12 ans. À l'âge de 8 ans, Bento m'avait demandé de l'aider à assembler un robot qui, à sa demande, nous surveillait du haut de l'étagère où je rangeais les jouets. Lors de cette séance datant du mois précédant la fin de l'analyse, Bento utilisa ce robot comme modèle pour en construire un autre. Il put en assembler toutes les pièces à l'exception de la tête, qui avait du mal à tenir en équilibre sur le cou du robot. Découragé, Bento soupira.

M.I. : J'ai l'impression que tu as peur que ta tête ne devienne branlante quand tu cesseras de venir ici. Et puis, je ne serai plus à tes côtés à veiller sur toi, comme le robot resté perché tout ce temps sur le haut de l'étagère.

Bento : (*Il s'allongea sur le divan, l'air triste. Il se plaignit d'avoir un chat dans la gorge, quelque chose de désagréable*). Je crois que je vais tomber malade.

M.I. : Ouais, je crois que tu as peur d'être seul, d'avoir la gorge nouée, de ne plus pouvoir parler avec moi…

Bento (*il se redressa en regardant autour de lui, esquivant ce moment de tristesse que nous éprouvions. Ayant remarqué mon ordinateur, il me demanda*) : Tu n'as pas de tapis de souris ? Ma mère en a un à son travail, avec un emplacement pour mettre une photo. Je vais te l'apporter.

M.I. : Comme ça, tu seras toujours à mes côtés.

Bento : (*Manifestement surpris par ce que je lui avais dit, il répondit*) : Ah bon ? Si tu veux… Ah ! Je voulais parler d'un nouveau jeu. J'ai réussi à atteindre le niveau trois. Le niveau un est un projet scientifique qui n'a pas bien marché. Il y a un sale truc qui s'est produit dans le laboratoire. À la fin, il est envahi par des aliens.

M.I. : Et qu'est-ce qui pourrait se passer si ton analyse n'avait pas bien marché ? J'ai l'impression que c'est ce que tu ressens à l'idée de la proximité de la fin.

Bento : (*Poursuivant sur sa lancée, comme s'il faisait fi de ce que je venais de lui dire*) Le niveau deux, c'est quand un *dude*, un type plus ou moins bon ou méchant, défend le savant en tuant les envahisseurs aliens.

M.I. : Là tu me montres comment tu vas te défendre. En étant un type bon et méchant, sans te sentir comme un alien.

Bento : Le niveau trois est le plus dur. L'agent de sécurité des scientifiques, qui travaille pour le laboratoire et porte une arme, une vraie, a découvert que les aliens ont l'intention d'envahir la tête des scientifiques. C'est une menace terrible pour la recherche qu'ils mènent. C'est comme si on leur volait l'esprit.

M.I. : Tu es en train de me dire qu'ici tu es passé par ces trois niveaux. Et maintenant, même si c'est difficile, tu as une vraie arme avec laquelle te protéger.

Selon moi, les trois niveaux du jeu représentaient le mouvement d'intégration chez Bento. En dépit de sa souffrance et sa crainte de ne pas être capable de prendre soin de sa propre tête sans que je le voie trois fois par semaine, son jeu et ses associations démontraient à mon sens une aptitude de sa part à poursuivre son chemin vers le haut. Sa reconnaissance du lien avec moi et le sentiment de deuil concernant mon absence semblaient indiquer que ce processus de réparation pourrait continuer sans moi.

Lors de notre dernière séance, Bento me fit cadeau d'un jeu de football miniature. Je lui dis que notre jeu était toujours en cours. Il me demanda s'il pouvait revenir me voir un jour s'il en avait envie. Je lui dis que je serai là pour lui.

Partie 3. — L'engagement d'un retour

À l'âge de 15 ans, Bento m'appela de son propre chef pour me dire qu'il souhaitait reprendre l'analyse. Il me demanda si j'avais des disponibilités et poussa un soupir de soulagement quand je lui répondis par l'affirmative. Je fus quelque peu intriguée par son appel, non seulement en raison de ce contact de personne à personne, mais également en raison de sa réaction spontanée, le soupir de soulagement qu'il avait poussé lorsque je lui avais dit que j'avais du temps à lui consacrer.

Séance 5 (à l'âge de 15 ans)

Deux jours après son appel, Bento se présenta à mon cabinet et me tendit la main. Je me souvins du garçon de 6 ans qui avait commencé son traitement sans me regarder dans les yeux. À présent, cependant, Bento avait un air très triste. Il s'assit sur le divan. J'attendis. (*Je réalisai que j'étais très contente de le revoir. En même temps, j'avais un sentiment d'appréhension.*) Les yeux emplis de larmes, il se mit à parler.

Bento : Ça fait un moment déjà que je songe à revenir. (*Il sécha ses larmes.*) Mais il est arrivé quelque chose d'horrible et j'ai vraiment très peur. Je suis très triste. Je ne pouvais pas attendre plus longtemps. Cacá[4] va très mal. Il est à l'hôpital. Je ne pense pas qu'il va se rétablir… (*Bento se mit à pleurer. Je me sentis très touchée par sa souffrance. Je me souvenais clairement du petit garçon fragile qui, empli de haine, était incapable de manifester le moindre affect d'amour. Je pense que ma joie de le revoir m'empêchait de réfléchir posément. Comment se faisait-il que Bento avait évolué à ce point ? À ce moment-là, je ne me souvenais plus du sentiment de rage intense qu'avait éprouvé Bento, car il voyait en Cacá un envahisseur qui le dépossédait de son père. Je ne le considérais pas comme étant coupable. Tout ce que je percevais était sa souffrance. Je décidai de l'interroger directement*)

M.I. : Qu'est-il arrivé, Bento ?

Bento : Il a eu un terrible accident, la semaine dernière, tôt le matin, alors qu'il revenait de la maison de sa petite amie et rentrait chez lui. Vu les dégâts, il devait rouler très vite – peut-être pour ne pas s'endormir. Il a dû s'endormir au volant. Il a heurté une autre voiture et fait plusieurs tonneaux. Il n'avait d'ailleurs pas son permis de conduire. Il s'est vraiment bousillé. Il est dans le coma et hospitalisé dans une USI. Son état semble empirer de jour en jour. Je ne sais pas quoi faire.

M.I. : En ce qui concerne Cacá, tu ne sais vraiment pas quoi faire. Mais en ce qui te concerne, toi, tu le sais. Tu m'as appelée et te voici de retour. Tu m'as

4. Cacá est l'un des cousins de Bento. Durant la première phase de son analyse, Bento était aux prises avec le fort sentiment de haine qu'il éprouvait envers son cousin adolescent, qui avait commencé à manifester un comportement inquiétant après la mort violente de son père au cours d'un hold-up. À cette époque, les parents de Bento avaient décidé d'accueillir Cacá chez eux, afin de venir en aide à sa mère, la sœur du père de Bento.

dit que tu avais songé à revenir me voir… Qui sait ? Tu as pu penser que je pouvais faire quelque chose pour toi aussi.

Bento : (*pleurant et hochant la tête en signe d'acquiescement*) Tu peux imaginer ce qui est en train de se passer. C'est une maison de fous. Chaque fois que le téléphone sonne, on est terrifié. Je ne peux même pas dormir. Il y a beaucoup de choses qui se bousculent dans ma tête… Et je n'ai toujours pas trouvé le courage de lui rendre visite… Je me sens incapable d'entrer dans sa chambre, mais je dois au moins essayer… Il pourrait vraiment mourir et ça sera pire si je n'y vais pas. Je dois…

M.I. : Tu voudrais lui rendre visite à l'hôpital, mais je crois que tu voudrais aussi comprendre pourquoi tu n'y arrives pas. Juste entre toi et moi, tu sens qu'il va sans doute mourir. Tu te souviens à quel point vous ne vous entendiez pas, Cacá et toi ? Tu te souviens combien tu souffrais parce que tu étais tellement en colère d'avoir à partager tes parents et ta famille avec lui ? Il faut que tu parles de cette expérience, Bento, et ici, dans ce lieu, tu en as la possibilité, n'est-ce pas ?

Bento : (*tout en pleurant*) Ouais. Il était toujours en train d'interrompre les autres, cet emmerdeur. Il était en thérapie, mais il ratait souvent ses séances et ne payait pas. Mon père s'est fâché. Cacá dit qu'il ferait un effort, mais il a continué à merder. Je n'arrête pas de penser que du fait de ma colère envers lui quand j'étais petit, ses problèmes ne faisaient qu'empirer, mais je ne crois pas… Je suis en colère, oui, mais ce sont ses problèmes… Tout s'embrouille quand je pense à ça. Il est drôle aussi, un grand gaillard, et il ressemble à Zé Colmeia[5] (*un sourire éclaire son visage*).

M.I. : (J*e suis contente d'observer la capacité de Bento d'avoir accès à la fois à son état de confusion et à la perception de sa propre individualité*) En y repensant, tu continues de souffrir, mais tu es capable de faire la différence entre tes problèmes et ceux de Cacá…

Bento : Ouais. C'est ça. Mais le pauvre, il a aussi beaucoup souffert, plus que moi. Mais il n'arrêtait pas de tout faire foirer. Mon père lui donnait de l'argent pour qu'il puisse payer sa scolarité, son loyer et son assurance santé… Tu sais ce qui est arrivé ? Il a laissé tomber son assurance santé ! Et mon père a dû payer les médecins et l'hôpital ! Ça me rend triste, mais ça me met en colère aussi ! (*en se mettant à pleurer*) Pauvre Cacá ! Quel gâchis. Tu sais à quoi je pense ? Je n'avais pas vu ce côté-là des choses. J'ai mes problèmes, mais c'est lui qui est responsable de ce gâchis.

M.I. : Je pense que tu es en train de me dire que le fait de venir ici, de me parler, de faire le trajet jusqu'à mon cabinet – tout cela t'a permis de comprendre

5. Zé Colmeia « Joe Beehive » est le personnage du dessin animé Yogi Bear (Yogi, l'ours).

que tu peux penser à ce que tu ressens de façon particulière[6], comme tu avais coutume de le dire.

Bento : Oui. Mais je ne veux pas revenir ici juste à cause de Cacá. J'ai aussi mes propres problèmes. As-tu du temps à me consacrer, ou est-ce possible seulement aujourd'hui ?

M.I. : O.K. On va convenir des horaires. Mais je crois que tu cherches à savoir si la réponse que je t'ai donnée quand nous avons mis un terme au traitement tient toujours. Tu m'avais demandé si tu pouvais revenir si tu le souhaitais...

Bento : Et tu avais répondu que oui.

Bento reprit son analyse pendant un an et demi. Cacá finit par mourir. Bento alla lui rendre visite à l'hôpital à plusieurs reprises.

Bento était devenu un adolescent réfléchi. Ses préoccupations et ses associations étaient à la fois profondes et sérieuses. Violence, culpabilité, responsabilité envers les conséquences de sa propre violence furent évidemment au centre des inquiétudes de Bento du fait de son expérience vécue avec Cacá. C'étaient là les questions parmi les plus importantes qui continuèrent d'être abordées tout au long de cette période. Les relations d'objet apparaissaient être mieux intégrées. Bento affrontait plus librement la question de sa rivalité fraternelle et ses différends avec sa sœur Malu, qui avait maintenant dix ans. Avec ses amis, il était devenu plus tolérant et spontané.

Partie 4. — Suite

À l'âge de 17 ans, Bento me téléphona pour me dire qu'il souhaitait venir me voir et me parler. Curieusement, et pour la première fois, il s'allongea sur le divan, le dos tourné vers moi, et demeura ainsi jusqu'à la fin de la séance. Dès qu'il se fut allongé, il m'expliqua qu'il ne pourrait reprendre son traitement. Il était très occupé, préparant son examen d'entrée à l'université. Son attitude m'intrigua. Je lui fis observer qu'il semblait vouloir me signifier que l'analyse se poursuivait à l'intérieur de lui. Étant donné qu'il s'était allongé sur le divan à la façon d'un adulte, le processus semblait évoluer au fur et à mesure qu'il progressait en âge.

Lors de cette seule et unique séance, Bento évoqua des désillusions amoureuses, des difficultés et des déceptions dans ses relations amicales ; il mentionna aussi combien il travaillait dur pour ses examens. Il me parla également de sa sœur et de ses parents. Ce fut aussi la première fois qu'il put mettre en mots ses sentiments envers moi. Il dit que nos conversations lui manquaient. Contre toute attente, pour quelqu'un qui avait fait preuve de parcimonie dans l'expression de

---

6. Bento avait l'habitude de se référer à nos échanges en les qualifiant de « cette façon particulière de parler ».

ses affects d'amour, il me dit que ma *présence* dans sa vie lui avait été *bénéfique*. Il ajouta que quand il aurait passé son examen, il reprendrait son analyse.

Il m'appela par la suite pour m'informer qu'il avait été accepté dans l'université de son choix. Comme j'étais occupée, il laissa un message sur mon répondeur. Cela date d'il y a quelques années ; depuis, Bento n'est pas revenu.

Il y a de cela quelque temps, au cours d'une soirée, j'ai entendu quelqu'un m'appeler par mon nom. C'était la mère de Bento. Elle me dit qu'il allait bien, qu'il avait une petite amie, qu'il réussissait bien dans ses études et qu'il menait une vie sociale active. Elle me dit également qu'il avait récemment mentionné le fait qu'il souhaitait un jour reprendre son analyse.

De mon point de vue, un processus analytique relativement abouti n'atteindra jamais la perfection et ne sera jamais achevé. Tout ce qu'on peut espérer lorsque la relation analytique avec nos patients prend officiellement fin, c'est que ceux-ci aient acquis une capacité d'analyse, à savoir la capacité d'intégrer ce qu'il se passe lorsque nous subissons les déboires de la vie. La relation à leur(s) analyste(s) sera devenu un point de référence. Si l'analyste a été intériorisé en tant que bon objet, il pourra trouver à se réincarner dans le transfert au cas où le patient décide d'entreprendre une seconde tranche d'analyse, même avec un analyste différent.

À l'heure d'aujourd'hui, il est impossible de savoir si Bento reprendra ou non son analyse, ou si, notamment, il décidera de la poursuivre avec moi. Ce que je sais, c'est que ce jeune homme, qui avait commencé une analyse à l'âge de 6 ans, est demeuré résolument engagé dans le processus analytique, celui-ci semblant être suffisamment actif à l'intérieur de lui chaque fois qu'il retrouvait le cadre de l'analyse. Avec cette certitude à l'esprit, je peux tout simplement attendre.

DISCUSSION DU CAS BENTO[1]

Fred BUSCH

Boston Psychoanalytic Institute, 246 Eliot Street, Chestnut Hill, MA 0246, USA
drfredbusch@gmail.com

Avant de discuter du matériel clinique, je commencerai par décrire comment j'ai abordé le compte rendu de Madame Carneiro relatif à l'analyse au long cours de Bento, que je qualifierais d'héroïque. Au fil des années, on voit comment il a changé, comment ce garçon de 6 ans en proie à la colère et à l'agir est devenu, à l'âge de 9 ans, un enfant capable de parler de ses frustrations et d'intégrer ses sentiments ambivalents.

Lorsqu'on discute du matériel clinique d'un autre analyste, on ne peut qu'évoquer l'image virtuelle d'une analyse, dans la mesure où ce qui est rapporté n'a trait qu'à des fragments de ce qui s'est passé tout au long d'une analyse s'inscrivant dans la durée ; ainsi, ce qui n'est pas rapporté a pu exercer un profond effet[2]. Bento était en train de jouer avec une momie en Lego et un trésor caché sous une pyramide, lorsqu'il dit à son analyste : « Tu te souviens de ce que tu m'as dit ? Tu m'as dit que le trésor sous la pyramide, c'est comme les choses qui sont cachées dans ma tête, que toi et moi on essaye de trouver. » Cette riche représentation métaphorique, qui semble avoir beaucoup marqué Bento, est une formulation dont on entend peu parler dans l'analyse, mais qui, j'imagine, fait partie des choses qui ont aidé le patient. De fait, au cours de la même séance, Bento se montre capable de pardonner à sa mère (maman) d'être arrivée en retard pour l'accompagner à sa séance, quelque chose qui auparavant l'aurait mis très en colère. Cependant, mes commentaires ne peuvent porter que sur la principale façon dont Mme Carneiro rend compte du matériel clinique, qui se distingue de la position d'autres analystes d'enfants et également de mon

1. Article paru sous le titre : Discussion of the case of Bento. *Int. J. Psychoanal.* 2017, 98 : 1423-1431, traduit par Danielle Goldstein, relu par Jenny Chan.

2. En général, lorsque, en tant qu'analystes, nous présentons du matériel clinique, nous rapportons ce qui représente à nos yeux une façon idéale de travailler. C'est-à-dire, nous essayons de montrer une façon particulière de travailler. Je pense que cela est pertinent, car cela permet de définir clairement une méthode spécifique. Je pense que cela rend compte des différences de point de vue entre ce que je pense et les interprétations rapportées par Mme Carneiro, mais également de mon impression qu'elle a beaucoup aidé Bento.

propre point de vue. Je développerai mes idées afin de permettre au lecteur de réfléchir à ces différences.

Enfin, j'aimerais ajouter quelques mots au sujet de la relation entre l'analyse d'enfants et l'analyse d'adultes. Nombreux sont ceux qui ont prétendu que l'analyse d'enfants est semblable à l'analyse d'adultes en ce sens que le jeu de l'enfant est équivalent à la libre association de l'adulte. Je suis d'accord avec cette formulation du moment que nous précisons la nature du jeu en question. Un enfant qui joue avec des marionnettes peut élaborer de riches fantasmes à travers son jeu. Je citerai un exemple, celui d'une enfant que j'avais aidée autrefois à élaborer sa réaction régressive à la dépression post-partum de sa mère, et qui avait maintenant 4 ans alors que le traitement touchait à sa fin[3]. Elle arriva à sa séance et se mit à jouer avec une boîte. Elle dit, s'adressant tout aussi bien à moi qu'à elle-même, « Je suis en train de construire une boîte à trésors pour un homme. Il va s'allonger et je mettrai et allumerai une bougie dans la boîte. » Je considérai cela comme une preuve supplémentaire, celle d'un mouvement qui, à partir de ses affrontements régressifs de nature sadique-anale avec sa mère, avait progressé vers une tentative de séduction œdipienne investie par la libido. *Cela diffère très largement des actings de Bento* (qui jette les objets à travers la pièce, se suspend aux portes, etc.), où rien n'étant représenté, on ne peut rien comprendre de plus. À certains moments, Bento ressemblerait davantage à un adulte souffrant de troubles du caractère graves, où les mots s'apparentent plus à des actes, ce que j'ai désigné du terme de langage en action (Busch, 2009, 2014). Pour toutes sortes de raisons que j'ai esquissées précédemment (*ibid.*), nous sommes dans ce cas plus enclins à avoir des réactions contre-transférentielles inconscientes. Avec un enfant comme Bento, en proie à des agirs, la nécessité pour l'analyste de prendre conscience de, de *réfléchir à*, de contenir ses sentiments contre-transférentiels inconscients est cruciale. Dans le cas d'un adulte dont la parole s'apparente davantage à une action, nous pouvons du moins prendre le temps de démêler nos attitudes contre-transférentielles. L'analyste d'enfants, en revanche, ne dispose pas du temps de la réflexion lorsqu'il a affaire à un enfant qui tire à lui les livres de la bibliothèque et tente de déchirer leurs pages. Il me semble que parce qu'il est privé de ce temps de réflexion, l'analyste d'enfants est plus susceptible d'agir son contre-transfert ou de faire des interprétations déterminées par la théorie.

En général, je ne vois aucune différence entre les interprétations de Mme Carneiro dans le cas Bento et la façon dont interviendrait un analyste d'adultes. Je dis cela nonobstant le point de vue de nombreux analystes d'enfants quant au fait que les processus de pensée secondaires ne sont pas encore solidement établis chez eux ; que les souvenirs implicites sont encore en train d'être

3. J'étais un psychologue d'enfants formé par des analystes d'enfants avant de devenir un analyste d'adultes.

consolidés; que la distinction entre le passé et le présent est encore floue, de même que celle entre le conscient et l'inconscient. La capacité d'auto-observation est bien plus limitée chez les enfants de cet âge et est généralement utilisée pour préserver l'existence d'un état de bien-être, plutôt qu'activement mise au service d'une compréhension de soi (cf., Kennedy, 1979; Sugarman, 2003a).

Anne-Marie Sandler (1975) a été parmi les premières à nous alerter sur l'importance pour la psychanalyse des travaux de Piaget, et en particulier la psychanalyse de l'enfant. Selon elle, l'analyste d'enfants « doit également être conscient » des limites et des singularités de la façon de penser des enfants et construire ses interprétations en conséquence. Même ainsi, il doit se prémunir contre la probabilité que l'enfant, qui vit dans un monde pré-opérationnel, risque fort de mal interpréter ce que l'analyste lui a dit (p. 370). Par exemple, la cognition de l'enfant est dominée par sa position entièrement égocentrique. Il est incapable psychologiquement parlant de se mettre à la place d'un autre. L'enfant suppose que les autres pensent inévitablement comme lui.

Comme nous le verrons, Mme Carneiro s'appuie énormément sur des interprétations transférentielles symboliques, qui me semblent être discutables, étant donné l'âge de Bento au début du traitement et compte tenu du retard probable de son développement cognitif du fait de l'intensité de ses conflits.

Le début

Mme Carneiro nous dresse un tableau saisissant et circonstancié de Bento lorsqu'il est venu la voir pour la première fois. On ne peut que se sentir touché à la vue de ce garçon de 6 ans, déjà déprimé et narcissiquement carencé, privé de cette joie de vivre que l'on a coutume d'associer aux enfants de cet âge. Lorsque Mme Carneiro décrit comment Bento s'asseyait « sur les genoux de sa mère et enroulait ses bras autour de son cou, comme s'il était un bébé en détresse », je me suis souvenu des petits singes de Harlow qui s'agrippaient à un substitut maternel en grillage insatisfaisant[4]. « Ces moments, qui étaient dénués de tendresse et apparaissaient traduire au contraire l'inaptitude de Bento à établir des relations, ainsi que l'embarras de sa mère, étaient source d'un profond malaise pour la mère comme pour l'enfant. Ils me rendaient anxieuse, moi aussi. J'éprouvais un sentiment de vide presque physique… »

4. Dans les années cinquante, Harry Harlow a conduit des expériences de privation maternelle sur des bébés macaques. Il les mettait en présence de deux substituts maternels, l'un en grillage, l'autre recouvert de tissu et ce, dans deux situations. Dans la première, le substitut en grillage tenait un biberon de lait, tandis que le substitut revêtu d'un tissu n'offrait aucune nourriture. Dans la seconde situation, le substitut revêtu d'un tissu tenait le biberon, tandis que celui en grillage n'avait rien. Dans la majorité des cas, les petits singes passaient de préférence leur temps à s'agripper au substitut revêtu d'un tissu.

Comment ramener un tel enfant vers la vie devient dès lors l'enjeu thérapeutique principal. Il me semble que cela implique différentes méthodes au fur et à mesure que le traitement progresse et que l'enfant grandit. Mme Carneiro décrit le tableau d'une mère distante, comme mentionné précédemment. Les symptômes de Bento sont la conséquence d'une perturbation qui impacte le développement du narcissisme normal et positif, du fait de l'absence de l'effet miroir décrit par Kohut (Kohut & Wolf, 1978). Schmidt-Hellerau (2002, 2006) a développé l'idée du rôle primordial joué par l'objet parental comme écran de protection contre l'angoisse de la pulsion de mort, dans la formation des représentations du self et de l'objet bons, et comme précipitant de la pulsion d'auto-conservation. Faute de miroir adéquat, l'individu devient plus anxieux, passif, déprimé, en manque de soins, ce qui concorde avec la façon dont Bento se présente.

Dans ce qui suit, je traiterai selon différents points de vue de la façon dont Mme Carneiro aborde le travail avec Bento.

Interprétations de transfert

Comme on peut en juger d'après le matériel, la plupart des interventions de Mme Carneiro – du moins, celles qu'elle rapporte – sont basées sur sa compréhension de ce qui lui semble relever d'un type particulier de *transfert dans l'ici et maintenant*. Suivant cette façon de travailler, les interprétations portent sur la signification que revêtent les sentiments et les actes de Bento par rapport à l'analyste. Rares sont les interprétations données à Bento qui ont trait aux raisons de ses ressentis en dehors de sa relation à l'analyste. Il a été difficile pour le lecteur que je suis de voir comment l'analyste comprenait les raisons de la colère de Bento, autrement qu'en termes théoriques (ce que je décrirai plus avant). Ce point me paraît important en ce qu'il soulève la question de savoir si Bento avait besoin de quelque chose en sus des interprétations de transfert. Comme dans toute analyse, et en particulier dans l'analyse d'enfants, se pose également la question du timing et de la forme des interprétations de transfert.

Avant d'aborder mon propre point de vue sur la question du rôle que jouent les premières interventions se rapportant au transfert, dans la cure de Bento, je commencerai tout d'abord par centrer ma réflexion sur la vignette suivante décrite par Mme Carneiro.

« En raison de contraintes familiales, Bento venait à ses séances accompagné de sa sœur [Malu] » — qui à l'époque avait dix mois — « et de l'employée de maison ». Cette situation se prolongea jusqu'à ce que Malu ait eu 2 ans. Malu accueillait souvent l'analyste avec le sourire lorsque celle-ci venait chercher Bento dans la salle d'attente, et lui faisait un petit signe de la main lorsqu'elle emmenait Bento dans son cabinet. Lorsque Mme Carneiro raccompagnait

Bento dans la salle d'attente après sa séance, Malu lui faisait à nouveau un signe de la main. « Tout en s'efforçant de contenir quelque peu sa rage, Bento disait, « cette petite morveuse devrait rester à la maison. » », nous rapporte l'analyste. Et elle ajoute : « Je lui signifiais qu'il craignait que je laisse Malu entrer dans mon cabinet et qu'elle envahisse notre séance de la même manière qu'elle avait envahi sa vie. »

Tandis qu'il nous est aisé de comprendre l'interprétation de l'analyste quant aux éventuelles implications transférentielles, on peut se demander si cette interprétation ne déplacerait pas l'accent *des sentiments de Bento envers sa sœur qui prend trop de place à ses sentiments envers l'analyste.* Quelle est l'utilité de cette intervention pour un enfant si narcissiquement carencé en ce début de traitement ? Cela m'a conduit à m'interroger sur l'observation d'Anna Freud (1965) concernant l'importance de l'analyste en tant que *nouvel* objet. Faisant écho aux points de vue d'Anna Freud (1965) sur la technique analytique dans les cures d'enfants, Sugarman (2003b) décrit « la nécessité d'établir une relation positive avec l'enfant afin de mieux le préparer à l'expérience que constitue à proprement parler une analyse » (p. 190). Par la suite, Sugarman a souligné l'importance de l'aide au développement quand on a affaire à des enfants qui souffrent de troubles graves. De ce fait, il me semblerait plus utile à ce stade d'entrer en résonance avec les sentiments *plus conscients de Bento,* en disant par exemple : « Il n'est pas facile parfois pour un grand frère d'avoir une petite sœur qui vous colle aux basques. » Ce faisant, nous donnons à entendre que nous reconnaissons l'irritation qu'un petit garçon est à même de ressentir lorsqu'un petit frère ou une petite sœur débarque sur la scène, surtout s'il s'agit d'un enfant souffrant déjà de carences affectives. Les explications quant au pourquoi peuvent intervenir plus tard. Qui plus est, nous n'invalidons pas le sentiment qu'*éprouve* alors Bento à l'idée que sa sœur a envahi sa vie, comme on pourrait le faire si on le ramenait simplement à une pensée à interpréter.

J'exposerai brièvement à présent mon point de vue sur la façon de travailler avec les transferts, en général, et en particulier lorsqu'il s'agit d'enfants.

Tandis que la plupart des analystes croient en la centralité du transfert dans la cure, il existe néanmoins un large éventail d'opinions quant à ce que cela signifie. Je dirais qu'en général les analystes cherchent le transfert plutôt qu'ils ne le trouvent. Nous avons tendance à vouloir absolument faire entrer le transfert sur la scène à l'intérieur de notre cabinet, plutôt que de le laisser se déployer là tel qu'en lui-même. Nous avons tendance à penser qu'à moins d'aborder le transfert, nous ne remplissons pas véritablement la tâche qu'impose le travail analytique. Green (1974) a noté un problème supplémentaire que soulève la concentration exclusive sur le transfert.

Ceci nous amène à la question de l'interprétation du transfert, qui est sans aucun doute la force motrice du processus analytique. Cependant, il est important de réaliser qu'une analyse conduite uniquement sous le prisme des interprétations du transfert met souvent le patient sous une pression intolérable. L'analyse revêt un aspect persécuteur, même si ces interprétations sont censées aider le patient à comprendre ce qui se passe à l'intérieur de lui (p. 416).

La difficulté particulière que soulève chez les enfants la reconnaissance de sentiments transférentiels est liée au fait que l'insight représentationnel (*representational insight*) (Flavell *et al.*, 2002), où une chose représente le symbole d'une autre chose, met du temps à se développer. Cette capacité se trouve particulièrement entravée chez un enfant comme Bento dont les facultés cognitives ont été mises en échec par le conflit et les obstacles au développement.

Le pourquoi de l'interprétation[5]

Quand elle s'adresse à Bento, Mme Carneiro semble baser la plupart de ses propos sur des interprétations relatives à la signification transférentielle inconsciente de son comportement ou de ses éprouvés. Toutefois, nombreux sont les psychanalystes d'adultes qui croient en la nécessité d'interpréter ce qui est accessible au pré-conscient plutôt que ce qui est inconnu. (Busch, 2014 ; Green, 1974). *Le caractère concret de la pensée chez les enfants semble rendre cela encore plus nécessaire.*

Afin d'éclairer mon point de vue sur la méthode de Mme Carneiro, je m'appuierai sur un échange qui a lieu au début de la première séance qu'elle nous rapporte. Mme Carneiro réalise que Bento est en colère avant même que la séance ne démarre. Puis, Bento se précipite sur sa boîte dont il déverse le contenu partout dans la pièce. Mme Carneiro tente de lui parler, mais il lui coupe aussitôt la parole, en disant : « Ferme-la ! Tu ferais mieux de ne rien dire, car je suis vraiment énervé. » Cependant, l'analyste continue de parler en lui suggérant l'idée qu'il est fâché contre elle, car il a dû affronter sa colère tout seul. *On ne comprend pas clairement pourquoi l'analyste pense que c'est là la raison de sa colère, à moins de se référer à une théorie sur la signification inconsciente que revêt pour Bento le fait de se retrouver seul pendant le week-end.* Bento dit qu'il ne veut pas parler de ça et explique que son « idiote de petite sœur avait de la fièvre », que « tout le monde prenait soin d'elle » et que même son ami – qui vivait dans le même immeuble — était parti en voyage ; Bento avait été invité, mais il ne voulait pas y aller. L'analyste lui dit alors : « Ah ! Oui. Effectivement.

5. Il y a un débat important chez les psychanalystes d'enfants autour des objectifs de la psychanalyse avec des enfants et les méthodes appropriées. Dans son article sur la capacité d'insight, Sugarman (2003a) examine attentivement une forme d'approche de la psychanalyse de l'enfant qui diffère de celle présentée par Mme Carneiro.

Tu ne peux pas passer la nuit ailleurs, n'est-ce pas, Bento ? Tu dois rester à la maison et tourner en rond, pour reprendre ton expression…[6] » Bento est fou de rage après cette intervention et se met à tout jeter à travers la pièce. *Devant pareille situation, j'aurais tendance à considérer que mon intervention a pu être prématurée ou à côté pour provoquer une telle réaction.*

Étant donné que ma compréhension de Bento s'articule autour de son état de carence narcissique, je pense que j'aurais respecté son désir qu'on ne dise rien, sinon on ne fait que répéter ce qu'il a ressenti pendant le week-end, à savoir être ignoré[7]. D'un autre côté, on peut comprendre le point de vue de Mme Carneiro (qu'elle exprime sous la forme d'une interprétation un peu plus tard au cours de la même séance), à savoir que si elle se taisait, Bento pourrait être amené à croire qu'elle a peur de sa colère, ce qui contribuerait à accroître sa propre peur. Au fur et à mesure que la séance se poursuit, il semblerait que Bento essaye d'expliquer ce qu'il ressent ainsi que les raisons de sa mauvaise humeur (la maladie de sa sœur et le fait qu'elle ait été l'objet de toutes les attentions). La question qui le taraude *à ce moment-là* porte sur où se situe le centre de l'attention.

Plutôt que de s'attacher à comprendre ce que ressent Bento, l'analyste épingle le problème en le situant chez lui (son incapacité à rester dormir chez un ami), ce qui ne fait qu'accroître sa rage et le pousse à répéter à son analyste qu'il veut qu'elle se taise. Après que l'analyste lui a fait remarquer que si elle ne disait rien, il serait encore plus effrayé et contrarié, Bento devient angoissé, ce qu'il met en acte. L'analyste continue d'interpréter selon le même mode, tandis que la colère et l'angoisse de Bento s'intensifient.

Comme dans l'exemple précédemment cité, Bento sait et est capable d'exprimer ses sentiments de colère à l'égard du fait que sa sœur attire toute l'attention à elle, le laissant seul. Cela semble déjà être un accomplissement. Plutôt que de considérer la colère de Bento comme le début d'une exploration du sens plus profond qu'auraient revêtu pour lui la naissance et l'existence de sa sœur, l'analyste tente immédiatement de déplacer les sentiments de Bento envers sa sœur sur autre chose, ce qui suscite chez lui une réaction narcissique de rage. Ce faisant, l'analyste semble répéter ce que ressent Bento – on ne fait pas attention à lui. *Il est probable que Bento ait inconsciemment poussé l'analyste à répéter le trauma avec lui en le réactualisant en séance, transformant ainsi la passivité en activité.* Un autre exemple, qui vient illustrer cette dynamique transféro-contre-transférentielle, transparaît dans les réflexions de Mme Carneiro autour de son *propre* ressenti : « C'était pour moi une expérience

6. L'analyste fait référence à l'incapacité de Bento de passer la nuit chez un ami.
7. De plus, comme dans le cas de tout patient avec une forte réaction défensive, il semblerait qu'on doive respecter pareille défense jusqu'à ce qu'elle se soit assouplie.

inquiétante que celle de ne pas être prise en considération. » Ici nous pouvons observer comment elle exprime *exactement ce que Bento décrit lui aussi.*

Les causes de l'agressivité

Il n'existe pas aujourd'hui en psychanalyse de point de vue consensuel sur les causes de l'agressivité. Un analyste kohutien considérera peut-être que l'agressivité signe l'échec de la satisfaction des besoins narcissiques au cours du développement, un analyste kleinien y verra une pulsion primitive, certains analystes freudiens l'envisageront sous l'angle de la pulsion de mort ou bien de la première théorie de Freud sur les pulsions sexuelles et les pulsions d'auto-conservation, et ainsi de suite.

La façon dont on est amené à comprendre l'agressivité joue un rôle important tant du point de vue de la méthode analytique que de la finalité des interprétations.

J'ai l'impression que Mme Carneiro considérait que le principal trouble dont souffrait Bento était lié à l'inefficacité des méthodes qu'il utilisait pour *contenir son agressivité en tant qu'agressivité*. Ainsi, en raison de cette agressivité, il nous est donné à entendre comment Mme Carneiro interprète que Bento craint que l'analyste n'ait peur de lui, ne puisse le protéger, ne veuille plus l'accueillir, etc. Ici, Mme Carneiro semble considérer que les troubles dont souffre Bento sont basés sur des défenses projectives. Même lorsqu'elle va au-delà des conséquences de son agressivité, il n'y a que peu d'interprétations relatives au *pourquoi de cette agressivité*. Bento exprime dès le début de la séance qu'il est « vraiment énervé », et Mme Carneiro, de lui dire alors, « J'ai l'impression que tu es très fâché contre moi, car pendant le week-end tu dois affronter ta colère tout seul… », sans pour autant l'aider à comprendre pourquoi cela pourrait le mettre en colère. Il semble ici que Mme Carneiro interprète sa non-présence en tant que contenant pour l'agressivité de Bento comme la principale cause de sa colère, ce qui contraste avec l'opinion de ceux qui considèrent l'agressivité non pas comme une pulsion primitive, mais comme la résultante d'autres facteurs tels que l'angoisse de castration, la frustration, l'inadéquation de l'effet de miroir, le parasitage de l'idéalisation, etc. *Nous n'avons en réalité aucun aperçu sur le monde interne de Bento, ni sur les fantasmes qui ont pu se développer au fil du temps et lui permettre de comprendre ses sentiments*.

Le monde interne

Je dirais que du fait que Mme Carneiro se soit centrée quasi exclusivement sur le transfert en contournant apparemment la signification intrapsychique du matériel, elle a pu contribuer à certains moments à favoriser les mouvements régressifs chez Bento. Dans la « deuxième partie » ou phase, Bento emmène avec lui un petit chiot qu'il introduit dans le cabinet de son analyste. Il dit alors : « Que se passerait-il s'il faisait pipi et caca ? Il salira ton bureau et tes autres patients vont se plaindre, mais ça ne sera pas de ta faute. » Il m'a semblé que ceci était un déplacement et un exemple poignant de la diminution de l'influence de son surmoi punitif. Il pouvait maintenant imaginer *pouvoir se pardonner… ce n'était pas de sa faute… comme un chiot qui* n'est *juste qu'un chiot*, tandis que Mme Carneiro y voyait aussi le signe d'une croissance, tout en considérant qu'il s'agissait d'un sentiment de sollicitude envers elle. « Il semblait éprouver ainsi une inquiétude, jusque-là inédite, pour l'objet, ayant trait à l'état de mon cabinet et ma crédibilité auprès de mes patients. » Cette séance fut suivie par la résurgence d'un état dépressif et régressif chez Bento – « ce monde qui ne valait rien » – suivie à son tour par une agressivité non contenue. Ainsi, si, dans le cas d'un patient comme Bento, on accorde trop d'attention au transfert[8] plutôt qu'à l'expérience interne du patient, sa pensée et ses rêves, le traitement risque de devenir un « monde qui ne vaut rien ». Le sentiment d'être laissé à l'abandon, que Bento avait exprimé d'emblée, resurgit maintes et maintes fois. Lorsque Mme Carneiro a pu centrer son attention sur la *croissance* de Bento, « Je lui dis que comme Baby Hulk il pouvait lui aussi se fâcher, *mais que maintenant il était capable de ressentir sa colère et d'en parler* » (italique ajoutée par l'auteur), Bento a pu dès lors lui demander son soutien et lors de la séance suivante la considérer comme quelqu'un qui pouvait l'aider à réparer ce qui était cassé (les jouets cassés).

L'écoute de l'écoute[9]

Cette formule heureuse de Haydée Faimberg (1996) nous a permis de comprendre combien il était important d'écouter comment le patient entend nos interventions. En outre, Ferro nous a donné plusieurs exemples qui illustrent comment rester à l'écoute de la part assimilable par le patient dans sa réaction aux dires de l'analyste.

> J'avais communiqué au patient, ce qui apparaissait comme une évidence, une interprétation touchant à sa crainte d'avoir trompé sa « tante » en déplaçant sa séance et sa colère envers moi du fait que je n'étais pas disponible pour le recevoir trois fois par semaine pendant la période des vacances d'été.

8. Tandis que les interprétations de transfert sont censées communiquer quelque chose au sujet du monde interne du patient, la tendance à se centrer exclusivement sur le transfert peut donner l'impression que l'analyste dit, « ça suffit avec vous, parlons de moi ».
9. Selon la formule heureuse de Haydée Faimberg (1996).

> Après un moment de silence, le patient dit : « C'est toujours frustrant de me retrouver avec ma belle-mère. L'autre jour, je lui ai dit, « tiens, voilà l'argent qu'il te faut », tandis qu'elle fouillait dans son sac, tout en m'expliquant qu'elle avait quelque chose pour moi. J'ai pensé qu'il s'agissait peut-être de quelque délicate attention de sa part, mais en fait ça n'était qu'une facture de plus à payer. »
> J'entendis cela comme voulant dire que mon interprétation n'avait pas été reçue comme une « délicate attention » — quelque chose d'enrichissant à l'image de ces significations/poissons qui nagent tout autour jusqu'à ce qu'ils/elles soient pris (es), sans s'inquiéter du fait que certain(e) s puissent s'échapper – et avait seulement semblé être une facture de plus
>
> (Ferro, 2004, p. 34-5).

Dans le contexte qui nous occupe, on pourrait s'interroger sur la réaction de Bento à une interprétation qui lui fut communiquée un mois avant la fin de la cure, et sur la façon dont Mme Carneiro put entendre cette réaction. Bento était en train de construire un robot. « Il put en assembler toutes les pièces à l'exception de la tête, qui avait du mal à tenir en équilibre sur le cou du robot. Découragé, Bento soupira. »

M.I. : J'ai l'impression que tu as peur que ta tête ne devienne branlante quand tu cesseras de venir ici. Et puis, je ne serai plus à tes côtés à veiller sur toi, comme le robot resté perché tout ce temps sur le haut de l'étagère.

Bento : (*Il s'allongea sur le divan, l'air triste. Il se plaignit d'avoir un chat dans la gorge, quelque chose de désagréable*) Je crois que je vais tomber malade.

M.I. : Ouais, je crois que tu as peur d'être seul, d'avoir la gorge nouée, de ne plus pouvoir parler avec moi…

À en juger par le modèle de l'écoute de l'écoute, il semblerait que Bento ait lutté pour ne pas régurgiter l'interprétation de Mme Carneiro. Chez certains analystes, cela donnerait lieu à une réflexion sur la pertinence de persister dans la même veine interprétative ou encore sur la nécessité d'évaluer avec le patient en quoi il a trouvé l'interprétation indigeste. En réponse aux interprétations successives de Mme Carneiro relatives à son angoisse de séparation et en dépit de sa réaction toxique, Bento propose de lui donner une photo. Je me suis demandé si à ce moment-là Bento n'avait pas senti qu'il pourrait manquer à Mme Carneiro puisque le traitement touchait alors à sa fin. En fait, le contraire n'aurait-il pas été étonnant, étant donné que Mme Carneiro l'avait aidé à transformer l'enfant déprimé et narcissiquement carencé qu'il avait été en un adolescent attentionné et contenu ? Je pense qu'on n'a pas suffisamment étudié la question de l'intégration des sentiments de l'analyste à la fin d'une analyse aussi longue que fructueuse.

Le retour de Bento

Lorsque Bento reprend contact avec son analyste après le tragique accident qu'a subi son cousin, Cacá, on peut mesurer combien il a bénéficié de son traitement à l'aune de la rapidité avec laquelle il prend conscience de son ambivalence antérieure envers son cousin et réalise que les problèmes de Cacá ne lui incombent pas. On ressent également combien Mme Carneiro prend soin de lui et cherche à l'aider en prenant en compte sa souffrance. Bento reprend son analyse pendant une année, bien que nous ne sachions rien de cette nouvelle tranche. Nous apprenons ensuite que lors d'une rencontre fortuite entre Mme Carneiro et la mère de Bento, qui a eu lieu par la suite, cette dernière a confié à l'analyste que Bento allait bien.

J'ai été frappé par la réitération, dans la dernière description du traitement de Bento, d'une question qui avait été soulignée précédemment. J'ai eu l'impression que Mme Carneiro mettait l'accent une fois de plus sur le fait que les problèmes de Bento étaient liés à un excès d'agressivité, au lieu de considérer que cet excès d'agressivité était lui-même issu d'autres facteurs (sentiment d'être attaqué, vulnérabilité narcissique, distance maternelle, absence paternelle, sévérité du surmoi, etc.) qui faisaient que son agressivité était difficile à contenir. C'est ce que nous donne à entendre la remarque de Mme Carneiro lorsqu'elle dit à Bento : « Tu te souviens combien tu souffrais parce que tu étais tellement en colère d'avoir à partager tes parents et ta famille avec lui ? » Ici, l'accent porte sur le fait que la souffrance de Bento est liée à sa colère ; et d'autre part, le problème est présenté sous l'angle de sa difficulté d'avoir à partager ses parents, plutôt que celle d'avoir à partager ce qui lui semblait déjà être insuffisant.

Mme Carneiro conclut son article par des considérations relatives aux buts de l'analyse avec lesquelles je suis d'accord.

De mon point de vue, un processus analytique relativement abouti n'atteindra jamais la perfection et ne sera jamais achevé. Tout ce qu'on peut espérer lorsque la relation analytique avec nos patients prend officiellement fin, c'est que ceux-ci aient acquis une capacité d'analyse, à savoir la capacité d'intégrer ce qu'il se passe lorsque nous subissons les échecs de la vie. La relation à leur(s) analyste(s) sera devenu un point de référence.

Je dirais pour ma part que la capacité d'auto-analyse est basée sur l'aptitude du patient à interroger son propre psychisme via la rêverie ou la libre association, pour être à même de comprendre quels sont les processus inconscients qui ont été réactivés par les contingences de la vie. À la fin d'une analyse, on peut espérer que le patient aura acquis cette capacité, ce qui semble être le cas concernant Bento dans sa dernière année d'analyse. Nous voyons alors un jeune homme qui a bénéficié d'une analyse thérapeutique et est prêt à aborder son adolescence avec enthousiasme, ce qui aurait semblé hautement improbable vu l'enfant qu'il avait été à l'âge de 6 ans. Je ne me souviens plus de l'auteur qui a écrit que le but d'une analyse d'enfant est d'aider celui-ci à retourner aux tâches développementales qui lui incombent, mais qui ont été interrompues ; c'est ce qu'illustre parfaitement le cas de Bento grâce au travail héroïque que ce dernier aura accompli avec Mme Carneiro.

RÉFÉRENCES

Busch F. (2009). Can you push a camel through the eye of a needle : Reflections on how the unconscious speaks to us and its clinical implications. *Int. J. Psychoanal.* 90 : 53-68.

Busch F. (2014). *Creating a psychoanalytic mind.* London : Routledge.

Faimberg H. (1996). Listening to listening. *Int. J. Psychoanal.* 77 : 667-77.

Ferro A. (2004). Interpretation : Signals from the analytic field and emotional transformations. *Int Forum Psychoanal.* 13 (1/2) : 31-8.

Flavell J.H., Miller P.A., Miller S.A. (2002). *Cognitive development.* Upper Saddle River, N.J. : Prentice-Hall.

Freud A. (1965). *Le normal et le pathologique chez l'enfant.* Paris : Connaissance de l'Inconscient, Gallimard, 1968.

Green A. (1974). Surface analysis, deep analysis (the role of the preconscious in psychoanalytical technique). *Int. Rev. Psychoanal.* 1 : 415-23.

Kennedy H. (1979). The role of insight in child nalysis : a developmental viewpoint. *J. Amer. Psychoanal. Assoc.* 27 (Suppl.) : 9-28.

Kohut H., Wolf E.S. (1978). The disorders of the self and their treatment : An outline. *Int. J. Psychoanal.* 59 : 413-25.

Sandler A. (1975). Comments on the significance of Piaget's work for psychoanalysis. *Int. Rev. Psychoanal.* 2 : 365-77.

Schmidt-Hellerau C. (2002). Why aggression ? Metapsychological, clinical and technical considerations. *Int. J. Psychoanal.* 83 (6) : 1269-89.

Schmidt-Hellerau C. (2006). Fighting with spoons : On caretaking rivalry beween mothers and daughters. *Psychoanal. Inq.* 26 (1) : 32-55.

Sugarman A. (2003a). A new model for conceptualizing insightfulness in the psychoanalysis of young children. Psychoanal. Q. 72 : 325-55.

Sugarman A. (2003b). Dimensions of the child analyst's role as a developmental object. *Psychoanal. Study Child* 58 : 189-213.

DISCUSSION DU CAS DE BENTO[1]

Robin ANDERSON
randerson77k@aol.com

Voici une présentation stimulante et intéressante de l'analyse d'un garçon débutée lorsqu'il est âgé de 6 ans.

Au début Maria Inès nous présente un garçon très en retrait, passif-agressif, dont elle sent qu'il lui communique son « expérience de tenter de trouver une mère ». Elle nous offre l'image d'un enfant régressé, en colère, et de sa mère, qui s'accrochent l'un à l'autre d'une façon désespérée et dévitalisée en ne se témoignant que très peu de signes d'affection. Bento semble avoir renoncé à tout espoir. Son père a l'air plus vivant mais peu accessible. Sa petite sœur en revanche semble pleine de vie et capable d'atteindre ses objets, dont l'analyste de Bento. Contrairement à son frère, elle paraît avoir une attente naturelle d'être aimée, suscitant jalousie et envie de la part de son aîné.

Il est difficile de comprendre ce qui constitue le contexte de cette présentation. Avant de consulter, les parents se sont inquiétés de la détérioration de leur fils après la naissance de sa sœur, quand il avait 5 ans et 10 mois. Mais il avait été un bébé prématuré, et nous apprenons que l'allaitement avait été rapidement interrompu. Il y a aussi un arrière-fond de tragédies et de violence. Pendant l'analyse, Bento manifeste une profonde aversion du contact comme s'il n'attendait que très peu de n'importe quel objet voire, de lui-même. En revanche, sa sœur anticipe l'intérêt de l'objet et semble avoir l'intuition que l'analyste de son frère pourrait lui procurer quelque chose de plus vivant encore. Je soupçonne que Bento le ressent aussi de façon insupportable. Ce n'est pas simplement qu'il ne veut pas qu'elle possède ce qu'il a, mais davantage, qu'il sait qu'elle peut obtenir ce que lui n'arrive pas à atteindre, ce qui lui est insupportable. Malgré tout, Maria Inès se démène pour garder espoir, elle s'attend à ce que Bento lui réponde autrement qu'à sa mère et peut conserver cet espoir durant plusieurs années de travail ingrat et difficile. Elle sent qu'il y a de la vie, même cachée, chez cet enfant et elle va attendre avec lui jusqu'à ce qu'il la trouve. Sa confiance intuitive en lui

1. Article paru sous le titre : Discussion of the case of Bento. *Int J Psychoanal* (2017) 98 : 1433-1441 traduit par Céline Gür Gressot et relu par Maria Hoyagemyan.

paraît cruciale et soulève la question de savoir s'il s'agit de sa propre réponse interne ou de quelque chose qu'elle a saisi en Bento.

La première séance

Bento semble croire et convaincre l'analyste (ou lui-même) qu'il n'y a là rien de valable. C'est le début de la semaine et il emplit l'analyste du sentiment d'un poids insupportable, effrayant, de l'impression d'une charge terrible. Allait-elle survivre et tenir la semaine ? Maria Inès lui interprète son besoin de l'obliger à supporter tout ce gâchis, combien il est exaspérant, que rien ne sera jamais bien. Il peut accabler son objet alors qu'elle garde l'espoir qu'il y a en lui un désir qu'elle résiste et ne renonce pas à lui.

À ce moment il roule des boulettes de pâte à modeler qu'il lance sur le plafond ; elles vont retomber en laissant des taches sur la peinture. Désespérée, la thérapeute est traversée par la pensée de le repeindre, alors que dans son contretransfert elle lutte contre une destructivité implacable. Elle lui dit alors qu'on peut repeindre le plafond. Il est sûrement très important que ce fantasme reste vivant en elle. Est-ce une aide qu'elle lui dise qu'on peut le repeindre ? En tout cas il se comporte comme s'il l'avait vaincue et lui dit d'un ton triomphant qu'il est maintenant l'heure (c'est trop tard !). Cependant, elle sait qu'il reste deux minutes. De façon intéressante il ne proteste pas devant ce qu'elle affirme ; c'est dans ce petit espace qu'elle peut lui dire combien il a étalé sa rage dans la pièce, combien il sent qu'il l'a démolie et en est terrifié.

Je perçois ici que l'analyste va mieux, car elle peut affronter Bento et sa conviction que son propre désespoir et sa haine sont trop forts pour elle et qu'il ne peut que produire un monde abîmé et une mère abîmée, incapable de lui survivre. À travers son commentaire, elle lui montre qu'elle peut affronter ce champ de ruines et survivre à ses attaques. L'analyste décrit comment elle croit que sa tolérance apporte quelque chose qui permet à Bento de survivre et de retrouver vraiment sa confiance en lui-même. En effet, bien plus tard dans l'analyse, Bento revient à sa séance et montre qu'il a été très touché par la solidité psychique de l'analyste. Il est intéressant de se demander qui elle était dans le transfert à ce stade. S'agissait-il des interventions du père dont Bento avait besoin, et dont il se rapproche ici ? Du côté négatif, l'analyste se questionne sur les morts violentes qui planent autour de Bento. Ces tragédies frappent-elles une famille innocente ? La violence et les morts font-ils cruellement partie de ce groupe, rajoutant au sentiment de cet enfant que sa destructivité est plus puissante que son amour ?

La guerre des étoiles : *Star Wars*

Bento est intrigué par la chute de Luke Skywalker. Le beau garçon qui abrite tant de violence et de misanthropie pourrait bien être Bento. En effet ce dernier adore *Star Wars*. Aime-t-il le fait qu'il s'agit d'un combat du bien sur le mal, dans lequel finalement le bien est plus fort ? Ou y a-t-il une partie de lui-même qui aime aussi le pouvoir de la méchanceté ? Cela tranche avec son *self* de bébé bizarre et pathétique dont il se moque sans pitié face au désarroi de l'analyste (quand il apporte la photo de lui bébé). Celle-ci semble ici éprouver le désespoir d'une mère compatissante incapable d'atteindre son bébé.

2e séance

Dans cette séance, trois ans après la première séance, Bento a 9 ans.

Bento arrive en retard, il est en colère contre sa mère, qu'il accuse car il ne croit pas que l'analyste va l'attendre. Celle-ci lui répond que bien entendu elle l'attendait et qu'elle pensait qu'il craignait qu'elle ne se dépêche de s'en aller. Bento rappelle ce qu'il avait ressenti quand il avait abîmé son plafond et ne pouvait se résoudre à le regarder à nouveau jusqu'à ce qu'enfin, il le fasse et remarque qu'il avait été repeint. Son objet peut réparer les dégâts et n'est pas si faible qu'il ne le craignait. Bento semble avoir retrouvé un meilleur état d'esprit : ses attentes pessimistes se révèlent infondées et sont visiblement contredites par son expérience. Il paraît capable de poser sur sa mère un regard plus favorable, tolérer qu'elle puisse être en retard, qu'elle ait eu une bonne raison et qu'elle l'accompagne toujours ici, qu'elle puisse même être un bon objet. Bento est si content de cette nouvelle atmosphère entre lui et l'analyste qu'il veut la consolider. Les bonnes choses dans sa tête doivent être renforcées de peur qu'elles ne partent à nouveau (sinon son bon état d'esprit ne pourra pas durer). Il pense à une momie égyptienne en Lego associée à un trésor sous une pyramide ce qu'il relie à une précédente interprétation de son analyste que « les trésors sous la pyramide sont les bonnes choses qui existent dans sa tête ». Il désire mettre à l'abri cet endroit car il craint de perdre cet état agréable et peut-être de ne pas le retrouver. Cependant l'analyste lui dit qu'il ne reste plus assez de temps. Dès lors, il semble avoir découvert qu'il peut attendre, avec quelque espoir que tout ne va pas être gâché, comme s'il avait davantage confiance en lui-même et en ses objets.

Cet exposé n'est, bien sûr, pas continu mais je suis un peu surpris que le récit paraisse nous emmener à sa terminaison à partir d'un mouvement positif vers une position dépressive encore fragile. L'analyste déclare que « c'était la première fois dans ce récit que Bento montrait qu'il pouvait tolérer des contretemps. Pour la première fois, il était curieux et souhaitait découvrir ce qui se passait dans sa tête ». Il semble s'agir par conséquent d'une mesure plutôt abrupte et radicale. Il est certainement compréhensible qu'il puisse y avoir un bénéfice pour un patient d'avoir la chance de se débrouiller seul, et donc pour un parent ou un analyste de se retirer, mais parvenir à la position dépressive représente une étape si importante, qu'elle reste une place difficile à conquérir. L'exposition à la réalité représente un défi autant pour le *self* que pour l'objet car il s'agit d'imposer au *self* l'exigence d'accepter les déceptions et les limites du monde. Il est vrai que Bento a commencé à considérer le monde différemment, mais il devra être capable d'entrer et de sortir de cet état plus intégré, assez longtemps pour permettre de le consolider. Bien entendu, il est possible que ce ne soit pas si défini et le matériel qui suit est très différent, avec l'apparition d'un garçon plus intégré. Toutefois, l'analyste commente dans le paragraphe suivant qu'il y avait des « signes annonciateurs » qu'elle relie particulièrement à la découverte par le patient de la réparation.

Comme la fin approche, Bento commence à apporter un chien. L'analyste n'interroge pas ce défi au cadre analytique mais semble penser que de l'accepter permet à Bento d'apporter une partie plus primitive de lui-même située dans le chien. Elle attire l'attention sur le commentaire de Bento que de laisser le chien faire pipi et caca dans la pièce de consultation risque de conduire les autres patients à rendre responsable l'analyste de quelque chose dont elle ne serait pas fautive. Il paraît très inquiet du tort que cela pourrait lui occasionner et je me demande si nous pourrions aussi déceler chez Bento un insight inconscient dans cette activité projective.

Dans la séance suivante, nous voyons quelque chose d'une réaction thérapeutique négative, quand le patient est confronté aux insights précédents qu'il cherche à dénier de façon urgente pour être soulagé en rendant responsable l'analyste de son sentiment d'être « débordé ». Peut-être s'agit-il de la perspective de devoir se débrouiller sans elle et sans tout ce qu'elle lui apporte ? Il se plaint qu'il a terriblement chaud et qu'il a besoin d'eau froide du frigo. Il s'avère que son analyste va lui chercher de l'eau. Mais je suis frappé qu'il évolue vers l'acceptation d'un monde plus intégré dans lequel il conçoit qu'il est face à des sentiments de culpabilité s'il accuse simplement et attaque ses objets en raison de ses propres réactions violentes. Maintenant, son sens de la réalité est plus fort et précipite sa rage et sa peur d'être piégé dans sa « merde ». Toutefois, il peut accepter l'aide de l'objet, comme l'analyste le souligne, il peut lui permettre de le calmer avec de l'eau. Un geste qui représente la concrétisation de sa présence apaisante, les insights et la capacité de le contenir qu'elle lui a opposés continuellement.

L'analyste s'était sentie épuisée et préoccupée par la détresse de Bento après la séance difficile où il devait « reconnaître que les autres patients étaient des parties de lui-même et que les reproches adressés à l'analyste provenaient de ce que lui avait commis ». Il paraît très inquiet de pouvoir nuire à l'analyse. Je me demande si nous ne pourrions pas voir un insight inconscient dans cette activité projective. Ici, cette partie primitive « chien » introduit quelque chose dans l'objet/analyste qui n'est pas à elle (le pipi et le caca) contrairement à la position plus « délirante » dans laquelle les projections sont ressenties sans équivoque comme appartenant à l'objet et non au *self*. C'est peut-être à travers le chien que s'opère le tournant de prendre la responsabilité de ses projections et des dégâts qu'ils causent à l'objet. Il s'agit là d'une attaque (et non seulement du désir de débarrasser le *self* de perceptions indésirables mais d'attaquer et de dénigrer l'objet). Les projections en deviennent des attaques plus que des communications ou une « identification projective avec bouton allumé » décrite par Irma Brenman-Pick (communication personnelle) : c'est-à-dire des projections partiellement alimentées par des revendications et un désir de nuire. Ici le patient est soucieux de ce qu'il fait et du destin de l'objet qui va être accusé et dénigré, ce dont il se sent coupable.

Alors que la fin de l'analyse s'approche, Bento est de plus en plus préoccupé par son corps, avec son désir urgent de réparer les poupées cassées avant de terminer.

Bento est triste car je pense qu'il reconnaît que la « tête branlante » de la poupée représente une partie de lui encore faible et le voilà triste de cette faiblesse. S'agirait-il aussi du bébé démuni exposé à la lumière aveuglante, nu, seul et incapable de tenir sa tête ? Aurait-il l'impression d'être un bébé impuissant et faible dépourvu de tout soutien interne et externe ? C'est encore une partie de lui qui craint d'être abandonné et qui se sent effrayé et malade, à l'abandon, avec sa faiblesse et sa peur que lui soit refusée la fonction de holding de sa mère/analyste. Au plus profond de lui-même, il se sent comme un bébé incapable de tenir sa tête, seul et exposé bien trop tôt à la lumière éblouissante du monde extérieur. Il aimerait enfin être débarrassé une fois pour toutes de cette faiblesse, de son *self* interne faible qu'il doit garder en lui, porter et soutenir plutôt que mépriser et rejeter.

Quand l'analyste fait le lien avec le fait de la perdre, il se tourne vers l'ordinateur et remarque qu'elle n'a pas de tapis de souris ; il ajoute qu'elle devrait en avoir un avec une photo imprimée. Il y a là un malentendu quand l'analyste parle du désir qu'il a d'apporter sa photo alors que Bento entend qu'elle souhaite une photo de lui. Il souhaiterait être son « petit bébé » qui serait pour toujours sous sa main caressante. Cette erreur n'est pas verbalisée et Bento devient rapidement angoissé par des *aliens* indésirables. Il est probable qu'il s'agisse de son *self alien* ou plus vraisemblablement de ses projections dans d'autres bébés haïs qui l'attaquent pour se venger de son rejet. L'analyste propose de le sauver s'il n'y parvient pas. Elle estime qu'il est en bonne posture mais je pense qu'il est très angoissé, confronté à la fois à sa force plus grande, mais aussi à la perte terrible qu'il affronte et à sa peur d'être débordé.

À la fin l'analyste répond à l'angoisse d'abandon du patient en lui disant qu'elle « sera toujours là pour lui ». Elle pourrait vouloir dire qu'elle serait disponible s'il avait besoin d'elle, ce qui est bien sûr important, mais il s'agit aussi de faire l'expérience à ce moment, que l'analyste pourra affronter la perte du patient, qu'une partie de lui se sente seul avec ses ressources internes pour tout bagage et puisse se tourner vers la morosité de la position dépressive au moment de la perte. À la réflexion, je l'imagine pensant à son analyste assise avec sa douce main sur la souris, caressant le tapis de souris sur sa photo. Comment va-t-il se débrouiller sans sa main apaisante ce bébé esseulé, isolé de sa mère, laquelle n'arrive pas à s'approcher de lui et ne peut que lui offrir son giron qui n'est qu'un lieu plein de désespoir ? Nous avons vu — son fantasme est très fort — qu'il voudrait désespérément avoir une place permanente et je suspecte, secrète, chez l'analyste. Je veux dire qu'il y a là un profond désir inconscient d'occuper cette place physiquement. Car cette partie de lui ne peut imaginer autre chose que la présence personnelle de l'analyste et c'est peut-être ce qui l'incite à comprendre sa demande de façon concrète, comme un désir raisonnable de pouvoir revenir en urgence. Peut-être craint-elle que l'identification avec elle en tant qu'objet internalisé soit insuffisante ? Je pense que nous sommes proches de son noyau très primitif que péniblement il apprend petit à petit à tolérer (ce qui implique évidemment un certain degré d'internalisation d'un bon objet). Pourtant, cela semble en relation avec la question complexe de ses désirs inconscients de permanence de l'objet pour ne pas être confronté à sa solitude interne.

La consultation à 15 ans

Il s'agissait certainement d'une crise mais Maria Inès fut capable de réagir rapidement. Sa solidité est évidente face à ce patient pour lequel elle éprouve un contretransfert fortement positif (il fit si bon usage d'elle après un début difficile), mais son identité analytique est bien présente quand elle comprend qu'il cherchait l'analyste, désir distinct de celui, urgent, que son cousin aille mieux. Inévitablement dans de telles circonstances, le désir existe de soigner l'objet et d'éliminer la culpabilité, la détresse et la perte face à une réalité tragique et incontrôlable. Ainsi est-elle capable très rapidement de différencier le sort de Cacà de celui de son patient et de lui montrer qu'il avait affaire avec quelque chose en lui-même.

Au moment de l'interpréter, Maria Inès se critique de n'avoir pas été au mieux de ce qu'il attendait d'elle, mais sûrement et à nouveau, cette fois de façon plus saine, Bento a d'abord projeté son désespoir dans l'analyste (qui ne l'a pas revu depuis deux ans). Je pense que l'analyste s'autorise à recevoir ce que le patient lui apporte et c'est ce qui pourra permettre au patient de se mettre à penser. Comme elle commence à reprendre ses esprits, je pense qu'elle est passée à quelque chose de plus contrôlant quand elle lui dit pourquoi il est venu et ce qu'il devait faire. Tout cela fait partie de l'expérience d'être ouvert à un patient annonciateur de terribles nouvelles, en particulier après une longue absence. Le patient revient alors à l'analyse et élabore sa relation à son autre « fratrie », de façon à se sortir de la mort tragique de son cousin.

Le retour final

Le motif de ce retour n'est pas très clair. Était-ce, comme Maria Inès le suggère, pour lui dire au revoir ? Il lui dit clairement qu'il va bien mais on a l'impression que Bento a été sauvé par son analyse et qu'un contact profond s'était établi. Ainsi ce n'est pas surprenant que son puissant attachement à l'analyste résonne avec le contretransfert. À la lecture de ce récit, l'image qui revient est celle du bébé presque nu, exposé avec d'énormes lunettes noires à une lumière brillante, étendu seul, à l'exception d'un appareil photo certainement hors d'atteinte. Je pense que pour ce garçon, le fait d'avoir apporté cette photo dans l'analyse doit avoir été très significatif et peut nous donner un indice du trauma représenté par sa prématurité, probablement en raison de la difficulté que sa mère a eue à se rapprocher de lui. L'image qui me vient ensuite est celle d'un attachement dévitalisé et sans amour entre cette mère et son enfant de 6 ans, qui hantait tellement l'analyste depuis le début et pourrait aussi expliquer pourquoi il avait décompensé à la naissance de sa sœur. Je crois que ce sont ces points que l'analyse a touchés : derrière cette mort intérieure se cachait une violente détresse lors de son développement précoce, vécue initialement comme inatteignable. Je pense que Bento l'avait ressentie avec la personne qui l'avait aidé en lui donnant de l'eau fraîche dans ce lieu brûlant, et qui avait permis de libérer en lui quelque chose fait d'espoir et d'amour. C'était probablement la bonne décision de le laisser quitter son analyste, alors même que chacun éprouvait aussi le désir de ne pas se séparer. Toutefois, je pense que son désir de revenir en analyse apparaît dans ce noyau pathologique, représenté par la tête branlante, qu'il voulait réparer de façon urgente au moment de partir.

Il est intéressant de se demander si c'est parce qu'il est parti avec une zone qu'il aimerait atteindre plus sûrement ou s'il s'agit davantage de sa difficulté à porter cette expérience précoce douloureuse et de lui permettre d'être plus vivante en lui-même. Ce n'est pas un signe de faiblesse que de connaître notre propre faiblesse. Nous savons, en tant qu'analystes, que nous ne pouvons pas supprimer les traumas précoces ni défaire le passé, mais que nous pouvons le révéler et montrer à nos patients que nous sommes en mesure de supporter notre incapacité à annuler leurs blessures. Par l'internalisation et l'identification, ils pourront tolérer en eux-mêmes ce noyau complexe de faiblesse, de rage et de persécution avec un objet interne qui l'a compris et vécu avec eux.

Quelques remarques techniques

L'analyste inscrit clairement son travail dans la lignée des écrits de Bion et de Klein et apporte sa contribution de façon très positive. Sa grande sensibilité et sa capacité d'observation lui permettent de gérer l'agressivité et les perturbations de son patient, en particulier dans les premiers temps de l'analyse, sans s'effondrer. Elle se montre chaleureuse dans son travail, ce qui a permis au patient d'être profondément en contact. À juste titre le patient lui en est très reconnaissant. Il est aussi évident qu'il s'agit d'une analyse réussie. Dans ce contexte je ferai quelques commentaires au sujet de certaines divergences d'avec la technique kleinienne qui m'est familière, et leurs désavantages éventuels.

Je trouve que le contexte du cadre analytique est un concept utile pour aider à penser la technique et je dois beaucoup au travail de José Bleger (Bleger J., 1979, 1985). Bleger conçoit le cadre analytique comme une structure complexe qu'il estime particulièrement importante dans le *holding* des parties les plus primitives de la personnalité. Bleger souligne la fonction du cadre, l'attention libre et flottante de l'analyste à l'égard du patient, de son psychisme et de ses propres associations. La technique et les limites que l'analyste emploie sont conçues comme une part du *holding* réunissant le patient *et l'analyste*[2] dans un espace psychique où tous deux sont soumis à de puissantes pressions, qu'elles soient morales, agressives ou séductrices, à la fois internes, incluant l'identification projective, et externes plus évidentes. Si nous le gardons à l'esprit quand nous remarquons que nous avons fait quelque chose en dehors des limites habituelles, nous pouvons alors nous interroger. Il ne s'agit pas d'un conseil de rigidité car nous pouvons alors être poussés dans un autre type de mise en acte en étant trop sévère, rigide, ou moralisateur par un surmoi qui aurait pris le dessus. Cette conception a également été explorée de près et développée par Betty Joseph. Au cœur de sa technique réside l'examen de comment, dans notre contretransfert, nous sommes poussés à mettre en acte quelque chose avec le patient ; de pouvoir l'explorer peut apporter certains résultats pour sa vie, alors qu'il n'est souvent pas conscient de ce qui se joue. Elle estime que nous ne pouvons l'éviter mais qu'il est important de nous observer de façon à remarquer quand nous agissons, pour ensuite réfléchir, considérer ce que nous avons fait et pourquoi nous l'avons fait dans une forme de soumission au patient et d'écart de nos limites habituelles, ou au contraire de sévérité excessive (Joseph B., 1985).

2. Ndt : italiques de l'auteur.

Je remarque qu'à certaines occasions Maria Inès a tendance à rassurer le patient et j'aimerais réfléchir à deux de ces moments de l'analyse.

1) Dans la première séance règne une atmosphère terrible, pleine de rage et de mépris à l'égard de l'analyste. Bento semble ne rien désirer ni attendre et l'analyste se dit : « Cela va être une semaine difficile ». Cette impression est probablement une tentative de gérer le sentiment que cette situation pourrait s'éterniser. Comme si « Bento était ainsi et qu'il ne changerait jamais » et que, comme dans l'observation de Bento s'accrochant inerte à sa mère dévitalisée, elle ne s'en sortirait jamais. Tout en luttant avec cette idée, elle regarde les boulettes de pâte-à-modeler tacher le plafond. L'expérience de voir la pièce irrémédiablement abîmée et en désordre, l'amène à la pensée encourageante de le repeindre. Elle la partage donc avec le patient.

J'aime à croire que je n'aurais pas agi ainsi cette mise en acte, quoique mineure (je l'aurais pensé), mais tenté d'utiliser cette pensée encourageante d'une façon différente. J'aurais imaginé la pièce et en particulier le plafond blanc, comme le psychisme propre et charmant de l'analyste haï par ce gosse misérable avec son monde interne abîmé et sa mère désespérément endommagée. La pensée de l'analyste que le plafond pourrait être repeint comporte le défi qu'elle ne va pas renoncer, ni se laisser envahir par le désespoir toxique que le patient croit avoir suscité. Il ressent certainement un triomphe sinistre à rabaisser l'analyste et à la rendre aussi misérable que lui. S'il y parvenait ils seraient tous deux perdus, mais elle peut l'empêcher de la réduire à celle qui ne serait là que pour le faire échouer et refuser de se rapprocher de lui (comme sa mère l'avait fait). Une part de la survie de l'analyste est-elle ici en lien avec le souhait du *self* le plus caché du patient qu'il en soit incapable ? Aurait-il eu l'espoir qu'elle lui résiste, sans s'effondrer, ni se retourner contre lui, ce qui pourrait concorder avec l'interprétation qu'une partie de lui espérait qu'il échoue[3]? Le matériel qui suit démontre qu'il craignait que sa destructivité ne réussisse, et qu'il était soulagé que le plafond ait été réparé.

Ainsi, la conviction que l'analyste avait eue qu'il fallait tenir bon était juste : le patient avait besoin d'un objet qui ne renoncerait pas. J'estime qu'une telle interprétation s'avérerait plus profonde et aiderait le patient à reconnaître la présence de quelque chose de bon en *lui*[4], quelque chose du côté de la réparation, de l'utilisation de l'objet.

2) Le patient demande à l'analyste si elle va toujours être là pour lui et l'analyste répond qu'elle le sera.

Il y a quelque chose de terrible dans le départ de nos patients et nombre d'entre eux trouvent difficile de s'y confronter. Même si la séparation appartient à la réalité externe, dans le monde interne il s'agit de la réalité psychique et

---

3. Ndt : à désespérer l'analyste.
4. Ndt : italiques de l'auteur.

de l'expérience essentielle de la perte, par exemple du sein lors du sevrage. Quand un patient veut savoir si l'on va toujours être là pour lui, la réponse exige honnêteté et capacité à affronter la fin. Cela ne signifie pas que l'on ne va plus jamais revoir son analyste mais qu'il s'agit de *l'expérience*[5] de la perte, que l'on doit affronter de la même façon que l'on doit se confronter à la réalité de la mort, ce qui survient souvent avec l'expérience de la fin des traitements. Je crois que pour Bento, le souhait que son analyste garde sa photo sur le tapis de souris de son ordinateur, était fondé sur un désir d'une partie de lui que mère et bébé ne se séparent jamais, que le sevrage ne soit jamais accompli. De là, j'aurais souhaité traiter de cette peur qu'il ne pourrait pas survivre sans elle. C'était la connaissance qu'il portait en lui de l'expérience d'un bébé fragile et débordé. Ce bébé avait la sensation, observée à l'origine dans les sentiments pénibles de l'analyste concernant le bébé aux lunettes noires, que personne ne savait qu'il avait besoin de ce *holding* et était débordé. Maintenant l'analyste le sait. Avec la séparation, l'expérience d'une négligence terrible était apparue dans le contretransfert. Paradoxalement l'analyste a dû tolérer de décevoir son patient « qu'elle ne serait pas là pour toujours » pour l'aider à sentir dans le transfert que ce manque pouvait être vécu. Je pense que c'était une réalité psychique pour Bento dont nous pouvons nous représenter qu'il portait psychiquement l'expérience de n'avoir pas été tenu, réactivée par la naissance de sa sœur et par la fin du traitement. Le bébé doit sentir que la mère ne le lâchera jamais, même si bien sûr elle le fait, et parfois elle le fait même si ni l'un ni l'autre ne voudrait jamais que cela se produise. C'est une triste réalité de la vie que parfois nous devons aider nos patients à affronter ces réalités, même si c'est la dernière chose que nous aimerions faire.

J'aimerais remercier Maria Inès d'avoir été si franche avec nous et de nous avoir permis de participer à son travail minutieux et sensible.

BIBLIOGRAPHIE

Bleger J. (1979). Psychanalyse du cadre psychanalytique, *in* Kaës R. *et al.* Eds., *Crise, Rupture et dépassement*. Paris : Dunod.

Bleger J. (1985). *Symbiose et ambiguïté : étude psychanalytique*. Paris : PUF.

Joseph B. (1985). Transference : the total situation. *Int. J. Psychoanal.* 66 : 447-54.

5. Ndt : *idem.*

THÉORIE ET TECHNIQUE

LE PSYCHANALYSTE ET SON SURMOI (NORMAL ET PATHOLOGIQUE)[1]

Vic SEDLAK
Foxhill Court, Weetwood Lane, Leeds LS16 5PL, UK – sedlak@blueyonder.co.uk

Résumé : La première partie de cet article passe en revue différentes manières d'envisager le concept de Surmoi, notamment en ce qui concerne sa genèse et ses fonctions. Il décrit deux théories générales du développement du Surmoi, l'une et l'autre ayant été introduites par Freud. La première considère que le Surmoi est essentiellement d'origine œdipienne; la seconde lui reconnaît une origine plus précoce. En même temps, ces différents points de vue recouvrent la controverse relative à l'utilité du concept de pulsion de mort. L'auteur suggère qu'il est intéressant de faire la différence entre un Surmoi normal et pathologique et que ces deux modèles distincts de Surmoi sont implicites tant dans l'œuvre de Freud que de Klein. Les vues de Strachey (1934) sur la nature de l'effet mutatif du traitement psychanalytique sont brièvement examinées à la lumière de cette distinction. Il est fait l'hypothèse que Strachey aurait hésité à clarifier pleinement les implications de ses conceptions, notamment en ce qui concerne les difficultés qu'éprouve le psychanalyste à interpréter le transfert. L'auteur soutient que cette difficulté est liée à l'angoisse du psychanalyste de n'avoir pas pu suffisamment perlaborer le contre-transfert, notamment par rapport au fonctionnement de son propre Surmoi. Deux vignettes cliniques viennent illustrer ce point de vue. La dernière partie de l'article propose des commentaires sur le développement émotionnel du psychanalyste et la façon dont sa croissance en tant que psychanalyste impliquera un certain assouplissement de sa position analytique et une plus grande tolérance vis-à-vis de la prérogative du patient d'apporter dans la cure toute la palette de sa personnalité.

Mots-clés : Surmoi normal, Surmoi pathologique, Strachey, théorie du changement, développement émotionnel du psychanalyste

1. Article paru sous le titre : « The psychoanalyst's normal and pathological superegos », *Int. J. Psychoanal.* (2016) 97 : 1499-1520 traduit par Maria Hovagemyan-Odone, relu par Patricia Waltz.

Introduction

Lors d'une rencontre commémorative à Londres en l'honneur d'Hanna Segal, Steiner (2013), évoquant ses expériences d'analysant avec elle, déclarait qu'elle pensait que Freud avait créé un dispositif « où la bienveillance et le soutien pouvaient être apportés d'une manière qui ne mette pas à mal l'objectivité de l'analyste et qui conserve comme principe directeur la recherche de la vérité ». Elle était convaincue que bienveillance et soutien étaient « essentiels pour adoucir la dureté que comporte parfois la vérité ». Steiner a alors ajouté : « Je pense que la bienveillance d'Hanna Segal était accompagnée d'un respect de la vérité et qu'en effet, sa bienveillance rendait la vérité plus acceptable et moins persécutrice… la vérité sans la bienveillance n'est pas vraiment vraie, mais nous voudrions ajouter que la bienveillance sans la vérité n'est pas réellement bienveillante[2]. »

Ces affirmations suggèrent que l'analyste devra trouver une manière de parler au patient de sujets difficiles et douloureux sans être dur et que cela pourrait être compliqué. Steiner laisse également entendre que l'analyste peut éviter de parler de vérités difficiles pour ne pas être vécu comme dur et que ce désir ne permettra pas au patient de beaucoup changer. Ces questions ne se rapportent pas seulement au tact comme fonction analytique (Poland, 1975), mais aussi, c'est ce que je vais discuter, à la relation du psychanalyste à son propre Surmoi et c'est ce dernier point qui est le sujet de cet article.

Le concept de Surmoi

Le Surmoi en tant que concept psychanalytique est reconnu et utilisé par les psychanalystes de toutes les écoles. Il fait partie intégrante de la compréhension de l'inconscient dynamique et du problème fondamental du conflit. Sandler et Sandler (1987) ont observé qu'en Grande-Bretagne où la théorie des relations d'objet est devenue le paradigme de choix, « le concept de Surmoi comme structure ou instance fondamentale est probablement […] considéré moins utile que le concept de relations d'objet interne[3] » (p. 331). Toutefois, dans la pratique clinique quotidienne et dans les contributions théoriques significatives des trois groupes de la British Society (par ex. O'Shaughnessy, 1999, Malcolm, 1988, Symington, 2007, et Joseph Sandler lui-même, 1960) le concept de Surmoi est employé régulièrement. Malcolm soutient que « le Surmoi *c'est* les objets internes » (1988, p. 159, les italiques sont de l'auteur). Cette vue est probablement trop générale pour être utile ; il pourrait être plus précis de

2. Ndt : traduit par nous-mêmes.
3. Ndt : *idem*.

considérer l'usage de ce concept comme une forme de raccourci pour désigner des noyaux importants de relations d'objet particulières : celles qui ont trait au jugement moral, qu'il soit sadique et draconien ou raisonnable et protecteur.

Voici une revue sélective de la littérature sur le Surmoi ; elle se limite largement à la prise en compte des vues des ego-psychologues américains et de la littérature kleinienne. Le but n'est pas d'offrir une revue exhaustive mais plutôt de souligner la complexité du concept et particulièrement les divergences de vues à propos de la genèse du Surmoi et de ses fonctions. Il est intéressant de remarquer qu'il en va là comme pour d'autres divergences conceptuelles similaires, dont les partisans peuvent tous citer Freud pour étayer leurs vues. Certains auteurs ont soutenu que cette situation découlait du fait que Freud avait élargi à tort ses vues sur le Surmoi au point d'inclure des conceptualisations erronées (par exemple, Gray, 1987, voir ci-dessous). Toutefois, on peut rétorquer à cet argument qu'il pourrait s'agir, en fait, du reflet de l'habileté sophistiquée de Freud à soutenir des perspectives conflictuelles quand il rend compte d'une clinique qui demande une formulation surdéterminée et complexe.

Une des complications dérive du fait que Freud considère le Surmoi comme un *modèle* auquel aspire le Moi (il était initialement appelé Idéal du Moi) mais également comme une *fonction* d'observation et de jugement. Dans sa discussion la plus exhaustive sur la genèse et la fonction du Surmoi (Freud, 1923), Freud utilise régulièrement les deux termes de Surmoi et d'Idéal du Moi de manière interchangeable (par exemple, « une différentiation à l'intérieur du moi, qui doit être nommée idéal du moi ou sur-moi… », p. 272). Après 1923 il n'utilisera le terme d'Idéal du Moi qu'occasionnellement. Dans cet article, nous n'utiliserons que le terme de Surmoi à l'exception des situations dans lesquelles il s'agira du modèle vers lequel on tend – nous utiliserons alors le terme d'Idéal du Moi.

Le Surmoi comme héritier du complexe d'Œdipe

Pour la clarté de l'exposé, nous considérerons d'abord le moment où Freud fait correspondre la formation du Surmoi à l'aboutissement de l'élaboration de la situation œdipienne et les différentes manières dont ce point de vue a par la suite été développé par les ego-psychologues. En bref, Freud fait l'hypothèse que le petit garçon investit la mère et en parallèle s'identifie à son père qu'il a pris comme modèle. Puis, en raison de « l'unification, irrésistible dans sa progression, de la vie de l'âme » (Freud, 1921, p. 43) ces deux mouvements entrent pour ainsi dire en collision, et le garçon prend conscience que son père fait obstacle à son amour pour sa mère, d'où la formation du complexe d'Œdipe. L'élaboration de ce conflit, qui implique notamment d'avoir à renoncer à la possession des objets désirés, est la voie par laquelle se forme le Surmoi. De cette manière, le Surmoi est l'héritier du complexe d'Œdipe ; le sujet renonce à la possession des objets externes en les internalisant toutefois dans ce cas comme des figures d'autorité : « De même que l'enfant se trouvait sous la contrainte d'obéir à ses parents, de même le moi se soumet à l'impératif catégorique de son sur-moi » (Freud, 1923, p. 291).

Ce fut d'abord parmi les ego-psychologues américains que se développa cette idée qu'il était très utile de conceptualiser le Surmoi comme une différentiation ou une modification du Moi, rendue nécessaire par les conflits suscités par la situation œdipienne. Hartmann *et al.* (1946) maintenaient que la formation du Surmoi remonte à l'âge de trois/quatre/cinq ans lorsque l'enfant atteint le stade phallique (ils ont limité leur article à la prise en compte du garçon). Ils ont fait l'hypothèse que c'est à ce moment que le garçon devient plus conscient de son excitation sexuelle et de son désir pour ses objets incestueux et qu'il en découle chez lui une peur d'être puni de ses désirs et/ou de ses activités masturbatoires. Ils ont décrit la double peur, de la castration et de la perte du père, qui, hors conflit, est aimé du petit garçon qui en craint la perte, comme il craint de perdre l'amour de ses deux parents pour avoir désobéi à leur interdiction de la masturbation. Les auteurs se référaient à un précédent article de Hartmann et Kris (1945) dans lequel ils soutenaient que l'angoisse de castration n'est pas primaire mais basée sur les craintes antérieures de perdre l'amour des parents. Ils suivaient toutefois Freud en argumentant que l'enfant, dans la tentative de se préserver contre les dangers suscités par ses propres désirs, s'identifie lui-même au Surmoi des parents, c'est-à-dire aux aspects des parents qui interdisent la masturbation. Ils affirmaient aussi qu'il s'agissait là d'une autre forme d'idéalisation que celle qui tend à magnifier les parents afin de se sentir protégé par des êtres tout-puissants ; cette idéalisation œdipienne plus tardive est faite de contraintes morales. Ils rejoignaient Freud en faisant remarquer qu'une fois que le Surmoi est établi, le danger perçu dont le Moi doit se garder n'est pas la punition qui émane des parents mais les accusations du Surmoi qui induisent la culpabilité et la honte.

Brenner (1982), tout en suivant globalement Hartmann *et al.* (1946), amplifie considérablement le rôle de la libido dans la formation du Surmoi sans dénier l'importance de l'agressivité. Comme Hartmann *et al.*, il considère le Surmoi comme une formation de compromis, constituée par le conflit qui va lui-même, par la suite, jouer un rôle fondamental dans les conflits qui suivront : « Parmi les nombreuses formations de compromis qui résultent des conflits œdipiens, ceux qui relèvent de la morale vont constituer le Surmoi… Ils persistent tout au long de la vie. Ce sont eux qui forment la base de l'aspect moral du fonctionnement psychique[4] » (1982, p. 504). Pour Brenner, les inhibitions morales également proviennent initialement du dehors et commencent au moment

4. *Idem.*

de l'apprentissage de la propreté : « Pour le jeune enfant, la moralité signifie essentiellement sentir, penser et se comporter de manière à éviter la calamité d'être puni[5] » (p. 504). À l'instar de la peur de la perte d'amour, Brenner soulignait également le rôle du masochisme dans la formation du Surmoi : il ne s'agit pas seulement de déjouer la punition en amadouant les parents, mais également de satisfaire les désirs du garçon d'être aimé comme une fille.

Une part importante de la contribution des ego-psychologues a été de mettre l'accent sur la découverte de Freud que le Surmoi ne se forme pas seulement, dans la période œdipienne, en réaction à l'agressivité et à la peur concomitante, mais qu'il s'établit également par amour. Freud le mentionne à plusieurs reprises et cela est d'autant plus important qu'il souligne ainsi le rôle crucial joué par le Surmoi dans la sauvegarde de la santé mentale plutôt que dans l'étiologie de la pathologie. Ainsi Freud écrit : « Quand le moi a fait au sur-moi le sacrifice d'un renoncement pulsionnel, il en attend comme récompense d'être davantage aimé de lui. La conscience de mériter cet amour, il la ressent comme une fierté. » Peu après il évoque une version développementale plus précoce de ce processus :

> À l'époque où l'autorité n'était pas encore intériorisée comme sur-moi, la relation entre la menace de la perte d'amour et la revendication pulsionnelle pouvait être la même. Il existait un sentiment de sécurité et de satisfaction quand, *par amour des parents,* on était parvenu à un renoncement pulsionnel.
>
> (Freud, 1939, p. 195, italiques ajoutés)

Dans ce passage Freud pointe un mouvement qui correspond essentiellement à une soumission à l'autorité parentale, cette dernière étant toutefois surtout suscitée par l'amour plutôt que par la haine et la peur ; il s'agit non seulement de quête d'amour, mais également de l'amour que l'enfant ressent pour ses parents et de son désir de leur plaire. On peut considérer qu'il s'agit là d'un renoncement qui implique une ambivalence plus mature vis-à-vis des parents, le garçon concédant, par exemple, la mère au père, parce que sa rivalité haineuse est tempérée par son amour.

Deux articles publiés indépendamment en 1960 (A.-M. Sandler, communication personnelle) soulignaient le risque que les aspects aimants et protecteurs du Surmoi mis en évidence par les ego-psychologues soient négligés par certains psychanalystes. Dans une revue très attentive et exhaustive de tous les écrits de Freud sur le Surmoi, Schafer (1960) donne de nombreux exemples dans lesquels Freud avait clairement en tête un Surmoi plus bénin et bienveillant bien qu'il considérât fréquemment cette sorte de Surmoi comme une partie du Moi. Sandler (1960 également), dans le cadre de son étude sur l'usage du Hampstead Index notamment, remarquait que les cliniciens attribuent souvent

---

5. *Idem.*

au Moi la capacité d'établir des jugements moraux appropriés et d'apporter, dans les moments plus tendus, un soutien moral et structurant au self. Il considère quant à lui que ces fonctions doivent être attribuées au Surmoi. Comme Schafer, Sandler soulignait que ces fonctions donnent au Moi le sentiment d'être aimable et qu'ils le soutiennent en cas de difficultés ; les deux auteurs considéraient que cette fonction du Surmoi est essentielle à la santé mentale et devrait être reconnue comme étant distincte du Moi.

Pour expliquer la grande sévérité du Surmoi, les tenants de la psychologie du Moi estimaient qu'elle est principalement due à la violence des « désirs incestueux, meurtriers, sado-masochiques[6] » œdipiens de l'enfant (Brenner, 1982, p. 505).

Ainsi, alors que les désirs narcissiques, la frustration et l'agressivité sont clairement désignés dans cette formulation, l'accent est mis sur les origines œdipiennes et le vécu de ces émotions.

La pulsion de mort et les conceptions kleiniennes du Surmoi

Un aspect frappant chez les ego-psychologues est leur désintérêt relatif pour une hypothèse alternative au sujet du développement du Surmoi, hypothèse évoquée dans les écrits de Freud de 1923 : celle de l'influence de la pulsion de mort. À la fois Brenner (1982) et Gray (1987), en effet, considéraient que l'élévation de l'agressivité au statut de pulsion était une erreur de la part de Freud qui détournait l'attention des analystes de l'étude du Surmoi. Gray considérait également que l'introduction de l'instinct de mort impliquait que certains problèmes cliniques devenaient intraitables. (Frank, 2015, observe ce même fait dans certains cercles analytiques européens.) Ce pessimisme n'apparaît pas dans le point de vue modeste mais non complètement pessimiste de Freud quand il traitait de la question de l'interprétation de la culpabilité inconsciente dans les névroses graves : « Pour opposer une défense contre cette résistance, il nous faut nous borner à la rendre consciente et essayer de lentement déconstruire le surmoi hostile » (Freud, 1938, p. 273).

Ayant reconnu dans *Le moi et le ça* (1923) qu'un des fondements du Surmoi est l'identification au Surmoi des parents, Freud revient à ses observations cliniques sur la réaction thérapeutique négative, les troubles obsessionnels-compulsifs et la mélancolie et rappelle au lecteur le concept de pulsion de mort qu'il avait introduit en 1920. À mes yeux, le découragement que ces considérations entraînent chez Freud est flagrant dans le texte : alors qu'il a introduit la pulsion de mort, il continue à revenir aux origines œdipiennes de la formation du Surmoi, puis à une origine différente (la composante phylogénétique qui n'est

---

6. *Idem.*

pas prise en compte dans cette revue et qui n'est pas prise en considération par nombre de commentateurs) pour revenir de nouveau à la pulsion de mort. Frank (2015, p. 427) a remarqué un « vacillement » comparable dans les écrits de Freud sur la pulsion de mort dans *Au-delà du principe de plaisir* (1920). Gray (1987, p. 136) cite plusieurs communications des années trente dans lesquelles Freud indiquait qu'il continuait à douter du bien-fondé d'avoir compté l'instinct de mort parmi les pulsions primaires. Alors que Freud était gêné par le concept d'instinct de mort, les manifestations cliniques qui le confrontaient à la présence de quelque chose de réellement destructeur et de potentiellement incurable ne cessaient de le ramener à l'idée que la source d'une telle agression devait être de nature primaire et archaïque.

Le concept freudien d'instinct ou de pulsion de mort était essentiellement de nature biologique mais c'est en termes psychologiques que ceux qui l'ont adopté et utilisé théoriquement ont conceptualisé son fonctionnement (Bell, 2015 ; Frank, 2015). Segal l'a exprimé clairement lorsqu'elle écrivait :

> La naissance nous confronte à l'expérience de nos besoins. Cette expérience peut déclencher deux sortes de réactions et toutes deux sont invariablement présentes, je pense, en chacun de nous, bien que dans des proportions différentes. L'une est de rechercher la satisfaction de ces besoins : il s'agit là d'un comportement vital qui favorise la recherche d'objet, l'amour et enfin la préoccupation pour l'objet. L'autre est la pulsion d'anéantir le besoin, d'anéantir le self qui fait cette expérience ainsi que tout ce qui est perçu[7].
>
> (1993, p. 55)

C'est cette manière d'envisager la pulsion de mort qui semble la plus pertinente : une force psychologique qui réagit de manière destructrice lorsque le Moi est confronté à la frustration, et c'est cette définition qui sera la mienne dans cet article. Il est intéressant d'observer comme Freud semblait proche de cette formulation psychologique même lorsqu'il développait le concept de pulsion biologique : « L'apparition de la vie serait donc la cause de la continuation de la vie et en même temps aussi de la tendance à la mort » (1923, p. 284). Et un peu plus tard, dans le même texte (p. 285) : « À la place de l'opposition des deux espèces de pulsions nous pouvons bien mettre la polarité de l'amour et de la haine. »

C'est bien la pulsion de mort en tant que phénomène psychologique qui est impliquée dans les conceptions de Klein à propos du développement du Surmoi. Comme pour Freud, c'est l'expérience clinique de Klein qui a forgé sa conviction :

---

7. *Idem.*

> Lorsque, au début des années vingt, je me suis lancée dans l'entreprise nouvelle d'analyser par la technique du jeu des enfants dès leur troisième année, un des phénomènes inattendus que je rencontrai fut un surmoi très précoce et sauvage. Je découvris aussi que les jeunes enfants introjectent leurs parents – tout d'abord la mère et son sein – d'une manière fantasmatique, et je fus amenée à cette conclusion en observant le caractère terrifiant de certains de leurs objets intériorisés.
>
> (Klein, 1958, p. 57)

Klein situait non seulement l'émergence du complexe d'Œdipe à un stade de vie beaucoup plus précoce que ne l'avait imaginé Freud, mais elle pensait également que les dynamiques qui se trouvaient à l'origine de la formation du Surmoi commençaient à la naissance avec le conflit entre les pulsions de vie et de mort (Klein, 1958, p. 54). Tant Freud que Klein reconnaissaient que le bébé et le jeune enfant seraient sujets à la frustration (œdipienne ou dans la relation précoce mère-bébé) et que cela susciterait chez eux des sentiments agressifs et destructeurs. Ces derniers seraient à leur tour projetés et deviendraient, de ce fait, cause d'anxiété sous forme de peur de représailles. Le processus de projection et d'introjection subséquente sera à l'origine de la création d'objets internes terrifiants et fera le lit du Surmoi sadique. En mettant l'accent sur les pulsions destructrices et leurs conséquences psychiques, Klein était proche de la manière dont Freud envisageait la formation de la censure surmoïque bien qu'elle l'ait fait remonter à une époque bien plus précoce de la vie que ce que Freud avait imaginé.

Klein a également considérablement élargi le rôle de l'amour dans la formation du Surmoi et sa contribution essentielle dans le bien-être psychologique. Elle considérait que la création du bon objet était en premier lieu tributaire de l'amour de l'enfant qui était projeté sur le sein et qui créait le sentiment d'un bon sein. Par la suite, si l'adulte de référence était en mesure d'offrir des soins suffisamment bons, l'amour était capable d'équilibrer la haine et la destructivité :

> Le surmoi acquiert ainsi des qualités à la fois protectrices et menaçantes. Tandis que le processus d'intégration [...] se poursuit [...] le surmoi – étant étroitement lié au bon objet et s'évertuant même pour sa préservation – devient proche de la bonne mère réelle qui nourrit l'enfant et prend soin de lui, mais, étant donné que le surmoi est aussi sous l'influence de l'instinct de mort, il devient en partie le représentant de la mère qui frustre l'enfant, et ses interdits et ses accusations provoquent de l'angoisse [...] par conséquent, le surmoi est normalement établi en relation étroite avec le moi et partage différents aspects du même bon objet. Ceci permet au moi d'intégrer et d'accepter le surmoi dans une plus ou moins grande mesure.
>
> (Klein, 1958, p. 56-58)

On peut relever dans cette dernière remarque le mouvement souligné à la fois par Schafer et Sandler (1960) qui tendent à placer les aspects bienveillants du Surmoi dans le Moi. Le concept de position dépressive est central lorsque Klein formule l'hypothèse d'un Surmoi moins sévère. Au fur et à mesure de la réduction du clivage, « l'unification, irrésistible dans sa progression, de la vie de l'âme » (Freud, 1921, p. 43), l'enfant devient davantage conscient que sa haine et son amour sont adressés au même objet. Se produisent alors un certain nombre de processus associés et concomitants : l'amour mobilise la préoccupation et le désir de réparation vis-à-vis de l'objet interne qui a été endommagé par la haine ; l'objet aimé est pris en compte et devient une représentation moins persécutrice ; l'objet interne moins persécuteur est plus à même de prendre en compte et de soutenir le Moi lorsque ce dernier évalue sa propre responsabilité dans le dommage occasionné à ses objets ; devenus des figures moins persécutrices, les objets blessés « se rapprochent davantage aux parents réels ; le moi développe peu à peu sa fonction essentielle de traitement du monde externe » (Klein, 1958, p. 59).

Klein va dès lors conceptualiser le développement d'un Surmoi dont les aspects les plus terrifiants sont modifiés et qui devient ainsi capable d'un jugement moral plus bienveillant et réaliste, d'où sa localisation partielle dans le Moi. Elle écrit toutefois également ceci :

> … les figures extrêmement mauvaises ne sont pas acceptées par le moi de cette manière et sont constamment rejetées par lui… Ces objets extrêmement dangereux suscitent, dans la toute petite enfance, conflit et angoisse à l'intérieur du moi ; mais sous la pression de l'angoisse aiguë, ils sont, avec d'autres figures terrifiantes, clivés d'une manière *différente de celle par laquelle le surmoi est formé*, et ils sont relégués dans les couches plus profondes de l'inconscient.
>
> (1958, p. 57-58, italiques ajoutés)

Klein explique que ces objets terrifiants continuent à exister car leur destructivité n'est pas modifiée par l'intrication avec Éros ; ils sont le résultat d'un échec de ce processus et montrent qu'il existe une part du psychisme dans laquelle « la défusion semble être à l'ascendant » (p. 58).

O'Shaughnessy (1975, p. 331-332) relève ce passage :

> Ici Mélanie Klein change tout à coup d'avis. Contrairement aux opinions qu'elle avait exprimées précédemment avec force… que la caractéristique essentielle du Surmoi normal précoce était sa nature extrême et terrifiante, elle suggère ici que le Surmoi se développe alors que les deux pulsions sont essentiellement en état d'intrication, et que les représentations internes terrifiantes nées de l'intense destructivité n'appartiennent pas au Surmoi. Elles sont reléguées dans l'inconscient profond, dans une autre partie du psychisme clivé à la fois du Moi et du Surmoi, où elles restent hors d'atteinte et non modifiées

par les processus normaux de croissance; si une situation anormale voit le jour et que le clivage est mis en échec, ces objets terrifiants sont à l'origine d'une angoisse aiguë et constituent une menace pour l'équilibre psychique.

La complexité du concept de Surmoi

Cette revue nécessairement brève et sélective de la littérature américaine et britannique vise à illustrer la complexité et les risques de confusion que comporte le concept de Surmoi. Elle montre une importante hétérogénéité dans la manière dont les différents auteurs envisageaient la genèse du Surmoi, le moment développemental auquel il remonte et ses fonctions. Ce tour d'horizon met en évidence comment les psychanalystes, y compris Freud lui-même, isolaient certaines fonctions qui étaient traditionnellement attribuées au Surmoi et les plaçaient ailleurs dans le modèle tripartite du psychisme. Ceci concerne tant les aspects très persécuteurs du fonctionnement surmoïque (Klein en 1958, voir ci-dessus) que ceux qui sont bienveillants et protecteurs (le développement relevé à la fois par Schafer et Sandler tel qu'il est décrit ci-dessus, mais aussi par Britton [2003] et Caper » [1999] qui considèrent tous les deux que les fonctions de prise en considération de jugement moral doivent être attribuées au Moi).

En raison de ces formulations différentes et parfois contradictoires, il est nécessaire d'être relativement précis à propos de la définition du Surmoi qui sera prise en considération. Cet article emboîte le pas aux nombreux auteurs, des deux côtés de l'Atlantique, qui ont distingué un Surmoi normal ou mature d'une structure plus archaïque et pathologique (*e. g.* Jacobson, 1946; Kramer, 1958; Grotstein, 2004; O'Shaughnessy, 1999). D'autres auteurs tels que Brenman se sont référés à un « bon objet » pour désigner un Surmoi normal, comme l'a fait Strachey dans son célèbre article (p. 139).

Le Surmoi normal et pathologique

Le Surmoi normal peut être différentié du Surmoi pathologique par les caractéristiques suivantes : il se préoccupe d'émettre un jugement moral nuancé et humain qui prend en considération la réalité plutôt que d'émettre des condamnations absolues et moralisatrices. Le Surmoi normal s'inscrit dans une trajectoire développementale basée sur l'élaboration émotionnelle du renoncement aux objets et à leurs attributs; il est essentiellement une manifestation du principe de réalité plutôt que du principe de plaisir et de la pulsion de mort. Il est un résultat de l'élaboration émotionnelle d'un conflit entre la revendication narcissique où la réalité doit se plier au désir de l'individu, et une appréciation, basée en partie sur l'amour de l'objet, qu'un tel type de revendication serait destructeur pour l'objet. En d'autres termes, il peut également être considéré comme le résultat de l'accès du sujet à la position dépressive.

Contrairement au Surmoi pathologique, le Surmoi normal continue à se développer tout au long de la vie jusqu'à l'âge de la maturité et de la vieillesse à chaque fois que surviennent des blessures narcissiques et qu'elles parviennent à être élaborées. En analysant le portrait que Dickens fait de Pip dans *Les Grandes Espérances*, Ingham (2007) fournit un exemple convainquant du développement d'un surmoi normal dans l'adolescence et le jeune âge adulte, qui va de pair avec la transformation d'un narcissisme pathologique en narcissisme normal.

Le développement du Surmoi normal n'implique pas que le Surmoi pathologique cesse d'exister ; il continue à représenter une régression possible lors de périodes de tension, particulièrement en réaction à la frustration et à la blessure narcissique. Quand dans ses écrits Freud évoquait la difficulté de faire le deuil d'un objet perdu, il affirmait que « on peut observer d'une façon générale que l'homme n'abandonne pas volontiers une position libidinale [...] Cette rébellion peut être si intense qu'on en vienne à se détourner de la réalité » (Freud, 1917, p. 265). L'observation de Freud implique également que la réaction de dénier la réalité n'est jamais ni totalement ni définitivement abandonnée et reste un recours possible.

Passer en revue de manière exhaustive la littérature sur le lien entre le narcissisme primitif ou pathologique et le Surmoi pathologique va au-delà du but de cet article. L'article de Ingham (2007) traite cette question par le truchement de la littérature et Kernberg (1974) a fourni des descriptions cliniquement extrêmement précises de ce lien, en soulignant par exemple le défaut d'intégration pulsionnelle et donc la nature uniformément agressive du Surmoi dans certaines formes de trouble narcissique.

Dans son article de 2009, Poland cherche à analyser pourquoi les psychanalystes éprouvent de telles difficultés à tirer des enseignements des autres écoles psychanalytiques et sa recherche peut servir à illustrer le lien entre narcissisme pathologique et Surmoi sévère et à annoncer ce que nous allons discuter plus loin. Sans mentionner directement le Surmoi, il décrit des dynamiques dans lesquelles le narcissisme pathologique des analystes et, par conséquent, leurs difficultés à accepter les limites de leur compréhension, les conduit à rendre compte de manière fortement dénigrante du point de vue de leurs collègues. Les dynamiques qu'il décrit peuvent probablement être observées dans toutes les sociétés psychanalytiques. Les réunions scientifiques de la Société britannique de psychanalyse les plus intéressantes sont, par exemple, celles où les difficultés du travail psychanalytique sont reconnues et dans lesquelles peut exister une reconnaissance consciente de la surdétermination du fonctionnement psychique (Gabbard, 2007) qui exclut la compréhension univoque d'un problème. C'est ainsi que nous pouvons reconnaître à quel point l'objet de notre travail, à savoir la nature humaine, est très difficile à modifier et que nous pouvons accepter nos limites personnelles et les limites du travail psychanalytique. Mais de temps en temps cette conscience s'évanouit et laisse alors place à une dynamique différente qui tend à évincer cette coopération respectueuse régie par la curiosité scientifique et le désir de découverte. Le groupe s'organise alors entre *ceux qui ont le dessus* et *ceux qui ont le dessous* (O'Shaughnessy, communication personnelle). Alors que les individus protégés par un Surmoi normal supportent leurs limites, lorsque le Surmoi pathologique fait sentir sa présence, on observe la survenue du clivage et de la projection des parties rejetées par le self dans les autres qui peuvent être ainsi traités avec mépris. Dans son article Poland affirme que les difficultés que les psychanalystes éprouvent parfois à écouter leurs collègues ne se retrouvent pas forcément dans la manière dont ils écoutent leurs patients, mais je ne le suis pas sur ce point. Le travail clinique avec les patients réveille très souvent chez l'analyste des préoccupations narcissiques quant à sa compétence professionnelle ce qui peut conduire aux mêmes dynamiques de difficultés entre collègues décrites par Poland, comme je vais l'illustrer.

Pour poursuivre sur le sujet du Surmoi pathologique et normal, nous aimerions ajouter qu'un Surmoi apparemment draconien peut servir à protéger de manière perverse le patient de la douleur dépressive. J'ai traité des patients qui étaient accablés par leur autocritique et qui menaçaient régulièrement de se suicider mais qui, de cette manière, semblaient fuir un désespoir potentiellement bien plus dangereux qui serait né d'une prise en compte moins excitée et plus réaliste de la manière dont ils avaient mené leur vie et dont ils s'étaient liés à autrui. Le Surmoi normal n'est pas tendre, il peut se montrer adéquatement critique et cela peut générer une douleur et une souffrance énormes qui peuvent par moments sembler insupportables. J'ai traité deux patients dont la forme de défense principale semblait être constituée par une autocondamnation qui se révélait perverse et sado-masochique, non seulement dans la manière de se traiter eux-mêmes mais également dans la manière dont ils traitaient leur analyste. Les deux analyses s'interrompirent après environ une année de traitement lorsque les patients se virent apparemment menacés par un jugement plus sobre et réaliste sur ce qu'ils étaient en train de faire et avaient fait pendant une grande partie de leur vie. Alors avait surgi le désespoir authentique qui semblait représenter un danger suicidaire réel ; c'est à ce moment que les deux patients choisirent d'abandonner leur analyse.

Les patients qui, par le truchement d'une relation excitée avec un Surmoi pathologique, évitent un examen sérieux de leur situation réelle et de la part qu'ils y prennent, sont particulièrement difficiles à traiter dans la mesure où ils peuvent être particulièrement capables de pousser l'analyste à se mettre dans le rôle d'un Surmoi pathologique. Toutefois, même les patients qui n'utilisent pas essentiellement ce type de défense mettront à l'épreuve la relation du psychanalyste avec son propre Surmoi. Les patients qui souffrent d'une culpabilité mélancolique, par exemple, ne se permettront pas de se faire aider par l'analyste, ce qui, de ce fait, les conduira à se sentir encore plus coupables. Cela aboutira à un cercle vicieux dans lequel l'analyste est poussé à devenir critique à l'égard du patient et, bien entendu, à l'égard de lui-même. Mais dans tout traitement l'analyste sera régulièrement confronté à des déceptions narcissiques et la manière dont cela est contenu ou agi peut être cruciale. Brenman-Pick (2012) écrit :

> Le patient ne se limite pas à projeter dans l'analyste ; les patients réussissent également à adresser leurs projections à des aspects spécifiques du psychisme de l'analyste [...] dans sa pulsionnalité sadique, ou dans ses défenses contre cette dernière [...] mais surtout il ou elle projette dans la culpabilité ou dans les objets internes de l'analyste... Et eux, les patients, peuvent se montrer très perspicaces dans leur « lecture » de la manière dont l'analyste fait face... ou pas[8].

Un commentaire sur l'article de Strachey (1934)

Bion est connu pour avoir dit que le but du traitement psychanalytique et de présenter le patient à la personne avec laquelle il va passer toute sa vie : autrement dit de le présenter à lui-même ou à elle-même. Une des justifications théoriques de la cure psychanalytique est qu'une analyse réussie permettra à la personne de mieux se connaître. Toutefois, afin que le traitement psychanalytique puisse permettre d'atteindre une certaine forme de bien-être, il doit remplir une condition supplémentaire : cette connaissance de soi doit être *tolérable*.

Strachey (1934) a décrit en détail le rôle crucial du Surmoi dans la relation complexe entre l'analyste et le patient et dans la manière dont se développe la connaissance de soi. Pour répéter brièvement le raisonnement de Strachey : son article est avant tout un plaidoyer pour que l'analyste s'occupe du « point d'urgence », à savoir de la situation émotionnelle *actuelle* dans la relation analytique ; à cet égard, son article fait fortement écho à une approche contemporaine. Il écrit : « Plutôt que de devoir gérer du mieux que nous pouvons les conflits d'un lointain passé à l'issue déjà scellée et dont les circonstances se sont évanouies et les acteurs momifiés, nous nous voyons impliqués dans une situation réelle et immédiate, dans laquelle nous-mêmes et le patient sommes les personnages principaux » (p. 132). Et encore : « Comme, par la nature des choses, l'analyste est aussi l'objet des motions pulsionnelles du patient,

8. *Idem.*

la quantité de ces motions qui arrive maintenant à la conscience sera dirigée consciemment vers l'analyste. Ceci est le point critique… » (p. 142-143)[9].

Strachey poursuit en expliquant que, par son interprétation, l'analyste montrait qu'on pouvait nommer et prendre en considération le jugement sévère et dur que le patient adressait à lui-même lorsqu'il entretenait, par exemple, des pensées hostiles à l'égard de son thérapeute. La compréhension de l'analyste permettait au patient de se réapproprier plus clairement l'hostilité refoulée qui n'avait pu, précédemment, émerger que sur un mode déplacé et qui se voyait ainsi intégrée, si possible, dans une relation saine et ambivalente avec l'analyste. Ainsi l'analyste fonctionnait comme le Surmoi auxiliaire du patient et le patient était en mesure d'internaliser par réintrojection cette instance plus permissive et de comprendre que ses attentes de représailles de la part de l'analyste étaient le fruit de ses propres projections. De cette manière le patient découvrait quelque chose à son propre sujet et apprenait à tolérer cet aspect de lui-même.

Strachey soulignait que :

> … le patient est constamment sur le point de transformer l'objet externe réel (à savoir l'analyste) en objet archaïque ; autrement dit de projeter sur lui ses imagos primitives introjectées. L'analyste cesse alors de posséder les avantages spécifiques qui émanent de la situation analytique ; il sera introjecté comme tout autre objet fantasmatique dans le Surmoi du patient et ne comportera plus les caractéristiques qui président à la possibilité d'une interprétation mutative (p. 146)[10].

Strachey prévenait l'analyste du danger qu'il y avait à se présenter comme un « bon objet » et à essayer ainsi d'encourager chez le patient un transfert positif grâce à ses « bons objets archaïques ». Il ne croyait pas que cette promotion d'un transfert positif puisse modifier la nature et la sévérité des « mauvais objets archaïques » du patient (en fait, le Surmoi archaïque ou primitif du patient).

Jusqu'à la dernière page de son article, Strachey ne mentionnait pas la difficulté qu'il y aurait pour l'analyste à maintenir une neutralité analytique (sauf quand il mettait en garde contre la tentation d'essayer d'être un « bon » objet). Toutefois, à ce stade plutôt tardif, il introduit dans son argumentation un autre élément. Il faisait ainsi cette importante observation :

> … il y a parfois une difficulté cachée dans le fait même de *donner* [italiques de Strachey] une interprétation, car il semble y avoir à ce moment une tentation constante chez l'analyste de faire quelque chose d'autre à la place. Il peut poser des questions ou donner des réassurances ou des conseils ou il peut discourir sur la théorie ou il peut faire des interprétations, mais des interprétations

9. *Idem.*
10. *Idem.*

qui ne sont pas mutatives, des interprétations extra-transférentielles, des interprétations qui ne sont pas immédiates, ou qui sont ambiguës, ou inexactes, ou alors il peut donner simultanément deux interprétations alternatives ou plus, ou encore il peut faire des interprétations et se montrer en même temps sceptique à leur sujet. Tout cela suggère fortement que faire une interprétation mutative est un acte crucial pour l'analyste comme pour le patient et qu'en faisant cela il s'expose lui-même à quelque grand danger. Et cela deviendra à son tour compréhensible lorsque nous prenons en considération qu'au moment de l'interprétation, l'analyste convoque délibérément chez le patient une quantité d'énergie pulsionnelle qui est à la fois bien vitale, bien réelle, sans ambiguïté et qui s'adresse directement à l'analyste. Un tel moment va mettre à l'épreuve, plus que tout autre, les relations qu'il entretient avec sa propre pulsionnalité inconsciente[11].

(p. 158-159)

Cette dernière phrase clôt l'article de Strachey de manière bien intrigante. Il y a au moins deux façons différentes de la comprendre. La première lecture est évidente et est celle que Strachey rend explicite : l'analyste craint que le « grand danger » est que l'interprétation va inciter ou réveiller « chez le patient une quantité d'énergie pulsionnelle dirigée contre lui-même » (l'analyste).

Une autre manière de considérer cela est de se concentrer sur la dernière phrase de l'article de Strachey : « Un tel moment va mettre à l'épreuve, plus que tout autre, les relations qu'il entretient avec sa propre pulsionnalité inconsciente. » Cela pose la question de savoir si Strachey entendait simplement que l'analyste pouvait craindre inconsciemment l'hostilité que l'interprétation pouvait libérer ; que, bien que l'analyste soit en mesure d'en saisir la manifestation inconsciente, il en craint néanmoins l'expression dévoilée et directe ? Ce n'est probablement pas ce qu'il entend – il nomme explicitement la pulsionnalité de l'*analyste* – il est ainsi plus probable qu'il veuille dire que l'analyste craint qu'en donnant son interprétation il va involontairement dévoiler sa réponse émotionnelle jusqu'ici inexprimée et peut-être inconsciente. Si l'on considère que Strachey pouvait vouloir impliquer cela, alors d'autres passages de son article pourraient être compris différemment : par exemple, lorsque Strachey écrit à propos de « la crainte communément ressentie du potentiel explosif des interprétations... »[12] (p. 150), on peut alors se demander de *quel* potentiel explosif il est question. On voit ainsi un changement radical dans l'argumentation : l'analyste craint qu'en interprétant la situation présente, il va communiquer et diriger une quantité d'hostilité de l'*analyste* qui est bien vitale, bien réelle, sans ambiguïté et dirigée directement *contre le patient*. Évidemment cela va exposer l'analyste à un danger, mais pas celui, au premier chef, d'une

11. *Idem.*
12. *Idem.*

confrontation avec l'hostilité du patient, bien que cela puisse venir par la suite. Le danger principal réside dans le fait qu'en commentant la situation transférentielle du moment, l'analyste va communiquer sa propre hostilité ; l'analyste a peur de ne pas être capable de maintenir une neutralité professionnelle en prenant en compte la situation émotionnelle qu'il a devant lui et qu'il va se trahir en énonçant son interprétation. L'analyste va alors craindre que le jugement de son Surmoi se retourne contre lui (elle)-même et que ce dernier puisse accuser l'analyste d'avoir nui au patient en laissant parler son Surmoi critique.

Cette manière décalée de lire l'article de Strachey permet de se focaliser sur la peur que ressent l'analyste qu'en interprétant l'agressivité du patient, il puisse laisser transparaître sa propre hostilité ; s'il fait cela, alors il ne se comporte pas comme un auxiliaire du Surmoi normal mais plutôt comme celui d'un Surmoi dur et accusateur ou, et c'est peut-être plus déroutant, comme un Surmoi archaïque qui essaie de se faire passer pour un Surmoi bienveillant.

Alors que Strachey décrivait justement la manière dont le patient projette son Surmoi « archaïque » sur l'analyste, on pourrait dire qu'il s'est retenu jusqu'à la dernière page de son article, d'expliquer à quel point il s'agit là d'une tâche émotionnelle difficile pour l'analyste. Je pense que Strachey n'était pas en mesure d'élaborer complètement toutes les implications de son constat que l'analyste va éprouver des difficultés à donner une interprétation qui prend réellement et directement en compte les problèmes soulevés par l'analyse et les raisons qui sont à l'origine de ces difficultés. Il s'est beaucoup rapproché de la manière dont nous considérerions aujourd'hui les difficultés rencontrées par l'analyste dans la gestion de son contre-transfert (Brenman-Pick, 1985). Dans la dernière partie de l'article, Strachey mentionne des conversations avec Klein et il se pourrait que sa manière de minimiser ce dilemme, auquel il se limite à faire allusion dans la dernière phrase de son article, soit due à l'influence de Klein. Elle avait tendance à penser que le contre-transfert était une conséquence de la pathologie de l'analyste (Spillius, 1994, p. 352). L'opinion de Klein était un reflet de l'opinion commune en 1934 qui voulait que tenir compte du contre-transfert était une erreur analytique, pathognomonique du besoin de l'analyste d'être ultérieurement analysé. Ce ne fut qu'après la publication de l'article de Heimann (1950) qu'on accepta largement que le contretransfert devait être pris en considération, qu'il était inévitable qu'il soit partiellement agi et qu'il représentait, par conséquent, une source clinique d'informations à ne pas négliger.

Cette manière de considérer l'article de Strachey suggère au moins un aspect important de ce qu'il a nommé dans sa dernière phrase « la relation de l'analyste avec sa pulsionnalité inconsciente ». Strachey indique que l'analyste va s'angoisser s'il/elle n'est pas capable de communiquer de manière convaincante que son impulsion est gouvernée par un Surmoi normal : il/elle va s'inquiéter que son ton ou tout autre canal non-verbal de communication puisse dévoiler que son interprétation a valeur de critique ou de sanction, et qu'elle est ainsi une expression de son surmoi pathologique.

Deux vignettes cliniques

Vignette 1

Une patiente annule de temps à autre des séances car elle doit accompagner son mari à des réunions mondaines importantes liées au travail de ce dernier ; ces événements impliquent parfois des personnalités du monde de la politique et du spectacle, connues au plan national et international. Il était difficile pour l'analyste d'interpréter avec conviction que la patiente utilisait ces obligations réelles pour minimiser l'importance de son analyste et de son analyse. En effet, il se surprenait parfois à penser qu'il révélerait son propre narcissisme blessé en suggérant qu'elle pourrait tout de même envisager de rater une occasion de rencontrer une personnalité connue en compagnie de son mari pour venir à sa séance analytique.

Au cours d'une séance qui suivait un autre rendez-vous annulé pour se rendre à un gala particulièrement prestigieux, la patiente décrivit qu'alors qu'elle et son mari foulaient le tapis rouge en direction du foyer du palace où se tenait le gala, quelqu'un dans la foule des spectateurs avait contourné une barrière et se dirigeait de manière menaçante au-devant d'elle et de son mari. L'intrus avait été rudement mis à terre par le personnel de sécurité puis évacué. Elle décrivit cette personne comme quelqu'un de dénutri et de mal habillé et pensait qu'il pouvait bien s'agir d'un participant à une manifestation contre l'inégalité (ceci avait lieu peu après la crise économique de 2008, lorsqu'il était beaucoup question de ces manifestations).

L'analyste prit rapidement conscience de la signification transférentielle de ce qui était relaté et se prépara à décrire comment la patiente, en s'absentant de ses séances, le mettait dans la position d'un spectateur qu'on renvoyait à sa pauvreté et qu'on rendait de ce fait agressif. L'analyste était toutefois suffisamment conscient de son désir de faire *immédiatement* usage de cette considération (et notamment d'élaborer sur la manière dont la patiente se servait de son mari afin de rabaisser son analyste), pour être en mesure de remarquer son besoin d'intervenir. Il fut capable de retenir cette considération et une réflexion ultérieure montra qu'il avait effectivement ressenti une certaine hostilité à l'égard de la manière dont elle faisait usage de la réalité de ses obligations mondaines avec son mari pour faire étalage de sa supériorité vis-à-vis de son analyste.

Quelques séances plus tard se présenta une autre occasion d'interpréter à la patiente la manière dont elle essayait de rabaisser son analyste, mais à ce moment-là l'analyste se trouvait dans un état d'esprit plus contenu et était davantage en mesure de considérer le comportement de la patiente comme une manière pour elle d'exercer son droit de patiente, c'est-à-dire celui d'apporter au sein de son analyse ses modes relationnels habituels. La patiente fut gênée de devoir prendre en compte cet aspect de son comportement mais, plus tard dans le travail analytique, il devint possible pour elle de songer aux différentes façons dont elle pouvait s'y prendre pour que les autres se sentent inférieurs, et à sa propre angoisse qu'on puisse la faire sentir comme une vient-ensuite. Au cours d'une séance qui eut lieu quelques jours après que l'analyste eut mis en évidence la manière dont elle le traitait, la patiente raconta qu'elle s'était sentie en mesure de parler avec son mari de la blessure et la colère suscitées chez elle par un vieux problème qui existait entre eux. Elle avait précédemment craint de lui parler à ce sujet de peur que sa propre hostilité puisse l'amener à l'attaquer. Il est probable que la patiente avait senti que l'analyste avait réussi à tolérer et à élaborer son contre-transfert, et notamment son combat contre son Surmoi critique, et ceci s'avéra précieux pour elle de la manière décrite par Carpy (1989).

Cet exemple n'est pas celui d'un analyste capable d'emblée de contenir et d'élaborer son contre-transfert et, ce faisant, capable de faire une interprétation mutative. Pendant la période au cours de laquelle la patiente annulait ses séances sans que cela soit interprété, l'analyste se comportait de la manière décrite par Strachey dans la dernière partie de son article : « Il y a parfois une difficulté cachée dans le fait même de donner une interprétation… » L'analyste (et le patient) percevaient inconsciemment que s'il devait contourner la barrière (interne) et s'approcher d'elle alors qu'il se sentait mal traité, il deviendrait menaçant et accusateur. Raison pour laquelle il resta derrière la barrière et pourtant, de la même manière dont une défense porte en elle le germe de ce dont elle se défend, il la punissait en la privant d'un moyen de mieux se connaître. En ce sens il n'était pas contenant mais agissant. Ceci vient aussi illustrer que pendant qu'il luttait avec son narcissisme blessé, l'analyste n'était pas en mesure de se traiter avec bienveillance et d'obtenir le soutien de son Surmoi normal qui aurait compati pour sa peine et aurait pu mieux l'aider à tolérer son sentiment d'être émasculé. Un tel Surmoi normal aurait également pu mieux tolérer son désir d'être « l'élu » et de devenir un membre du couple œdipien, sans l'accuser ensuite du comportement non professionnel de vouloir avant tout surpasser le mari dans l'affection de la patiente.

Très fréquemment, ce type de scénario conduit l'analyste à faire des interprétations implicitement critiques avec pour résultat que le patient se sent admonesté, ce qui n'est pas sans conséquences et doit à son tour être élaboré. Il s'agit d'un aspect normal de beaucoup d'analyses si ce n'est de toutes ; même lorsqu'on parvient à éviter un agir direct, certaines expressions de l'attitude inconsciente de l'analyste sont tout de même subtilement agies, par action ou par omission. Il vaut la peine de noter (même si ce n'est pas directement le sujet de cet article) que la manière dont l'analyste gère finalement ce genre de situation sera, consciemment ou non, prise en compte par le patient. De plus, tant ce dernier que son analyste vont éprouver cet effort comme l'une des modalités des tentatives de réparation de l'analyste. Une telle « connaissance » de la part du patient dans le cours de son analyse rend inutile, aux yeux de l'auteur, que l'analyste fasse au patient des déclarations explicites sur son vécu contre-transférentiel. (Voir la discussion entre Sedlak, 2009 et Benjamin, 2009, qui traite implicitement des différentes approches aux problèmes qui surgissent lorsque le patient pousse l'analyste à agir les critiques du Surmoi.)

Vignette 2

Dans l'article de O'Shaughnessy (1999) nous trouvons l'exemple d'une analyste très attentive à ces dynamiques. Elle s'y montre en mesure de décrire à son patient, Monsieur B, la manière dont il a détruit le contact entre eux vers la fin d'une séance avant la coupure d'un long week-end, en fantasmant un salon coquin, une sorte de bordel dont seuls les hommes ont la clé ; au cours de cette séance il poursuit en imaginant à quoi ressemblerait son analyste s'il la déshabillait. À son retour, lors de la séance suivante, il est en détresse et a perdu tout espoir d'une amélioration. Il raconte un rêve dans lequel il y avait un livre intitulé : « Sceptique de la Renaissance ». O'Shaughnessy lui interprète qu'il était sûr qu'*elle* était sceptique au sujet du *patient.* (Il est intéressant de noter que le patient avait oublié que son rêve traitait de la question du scepticisme, ce qui donne une idée de l'intensité de sa projection de cette caractéristique sur l'analyste.) Elle rapporte à la séance précédente le fait qu'il s'attendait à son scepticisme à elle quand :

> … ses fantasmes de me déshabiller avaient détruit notre travail analytique. Quand je nommai son vrai crime, sa terreur et son désespoir le quittèrent, et au lieu d'être une Sceptique, je devins un Surmoi normal qui appelait les choses par leur nom – un Surmoi normal mais avec une position analytique. Ceci signifie qu'il ne juge pas… mais qu'il reconnaît les choses pour ce qu'elles sont éthiquement. Monsieur B. fut en mesure alors de connaître le crime explicite pour lequel lui-même pouvait se sentir coupable (dans la mesure de ses moyens) au lieu de sombrer dans une panique quasi-psychotique. En raison de l'antagonisme entre le Surmoi pathologique et la fonction organisatrice de l'éthique commune, découpler ces deux forces et rétablir un contact avec un objet doué d'aspects surmoïques normaux sont, à mes yeux, parmi les événements analytiques les plus significatifs dans le travail avec les patients…[13]
>
> (p. 869)

13. *Idem.*

Dans cet exemple, l'analyste a travaillé directement avec le fait que le patient anticipe l'action du Surmoi de l'analyste. Elle était consciente que la première inquiétude du patient portait sur le jugement moral de l'analyste sur ce qu'il avait fait. Il aurait été facile (et inefficace) d'interpréter que c'était le patient qui était sceptique à propos de sa propre capacité à réparer le dommage qu'il avait fantasmé d'avoir occasionné. Dans cette situation clinique, l'analyste doit avoir fait un très grand travail interne et avoir mesuré le risque de se comporter comme un Surmoi pathologique – cette conscience lui ayant permis de faire son éloquente interprétation.

Bion (1965, p. 77) soutenait qu'une caractéristique fondamentale des éléments bêta « était la composante morale » qui est « inséparable des sentiments de culpabilité et de responsabilité et d'un sentiment que le *lien* entre tel de ces objets et tel autre [...] en est un de causalité morale ». Comme, par définition, les éléments bêta sont des éléments qui ne peuvent pas être élaborés et représentés par des pensées, Bion affirmait que le plus grand frein à la pensée scientifique (dans notre cas à la pensée clinique) est la prépondérance des associations morales. Ceci s'applique autant à l'analyste qu'au patient et met à l'épreuve la tolérance réelle de l'analyste au comportement du patient et sa capacité à élaborer des jugements moraux mais non moralisateurs.

Le développement continu du surmoi normal

Dans cette dernière partie je proposerai quelques réflexions sur le développement post-mature de ce qui peut être nommé le Surmoi normal du psychanalyste. Il est attendu du psychanalyste qu'il/elle ait développé au cours de sa formation la capacité de juger de manière nuancée et d'être capable de résister, en général, à la poussée régressive du Surmoi pathologique. Toutefois, comme Klein l'a décrit :

> ... même dans des conditions [...] favorables, les figures terrifiantes dans les couches profondes de l'inconscient se font sentir lorsque la pression interne ou externe est extrême. Les personnes qui sont dans l'ensemble stables – et cela signifie qu'elles ont fermement établi leur bon objet et qu'elles lui sont donc étroitement identifiées – peuvent surmonter cette intrusion [...] et regagner leur stabilité.
>
> (1958, p. 60)

Je suggère que l'analyste aux prises avec le travail psychanalytique se trouve souvent très près d'être débordé par de telles imagos terrifiantes et la pratique tout au long d'une carrière peut ultérieurement développer une capacité à résister à cette intrusion et/ou à mieux s'en dégager. Il vaut la peine de considérer quelle sorte d'expérience pourra jouer un rôle dans ce processus.

Le Surmoi normal joue son rôle dans le fonctionnement mental de manière largement inconsciente. Les rejetons du Surmoi pathologique peuvent se manifester de différentes manières, le plus directement peut-être en tant que sentiment conscient de dévalorisation, beaucoup plus indirectement par un comportement autodestructeur ou autopunitif et il en va de même avec le Surmoi normal. Parfois l'amour du Surmoi normal peut être consciemment ressenti : par exemple dans l'éclat chaleureux et la fierté ressentis quand nos objets internes nous félicitent d'une bonne séance. Mais ce qui semble plus intéressant est la capacité de se plonger dans le matériel clinique et d'accueillir l'incertitude et le doute pendant tout un temps sans devenir critique et persécuteur vis-à-vis de soi ou du patient. Ceci a été aussi désigné comme capacité négative et pourrait être considéré comme étant une force du moi émanant de l'expérience que le matériel clinique est multiple, stratifié et surdéterminé. Mais cette capacité dépend aussi d'objets internes plus enclins au soutien moral qu'à la critique humiliante. Lorsqu'il s'agit de juger des compétences cliniques, il est beaucoup plus courant qu'on ne le reconnaît d'habitude que ce jugement se teinte d'une connotation *morale* très prononcée, probablement parce que ce travail comporte une responsabilité clinique et en raison des motivations morales largement inconscientes qui conduisent les psychanalystes à embrasser leur profession. (Il existe une importante littérature sur la vocation du psychanalyste et son besoin surmoïque de réparer ses objets internes – voir par exemple Langer, 1962 ; Sharpe, 1950, p. 16-17.)

Un Surmoi normal qui peut émettre des jugements sur les compétences professionnelles permettra à l'analyste d'avoir au moins une certaine conscience des rejetons contre-transférentiels, puisque honte et culpabilité seront mieux tolérées. Il protégera aussi l'analyste dans ces périodes au cours desquelles les plus grands efforts de compréhension semblent complètement stériles, sans pour autant se mettre à haïr inconsciemment le patient ou le traitement. Il permettra au clinicien de juger, au bon moment et de manière appropriée, que la qualité de son travail n'atteint pas des standards attendus et raisonnables, et ce sans ressentir un désespoir incontrôlable. Dans de telles circonstances, un Surmoi normal permettra également à l'analyste de consulter un collègue car la honte et la culpabilité seront plus supportables.

Une implication sérieuse dans la profession psychanalytique et dans une société psychanalytique implique inévitablement des blessures narcissiques (Éric Rayner, communication personnelle). Elles vont d'événements spécifiques comme celui de perdre une élection ou de constater la réception tiède faite à la présentation d'un de nos articles, à l'expérience plus quotidienne d'être confronté en supervision au fait que notre compréhension d'une séance n'était pas appropriée. L'élaboration douloureuse de ces expériences renforce effectivement le Surmoi normal et pourrait, dans les bons cas, favoriser la capacité à résister aux attaques de la honte et du Surmoi pathologique.

Dans l'un de ses Séminaires italiens, Bion disait :

> Ce que vous devez faire, c'est donner aux germes de la pensée une opportunité de se développer. Vous serez sûrement réticents, vous souhaiterez sûrement être conformes à une quelconque théorie psychanalytique reconnue de sorte que, si vous en faites part à un collègue analyste, elle soit en accord avec la théorie psychanalytique ou avec les théories de votre superviseur ou de votre analyste [...] vous devez avoir le courage de penser et de sentir tout ce que vous pensez et sentez, quel que soit l'avis de votre société ou de votre Société et quoi que vous-même en pensiez.
>
> (2005, p. 26)

Dans cette citation, Bion nous fait miroiter une identité professionnelle très avantageuse : celle du psychanalyste qui a le courage de penser de manière indépendante. Il faut toutefois se souvenir que Bion était exceptionnel et qu'en nous identifiant avec lui nous risquons de croire nôtres des capacités qui en fait sont les siennes ; la grande majorité des psychanalystes ont quant à eux *besoin* de sentir l'approbation et le soutien de leurs objets internes et de leur Société.

S'approprier les qualités des objets admirés ou idéalisés fait partie du développement normal du psychanalyste. Parfois cela se manifeste par l'adoption d'un certain maniérisme, une manière de parler, d'utiliser certaines tournures ou certaines théories d'un collègue aîné qu'on admire ou celles d'une école de pensée. Ron Britton (2003, p. X-XI) a fait remarquer qu'il faut énormément de temps au psychanalyste clinicien pour qu'il acquière une expérience telle qu'il puisse exercer son art d'une manière relativement affranchie de l'enseignement reçu. Même dans le cadre d'une pratique clinique à plein temps, au cours de toute une carrière, le nombre de patients rencontrés est limité et l'apprentissage apporté par l'exposition à une grande variété de situations cliniques n'est pas possible. C'est pour cela, nous dit Britton, que l'analyste est tributaire de ses aînés plutôt que de son expérience clinique personnelle et que ce n'est qu'avec le temps et un développement émotionnel ultérieur qu'il pourra dépasser, dans une certaine mesure, ce qu'on est en droit d'appeler les identifications aux Moi idéaux.

Dépasser cet état d'esprit s'apparente à l'élaboration d'identifications plus précoces (que ce soit celles aux parents œdipiens ou au sein) – c'est un renoncement douloureux et un travail de deuil. Dans *Deuil et mélancolie* (1917), Freud décrit le douloureux processus du deuil : rendre à l'objet ses précieuses qualités, prendre conscience qu'elles lui appartiennent et faire le deuil de pouvoir s'en emparer. C'est précisément ainsi que des représentations de ces qualités s'établissent dans le Moi. Hanna Segal (1991, p. 80) défendait la même chose d'une manière différente lorsqu'elle écrivait que seul ce qui a fait l'objet d'un deuil peut-être symbolisé car sa représentation s'établit dans le psychisme. Paradoxalement, pouvoir se détacher de quelque chose permet de l'internaliser.

C'est ce processus qui modifie les caractéristiques du Moi idéal que les analystes peuvent sentir peser sur eux. S'ils se sont approprié ses qualités à travers une identification basée sur une incorporation, cette instance va les porter aux nues de façon maniaque ou les vouer aux Gémonies. Si cet Idéal a été internalisé à travers un processus de deuil, alors il sera davantage en mesure d'apporter soutien et encouragement de manière appropriée.

Les idées psychanalytiques qui ont été acquises à travers un processus de deuil seront moins contraignantes que si elles ont fait l'objet d'une incorporation. Elles peuvent être conservées dans le préconscient et ne tendent pas à faire irruption. C'est un corollaire de l'état d'esprit qui a présidé à leur acquisition et à leur conservation ; dans le cas contraire, l'état d'esprit est insistant et contraignant alors que dans le deuil il est plus résigné et dépressif. Ce dernier état d'esprit établit un patrimoine d'idées qui restent à disposition mais qui ne pressent pas et ne cherchent pas à se manifester. Elles ne véhiculent pas la personnalité présumée de l'analyste et ne sont pas utilisées pour prendre possession du patient ; cet état d'esprit permet à l'analyste de garder l'esprit plus ouvert à l'égard de la manière dont le patient répondra à une interprétation.

Donnet (2001) fait une bonne description de cette situation et en montre également la dimension morale lorsqu'il écrivait :

> La connaissance tend à prédéterminer l'issue de l'expérience et même à donner à la méthode une dimension quasi programmatique [...] il y a toujours un risque que l'expérience se plie au désir de l'analyste et à ses préconceptions théoriques. C'est pourquoi il est nécessaire de conférer une valeur spécifique à l'écart entre théorie et pratique dans *l'analyse* ; car il n'existe pas *de facto* mais implique une prescription éthique qui est en lien avec le respect de l'altérité
>
> (p. 130)[14]

Le travail de se confronter et d'élaborer la désillusion et la déception chez nous-mêmes s'accompagne également de celui rendu nécessaire par la rencontre de la déception suscitée par nos objets. Jacobson (1946) décrit la manière dont la déception suscitée par des objets externes peut faire obstacle au bon développement du Surmoi mais il avance qu'être en mesure de faire face à une déception réaliste est un processus qui peut protéger contre les outrances de l'idéalisation et du dénigrement et par là même soutenir la croissance d'un Surmoi normal qui juge de manière réaliste et non radicale. Avec l'expérience, la psychanalyse elle-même devient progressivement objet de désillusion. L'expérience clinique expose l'analyste à la nature parfois immuable de la nature humaine. Il existe des articles qui offrent une compréhension inestimable de difficultés cliniques (deux exemples en sont l'article de Brenman-Pick (1985) sur le contre-transfert et celui de O'Shaughnessy (1999) à propos du Surmoi) dans lesquels on

14. *Idem.*

trouve, à côté de descriptions d'amélioration clinique, des études de cas qui montrent seulement des changements transitoires dans le fonctionnement de certains patients, et ce malgré une compréhension convaincante du matériel. Apprendre à vivre avec les échecs analytiques est un aspect d'une expérience clinique croissante (Sedlak, 2008). Même lorsque le traitement avance bien, le sentiment du « pourrait mieux faire » est un compagnon quotidien et l'analyste est toujours à risque de voir ce sentiment devenir une injonction persécutrice qui mine sa confiance en lui ou dans la psychanalyse. Parfois cette déception est projetée sur le patient par le truchement d'une « interprétation » : c'est le danger que Strachey pointait à la fin de son article.

Ces questions peuvent également avoir d'autres implications. Dans son compte rendu du projet Européen CCM[15], Tuckett (2011) évoque que plus de la moitié des analystes dont le travail a été étudié étaient convaincus que leur efficacité clinique était basée sur leur capacité à permettre à leur patient de faire une « nouvelle » expérience. Ils essayaient ainsi d'éviter le danger d'être vécus comme persécuteurs – c'est-à-dire hostiles à l'égard du patient. Un désenchantement vis-à-vis de l'interprétation allait de pair avec cet effort de fournir une relation suffisamment bonne. Tuckett suggérait que cela était dû dans une grande mesure au type de patients qui actuellement font une demande de traitement : ils ne parviennent pas si facilement à se servir d'un environnement plutôt neutre et recherchent davantage un style de thérapie très affirmative. Ce diagnostic pourrait ne pas s'appliquer universellement ; dans certains cas au moins ce changement dans la technique psychanalytique pourrait être dû à l'élaboration inadéquate des difficultés que j'ai tenté de décrire.

Vers la fin de son article sur le tact comme fonction analytique, Poland (1975) écrivait que « la recherche de gratification narcissique pourrait être ce qui viendrait le plus communément interférer avec la fonction du tact (de l'analyste) », ce qui appuie la thèse de cet article. Il ajoute alors « lorsque le tact prévaut, il découle du fonctionnement autonome du travail du Moi de l'analyste[16] » (p. 161). Cet article suggère que pour que le travail du Moi de l'analyste soit fonctionnel de telle manière que la vérité puisse être dite avec tact et bienveillance, il nécessite le soutien du Surmoi normal de l'analyste qui se développe au cours d'une longue période de pratique professionnelle et clinique.

---

15. Basile R., Birksted Breen D., Bonard O., Denis P., Diercks M., Ferro A., Hebbrecht M., Hinze E., James J.D., Mariott P., Mauss Hanke A., Tuckett D. (2010). How do psychoanalysts work ? The work of the EPF working party on comparative clinical methods, 2003-09. *EPF Bulletin* 64 : 5-32.
16. Ndt : traduit par nous-mêmes.

BIBLIOGRAPHIE

Bell D. (2015). The death drive : Phenomenological perspectives in contemporary Kleinian theory. *Int J. Psychoanal.* 96 : 411-23.

Benjamin J. (2009). A relational psychoanalysis perspective on the necessity of acknowledging failure in order to restore the facilitating and containing features of the intersubjective relationship (the shared third). *Int. J. Psychoanal.* 90 : 441-50.

Bion W.R. (1965). *Transformations. Passage de l'apprentissage à la croissance.* Paris : PUF, 1982.

Bion W.R. (2005). *Les séminaires italiens.* Paris : In Press (1982).

Brenman E. (2006). *Recovery of the lost good object.* London : Routledge.

Brenman-Pick I. (1985). Working through in the countertransference. *Int. J. Psychoanal.* 66 : 157-66.

Brenman-Pick I. (2012). Working through in the countertransference : Second thoughts. Paper given to a Scientific Meeting of the BPAS.

Brenner C. (1982). The concept of the superego : A reformulation. *Psychoanal. Q.* 51 : 501-25.

Britton R. (2003). *Sex, death and the Superego.* London : Karnac.

Caper R. (1999). *A mind of one`s own : A Kleinian view of self and object.* London : Routledge.

Carpy D.V. (1989). Tolerating the countertranference : A mutative process. *Int. J. Psychoanal.* 70 : 287-94.

Donnet J.L. (2001). From the fundamental rule to the analysing situation. *Int. J. Psychoanal.* 82 : 129-40.

Frank C. (2015). On the reception of the concept of death drive in Germany : Expressing and resisting. an « evil principle ». *Int. J. Psychoanal.* 96 : 425-44.

Freud S. (1917). Deuil et mélancolie. OCP XIII, Paris : PUF, 1988.

Freud S. (1920). Au-delà du principe de plaisir. OCP XV, Paris : PUF, 1996.

Freud S. (1921). Psychologie des masses et analyse du moi. OCP XVI, Paris : PUF, 2010.

Freud S. (1923). Le Moi et le ça. OCP XVI, Paris : PUF, 2010.

Freud S. (1926). Leçons d'introduction à la psychanalyse. OCP XIV, Paris : PUF, 2000.

Freud S. (1930). Le malaise dans la culture. OCP XVIII, Paris : PUF, 2015.

Freud S. (1938). Abrégé de psychanalyse. OCP XX, Paris : PUF, 2010.

Freud S. (1939). Moïse et le monothéisme. OCP XX, Paris : PUF, 2010.

Gabbard G.O. (2007). Bound in a nutshell : Thoughts on complexity, reductionism, and infinite space, *Int. J. Psychoanal.* 88 : 559-74.

Gray P. (1987). On the technique of analysis of the superego — an introduction. *Psychoanal. Q.* 56 : 130-154.

Grotstein J.S. (2004). Notes on the superego. *Psychoanal Inq* 24 : 257-70.

Hartmann H., Kris E. (1945). The genetic approach in psychoanalysis. *Psychoanal Study Child* 1 : 11-30.

Hartmann H., Kris E., Loewenstein R.M. (1946). Comments on the formation of psychic structure, *Psychoanal Study Child* 2 : 11-38.
Heimann P. (1950). On countertransference. *Int. J. Psychoanal.* 31 : 81-4.
Ingham G. (2007). The superego, narcissism and Great Expectations. *Int. J. Psychoanal.* 88 : 753-768.
Jacobson E. (1946). The effect of disappointment on ego and super-ego formation in normal and depressive development. *Psychoanal Rev* 33 : 129-147.
Kernberg O.F. (1974). Further contributions to the treatment of narcissistic personalities. *Int. J. Psychoanal.* 55 : 215-40.
Klein M. (1958). *Le transfert et autres écrits.* Paris : PUF 2001.
Kramer P. (1958). Note on one of the pre-oedipal roots of the superego. *J Amer Psychoanal Assoc.*, 6 : 38-46.
Langer M. (1962). Symposium : Selection criteria for the training of psycho-analytic students. *Int. J. Psychoanal.* 43 : 272-6.
Malcolm R.R. (1988). The constitution and operation of the super ego. *Psychoanal Psychother* 3 : 149-159.
O'Shaughnessy E. (1975). Explanatory notes. *In* Klein, M. (ed) : *Envy and gratitude and other works, 1946-1963,* 324-36. London : Hogarth.
O'Shaughnessy E. (1999). Relating to superego. *Int. J. Psychoanal.* 80 : 861-70.
Poland W.S. (1975). Tact as a psychoanalytical function. *Int. J. Psychoanal.* 56 : 155-62.
Poland W.S. (2009). Problems of collegial learning in psychoanalysis : Narcissism and curiosity. *Int. J. Psychoanal.* 90 : 249-62.
Sandler J. (1960). On the concept of the superego. *Psychoanal Study Child* 15 : 128-62.
Sandler J., Sandler A.M. (1987). The past unconscious, the present unconscious and the vicissitudes of guilt. *Int. J. Psychoanal.* 68 : 331-41.
Schafer R. (1960). The loving and beloved superego in Freud's structural theory. *Psychoanal Study Child* 15 : 163-88.
Sedlak V. (2008). Contemplating analytic failure. Paper given to a Scientific meeting of the British Psychoanalytic Society.
Sedlak V. (2009). Discussion. *Int. J. Psychoanal.* 90 : 451-5.
Segal H. (1991). *Rêve, art et phantasme.* Paris : Bayard editions.
Segal H. (1993). On the clinical usefulness of the concept of death instinct. *Int. J. Psychoanal.* 74 : 55-61.
Sharpe E. (1950). The technique of psychoanalysis. In *Collected Papers on Psychoanalysis.* London : Hogarth Press.
Spillius E.B. (1994). Developments in Kleinian thought : Overvieuw and personal vieuw. *Psychoanal Inq* 14 : 324-64.
Steiner J. (2013). Reflections on the work of Hanna Segal. Paper given at the Hanna Segal memorial Conference, London.
Strachey J. (1934). The nature of the therapeutic action of psycho-analysis. *Int. J. Psychoanal.* 15 : 127-59.

Symington N. (2007). A technique for facilitating change in the creation of mind. *Int. J. Psychoanal.* 88 : 1409-22.

Tuckett D. (2011). Inside and outside the window : some fundamental elements in the theory of psychoanalytical technique. *Int. J. Psychoanal.* 92 : 1367-90.

LA STUPIDITÉ DANS LE CHAMP ANALYTIQUE : LES VICISSITUDES DU PROCESSUS DE SÉPARATION[1] À L'ADOLESCENCE[2]

Roosevelt M.S. CASSORLA

Av. Francisco Glicério 2331/24, 13023-101, Campinas, SP, Brasil – rcassorla@uol.com.br

Résumé : L'objectif de cet article est d'élargir la compréhension de certains aspects techniques dans le travail avec les adolescents qui érigent des organisations défensives contre la séparation d'avec leurs aspects infantiles. Ces organisations anesthésient l'adolescent face à la réalité de la triangulation et face aux défenses narcissiques. Les familles de ces adolescents peuvent participer de cette organisation et l'analyste lui-même peut aussi être sollicité pour y participer. La perception de l'analyste peut devenir floue comme s'il était frappé de stupidité. Certains aspects des mythes de Narcisse et d'Œdipe sont utilisés comme modèles pour étudier la stupidité. L'analyse d'une adolescente psychotique qui entretient une relation symbiotique à sa famille illustre la façon dont le champ analytique peut être envahi par ces configurations défensives. La jeune patiente, sa famille et l'analyste sont pris dans des collusions de type idéalisées ou de type domination/soumission mais ces organisations défensives ne sont identifiées qu'après la survenue de leur effondrement traumatique. Le développement du réseau de chaînes symboliques permet d'identifier les organisations symbiotiques transgénérationnelles tandis que les modèles de mises en acte permettent de comprendre les aléas de la technique. L'article se termine avec une comparaison imaginaire entre le « patient » Œdipe et la patiente présentée. Ces conjectures permettent une réinterprétation du mythe d'Œdipe. Cette réinterprétation ainsi que l'étude théorico-clinique de ce cas peuvent servir de modèle pour la compréhension des aléas techniques auxquels est confronté l'analyste qui travaille avec des adolescents perturbés.

Mots clés : adolescence, stupidité, arrogance, symbiose, symbolisation, borderline, psychose, champ analytique, mise en acte, mise en acte aiguë, mise en acte chronique, rêve, non-rêve-à-deux, technique psychanalytique, traumatisme, familles, Narcisse, Œdipe.

---

1. Ndt : « detachement » dans le texte. Un échange avec l'auteur nous permet de préciser que « detachement » (despredimento en portugais) comprend une nuance d'arrachement, de rupture, dans le processus de séparation.
2. Article paru sous le titre : « Stupidity in the analytic field : Vicissitudes of the detachement process in adolescence », *Int. J. Psychoanal.* (2017) 98 : 371-391, traduit par Marie-Pascale Paccolat, relu par Céline Gür Gressot.

Durant la période de l'adolescence, le jeune se sent assailli par ses pulsions qui réactivent des fantasmes inconscients et des angoisses archaïques. L'adolescent fait l'expérience de l'éclatement de la rigidité de la phase de latence accompagné par une confusion identitaire résultant de la réémergence d'aspects clivés du soi issus des phases prégénitales et préœdipiennes. L'intensification d'aspects sadiques dans tous les domaines, associée à une confusion due à la coexistence de divers fantasmes, induit des vagues de désir génital sous toutes ses formes, qu'elles soient infantiles, polymorphes ou perverses (Meltzer, 1973, 1992 ; Grinberg, 1976). Le besoin d'une gratification immédiate suscite des identifications projectives violentes et intrusives. Des mécanismes primitifs et plus évolués se combinent également, constituant une base potentielle d'évolution aussi bien vers une pathologie que vers des éléments permettant la poursuite du développement.

Les turbulences intrapsychiques se manifestent par une stimulation des oscillations des stades SP <--> P (Bion, 1962) ou des relations duelles <--> triangulées, avec comme résultats dramatiques quoique dynamiques, des effondrements qui pourraient désorienter un observateur inattentif. Un tel mouvement pourrait être interprété comme pathologique alors qu'il préfigure, de façon à la fois normale et intense, une restructuration. Une absence de telles oscillations devrait mettre en alerte l'analyste : or ce n'est qu'après les turbulences de l'adolescence que nous serons capables d'affirmer si cette rigidité était temporaire ou permanente.

Parallèlement les processus d'externalisation et d'internalisation s'intensifient pour provoquer des conflits identificatoires avec, comme résultat, une augmentation de la vulnérabilité à introjecter des objets qui peuvent soit renforcer, soit altérer des identifications plus archaïques. L'adolescent est avide de s'identifier à des objets qui lui permettront de se construire une identité d'adulte plus solide. Le jeu de projection-introjection est intense ; cette acquisition d'une identité adulte au travers du jeu de ces identifications est précisément considérée comme le but premier de l'adolescence.

Ces configurations mènent aux mouvements de séparation et d'individuation[3] loin de l'unité symbiotique de la famille (Blos, 1962 ; Bleger, 1967 ; Mahler, 1968 ; Paz, 1980). En même temps l'adolescent fait des expériences de deuils : de l'enfance, de ses parents, de son corps d'enfant et de la bisexualité (Aberastury, 1980). Si le contact avec la réalité de la triangulation est vécu comme traumatique, des défenses narcissiques sont adoptées à nouveau pour reconstituer une symbiose familiale normale (Cassorla, 1985, 1991a) jusqu'à ce qu'elles soient débordées par des pulsions conflictuelles et une attraction pour l'objet. Cela fait partie du processus de séparation.

Durant cette période du développement, des liens se constituent avec des objets substitutifs tels que des idéaux, des amis, des amoureux/ses et des parents

3. Ndt : « departure » dans le texte.

idéalisés. Cette idéalisation diminue avec l'établissement de l'identité adulte. Cependant certains adolescents peuvent se fixer dans une sorte de symbiose ou de parasitisme pathologique avec ces objets. En clinique ce sentiment d'être maintenu captif par l'objet peut se manifester par des attitudes addictives impliquant des personnes, des groupes, des drogues, des idéologies, des sectes religieuses, au travers d'actes suicidaires (lorsque le patient fantasme une vie idéalisée dans un autre monde) ou par une grossesse précoce (la jeune adolescente est alors en symbiose avec son bébé). La capacité de symbolisation est alors bloquée. Dans d'autres situations l'adolescent peut devenir prématurément indépendant (Cassorla, 1985, 1991a) dans une réaction maniaque contre son désir de symbiose. Ceux qui prolongent leur adolescence, qu'on appelle les adulescents (Ungar, 2013), appartiennent également à cette catégorie.

Le travail analytique avec ces jeunes patients peut amener l'analyste à être en contact avec des situations éprouvantes en raison d'organisations défensives difficilement accessibles (Cassorla, 1997a, 2001, 2004, 2005). Ces organisations peuvent inclure d'autres personnes proches de la famille du patient ainsi que l'analyste. Ce dernier peut y être entraîné sans qu'il ne le réalise vraiment. Cela peut donner l'impression à un observateur extérieur qu'une paralysie de la capacité analytique a atteint l'analyste, le rendant *stupide* (Bion, 1958).

Objectifs

Le but de cet article est d'approfondir la compréhension des vicissitudes techniques qui surviennent face à ces organisations défensives, lesquelles protègent les patients adolescents du contact avec la réalité de la triangulation. Il s'intéresse spécifiquement à la façon dont ces aspects se manifestent dans le champ analytique, aux facteurs qui poussent l'analyste dans cette organisation défensive, aux origines et aux conséquences de cette anesthésie perceptive ou stupidité, ainsi qu'aux facteurs concernant l'implication des membres de la famille qui participent à ce type d'organisation. Du matériel clinique ainsi que du matériel tiré de mythes incluant des héros adolescents serviront d'illustration.

La stupidité dans les mythes de Narcisse et d'Œdipe

La stupidité potentielle de l'analyste d'adolescents peut refléter un état analogue à celui de l'adolescent qui apparaît lors du processus de séparation. Des récits mythologiques peuvent servir de modèle pour illustrer ce phénomène. Étudier ces récits nous permet d'identifier deux sens complémentaires du terme stupidité, ce qui va s'avérer utile pour la clinique.

1) Dans le mythe de Narcisse le héros tombe amoureux de sa propre image qui se réfléchit dans l'eau du lac. L'incapacité de Narcisse à distinguer le self de l'objet révèle la paralysie de sa perception. Dans une version du mythe cette stupidité entraîne la noyade de Narcisse tentant de rejoindre l'objet idéalisé, dont il ne comprend pas qu'il est son propre reflet.

Si l'on transpose cette situation dans le champ analytique, nous nous trouvons dans une zone où l'analyste et le patient ont établi une relation fusionnelle par identifications croisées. Chacun ressent l'autre comme une extension de son propre self. Il se peut que ni l'un ni l'autre ne soit conscient de cela. Si cela se produit, le processus analytique demeure gelé dans cette zone de fusion-confusion, même si un développement peut avoir lieu dans d'autres domaines.

2) Un autre sens du terme stupidité fait référence à l'impossibilité de Narcisse d'accepter l'amour de la nymphe Écho. Nous pouvons considérer que le refus de Narcisse est la conséquence de sa terreur d'être en contact avec la différentiation self/objet. Ainsi la fonction de la stupidité est d'éviter le contact avec la réalité afin de privilégier le maintien d'un fantasme de complétude narcissique.

La transposition de ce second sens dans le champ analytique se réfère à des situations dans lesquelles la perception du tiers est attaquée. La menace de différentiation self/objet déclenche une angoisse catastrophique qui est évacuée au moment où la dyade analytique retourne à la situation fusionnelle. Si le patient attribue (à juste titre) ce vécu au travail analytique, ce travail sera attaqué. La capacité de penser de l'analyste est alors bloquée par des identifications projectives massives qui peuvent verrouiller ses qualités professionnelles. Par conséquent, tant le rétablissement à la relation duelle que l'état de stupidité sont précédés d'un insupportable contact avec la réalité.

Le mythe d'Œdipe évoque des situations complémentaires à celles de Narcisse. Si l'état initial de ce dernier est celui de l'indifférenciation, menacée par la réalité de la triangulation, dans le mythe d'Œdipe c'est la réalité de la triangulation acquise qui est vécue comme dangereuse. C'est donc l'inverse pour cette raison. Cela apparaît, par exemple, lorsque Sophocle (dans Œdipe Roi) décrit le début des investigations d'Œdipe recherchant le meurtrier de Laïus. Alors qu'il consulte Tirésias, Œdipe et ce dernier ont un échange tendu et agressif durant lequel Tirésias « ouvre les yeux d'Œdipe ». Œdipe se défend de cette perception menaçante en accusant Tirésias de collusion avec Créon (le frère de Jocaste) pour lui ravir le trône. Les aspects avides et envieux de la dyade Œdipe – Jocaste, véritables usurpateurs du trône de Laïus[4], sont projetés et ainsi évacués sur la dyade Tirésias-Créon.

4. Tirésias s'empare des dilemmes d'Œdipe, ce qui mobilise ses propres conflits « œdipiens ». Ceux-ci sont abordés dans un mythe où il intervient dans le couple de Zeus et Héra et lorsqu'il tue des serpents qui copulent (Cassorla, 2008b, 2010b).

Les configurations englobant les deux sens du terme stupidité oscillent entre la fixité d'une relation dyadique et la menace de la perception de la réalité de la triangulation. La stupidité se manifeste alors de deux manières : (1) l'impossibilité d'avoir son propre regard sur la relation duelle ; (2) l'impossibilité de faire l'expérience de la réalité de la triangulation.

Les modèles décrits concernent le travail avec des patients qui présentent des difficultés à percevoir et vivre la réalité de la triangulation où le sujet et l'objet sont séparés. Parmi ces patients il y en a chez qui les configurations borderline prédominent, c'est-à-dire chez qui des parties clivées se retrouvent dans un monde de relations duelles alors que d'autres maintiennent un contact avec la réalité de la triangulation. Ces patients se sont trouvés dans l'incapacité de développer des configurations œdipiennes dans certaines zones de leur psychisme et ainsi retournent ou restent dans des configurations narcissiques. Par ailleurs l'attirance pour des configurations narcissiques peut révéler des traumatismes qui rendent ce développement difficile.

Si nous admettons que les mythes peuvent décrire de telles configurations émotionnelles cela ne devrait pas nous surprendre que Narcisse et Œdipe soient des adolescents. Car c'est précisément durant l'adolescence que l'oscillation et la confusion entre ces aspects narcissiques et œdipiens apparaissent au-devant de la scène avec une telle intensité. Lorsque ces aspects restent insuffisamment travaillés ils peuvent aboutir à des organisations défensives serrées.

Il est important de rappeler que Narcisse et Œdipe coexistent dans chaque adolescent et que les oscillations entre les relations d'objet narcissiques et objectales correspondent aux oscillations entre les positions SP <--> D. À l'intersection de ces deux positions l'adolescent ressemble à Hamlet : « Être ou ne pas être, telle est la question. » « Ne pas être » implique une collusion narcissique et une indifférenciation mortifère, et « être » implique un contact insupportable avec la réalité (Cassorla, 1997b, 2009).

Matériel Clinique[5]

Je sais que je suis irrité par Katia. Je sais aussi que je me sens inquiet et impuissant. C'est la quatrième séance que Katia manque consécutivement. Précédemment la secrétaire du père laissait un message vocal : « Katia m'a demandé de vous avertir qu'elle ne pourra pas venir parce que… » La raison était donnée : « elle doit accompagner sa mère pour un voyage », « elle a un rendez-vous chez le médecin », « elle est partie avec son père »…

5. La présentation du matériel clinique est conforme aux standards de confidentialité recommandés par Gabbard (2002).

Bien que je me sois senti irrité par ces messages et par le rôle d'intermédiaire que joue la secrétaire entre nous, je percevais un certain changement – une certaine considération pour moi en tant que personne. Auparavant Katia ne prenait même pas la peine de m'avertir. Elle manquait plusieurs séances et quand finalement elle réapparaissait elle faisait comme si de rien n'était. Quand je cherchais à savoir les raisons de ses absences Katia répondait, comme si cela était évident, qu'elle avait été absente en raison d'un autre engagement. Pour Katia il n'y avait aucune raison d'en informer son analyste, que ce soit avant ou après son absence. Le travail analytique était bloqué.

Katia avait commencé son analyse avec moi quelques mois plus tôt. Durant les premières séances elle me communiqua, avec réticence, quelques éléments faisant penser à un effondrement psychotique ; la manifestation la plus évidente était apparue deux ans auparavant, à l'âge de 17 ans, alors qu'elle avait déménagé pour étudier à H. Quand elle était partie pour H. elle avait arrêté sa thérapie, qu'elle avait débutée à l'âge de sept ans. Elle me raconta comment, après un certain temps, le thérapeute commença à traiter sa mère, sa sœur et, pendant un certain temps, son père, individuellement. Quand le thérapeute se mit à dénigrer ses parents en lui demandant de ne pas le leur dévoiler, Katia devint confuse. Après quelques semaines elle raconta l'incident à ses parents et tous arrêtèrent leur traitement. Cette information, ou ce fantasme de Katia, me rendit attentif à l'intensité des identifications projectives croisées dans cette famille. Cela m'aida aussi à formuler des hypothèses à propos de l'inconfort que j'avais ressenti au début de l'analyse. Le premier entretien avait été organisé par la mère qui m'avait dit au téléphone qu'ils (les parents) préféraient ne pas me parler et que je pouvais engager le traitement directement avec Katia. Ce respect apparent de son intimité m'avait agréablement surpris.

Pourtant, après les premières séances durant lesquelles je me sentais confus à propos de certaines informations, je décidai de parler à ses parents. Katia insista pour me dire qu'elle ne souhaitait pas que je parle avec eux. Elle n'arrivait pas à me donner ses raisons et je notais qu'elle ne supportait pas que j'essaie de comprendre pourquoi. Je m'imaginais que si je ne respectais pas son exigence elle ne pourrait plus se confier à moi. J'étais rassuré néanmoins parce que je savais que Katia était suivie par un psychiatre en qui j'avais confiance.

D'une manière inconsciente j'étais déjà entraîné dans une collusion sadomasochiste dans laquelle j'étais immobilisé à la fois par Katia et par ses parents. Mon idéalisation initiale du respect de cette famille pour l'autonomie de Katia s'était transformée en une soumission à leurs désirs. Pour un temps je maintins cette idéalisation sans bien me rendre compte de ma soumission. J'étais devenu stupide et aveugle bien que j'aie pu sentir que quelque chose n'allait pas. Plus tard je devais découvrir que la famille m'avait privé de certains éléments anamnestiques afin de se protéger du mouvement potentiellement séparateur d'un des siens.

Il devint bientôt clair que les aspects psychotiques de Katia persistaient et que sa défiance avait pour but de les dissimuler tout en signalant leur présence. Les séances commençaient toujours par « je vais bien, cela va mieux » suivi de « c'est tout » et « je n'ai rien à ajouter ». Son silence m'incitait à commencer la discussion et à lui poser des questions. Les réponses monosyllabiques de Katia pouvaient m'exaspérer et je devais veiller à ne pas être trop intrusif. Parfois il semblait que Katia se sentait désolée pour moi ; elle était partante pour m'en dire un peu plus mais, sitôt que je cherchais à aller plus loin, son élan s'arrêtait abruptement. Katia sentait que mon intervention dans sa vie était dangereuse. Parfois elle s'approchait un peu, avec beaucoup de prudence mais si je faisais de même elle se retirait. Quand j'essayais de lui montrer ces mouvements elle m'ignorait. Bien que je me sente confus et impuissant je croyais que si je continuais mon travail patiemment, les choses deviendraient plus claires avec le temps. Je me comportais comme le barman « d'un bar dans le désert » (Bolognini, 2004) qui accueille sa cliente comme elle se présente.

En essayant de me convaincre qu'elle « allait mieux » Katia tentait de m'attirer dans une collusion idéalisante. À d'autres occasions elle m'offrait des informations potentiellement intéressantes mais qui ne me paraissaient pas vraies. Parallèlement il n'était pas difficile de percevoir les attaques contre le processus analytique par ses absences, sa réticence à raconter et les retards de paiements. Mais le remarquer ne suffisait pas à augmenter ma capacité de penser. Je devais m'apercevoir plus tard que j'étais partiellement impliqué dans des collusions avec elle.

Progressivement, Katia devint capable de me donner des détails de sa décompensation psychotique qu'elle accompagnait d'explications rationnelles. Ce fut une période pendant laquelle « je me sentais unie à Dieu et à l'univers ». Elle était nostalgique de cette période et souhaitait la retrouver. Mais en même temps elle en était terrifiée. Une fois elle erra sans but dans les rues jusqu'à ce que la police intervienne pour l'aider. Elle pensait que ces épisodes étaient causés par de la sorcellerie ou par des drogues que ses amis lui avaient fait consommer à son insu. Ils devaient l'avoir fait en raison de leur jalousie envers son petit ami et envers son intelligence. Ses principales relations au moment de sa décompensation étaient des relations symbiotiques idéalisées avec des amies et son petit ami, alternant ou se mélangeant à des relations sado-masochiques impliquant de la violence, du chantage, de la soumission et de la séduction. La sexualité était alors aussi désorganisante.

Quant à ses parents, Katia me transmettait une image d'eux comme les héritiers d'une famille de la grande noblesse. Ils pensaient être des descendants d'une famille royale européenne, ce qui éclairait leur aveuglement concernant l'état de Katia qu'ils voyaient simplement « stressée ». La théorie de l'empoisonnement par des drogues avait ainsi été soutenue par tout le monde.

Le discours monotone et contrôlé de Katia, caractérisé par des affects émoussés, emprisonnait le processus analytique et révélait la prison dans laquelle elle vivait. Le peu de chose qu'elle pouvait raconter avait trait au passé. Katia ignorait tout discours concernant le présent et ce qui se passait dans le champ analytique.

Katia me raconta comment elle avait commencé une analyse dans la ville de H. pendant sa période psychotique. Après quelques semaines l'analyste avait averti la famille, sans que Katia ne le sache, qu'elle était psychotique. Cette information avait dû secouer la fierté de famille et l'analyse avait été arrêtée. Étonnamment la famille semblait ignorer qu'au même moment Katia prenait une médication antipsychotique.

La manière très expressive de Katia de me parler de « l'attitude contraire à l'éthique » de l'analyste (cette fois-ci dépourvue de son émoussement affectif) me rendit confus et je commençais à penser que l'analyste avait été inadéquat. Je réalisai rapidement que j'avais été réquisitionné pour prendre son parti contre le thérapeute. L'anesthésie de ma capacité analytique m'amena à faire des évaluations moralisatrices de ce qui s'était passé « à l'extérieur et dans le passé », me laissant aveugle à « l'ici et maintenant ». Je réalisai bientôt ce qui était évident : Katia m'avertissait du risque que je courrais si je la confrontais à sa folie. La Famille Royale symbiotique viendrait sauver la Princesse en détresse.

Je découvris progressivement qu'avant le déménagement Katia avait été une fille aimable et obéissante. À la lumière de l'hypothèse que Katia essayait de se dégager de la symbiose avec ses parents, l'expérience qu'elle fit en déménageant à H. devint claire. Le contact soudain avec la réalité de la triangulation se manifesta par un effondrement psychotique, conséquence de l'angoisse d'anéantissement suscitée par cette séparation vécue comme traumatique. Pour éviter de se trouver en contact avec ce trauma dans le travail analytique, l'aimable jeune fille pseudo-mature (Meltzer, 1966) et sa famille parfaite me recrutèrent pour participer à la symbiose familiale. Leur arsenal d'armes puissantes incluait des identifications projectives massives qui pouvaient bloquer ma perception des faits, me rendant ainsi stupide.

Dénouer les collusions

Après environ un an d'analyse Katia fit un lapsus qui me fit découvrir qu'elle m'avait caché une décision importante ; une décision qui avait significativement modifié sa vie. Interrogée sur les raisons de son omission elle donna une explication peu crédible. Je me sentis méprisé et trompé.

À ce moment-là, essayant consciemment de contrôler ma colère, je prévins Katia que si elle continuait à me cacher des informations cela rendrait l'analyse impossible. Je tentai de parler calmement. Pendant que je parlais je me sentis inquiet, certain que Katia avait perçu mon irritation. Je pensais que j'avais perdu mon attitude analytique en fonctionnant comme un surmoi moralement accusateur. Alors que Katia continuait à m'écouter avec indifférence ma confusion s'accrut et je devins certain de ma stupidité.

Je m'attendais à ce que Katia soit pleine de ressentiments concernant mes propos. Cependant, après cet incident, l'analyse présenta des aspects nouveaux et surprenants. Katia ne manqua plus de séances. Ses propos étaient plus symboliques. Durant cette période il devint de plus en plus clair qu'une grande partie du matériel qu'elle présentait (et cachait) durant la phase précédente de l'analyse était composée soit d'éléments dépourvus de sens soit de symboles dégradés (Cassorla, 2013a, 2013b) qui avaient perdu leur fonction évocatrice (Barros, 2011).

Je réalisai petit à petit qu'à côté de sa partie collaborante Katia révélait avec subtilité une autre partie d'elle-même qui était exagérément aimable. Je notai comment elle essayait de m'immobiliser grâce à la séduction. Ces observations m'alertèrent sur la possibilité d'une rupture catastrophique. Durant cette période Katia parut remarquer qu'elle oscillait entre des relations à deux indifférenciées et les conséquences terribles de la perception de sa différentiation d'avec les autres, mais seulement en dehors du champ analytique. Elle se comportait d'une manière contrôlante avec ses amis et ses amoureux et réagissait à des fantasmes ou des menaces de rupture avec violence, chantage ou une position de victime. À certains moments, face à son désespoir et à sa terreur de ne plus exister, je pensai qu'elle pourrait avoir une attitude auto-agressive ou faire un acte suicidaire. Mon intuition se révéla exacte : elle eut un accident en conduisant sous l'influence d'alcool durant les vacances officielles que j'avais prolongées. Katia n'était cependant pas en mesure de considérer ses vécus en lien avec la relation analytique.

Quelques semaines plus tard Katia vint à manquer à nouveau des séances, cette fois-ci sans m'en avertir. Après trois absences consécutives j'appelai chez elle. La secrétaire m'informa que Katia était en train de dormir. Je demandai que Katia me rappelle mais rien ne se passa. Les absences se poursuivaient. J'appelai encore et après de nombreux essais je réussis à parler à la secrétaire. Elle me dit spontanément que Katia se comportait bizarrement, s'enfermant dans sa chambre, ne parlant pratiquement pas. Elle exprima de l'empathie pour moi à propos de Katia manquant ses séances et estima que je pouvais être inquiet. Je voyais la secrétaire comme faisant partie de la Famille Royale, un peu plus individualisée cependant. Cette perception m'encouragea à l'interroger sur les parents de Katia. Elle m'informa que les parents étaient en voyage, depuis quelques semaines, « maintenant que Madame se sentait mieux ». Je terminai cet échange ayant appris que Madame, la mère de Katia, souffrait d'une maladie grave, menaçant sa vie. J'étais fâché contre Katia qui ne m'en avait rien dit. Je devais donc me reformuler différemment le processus analytique ayant eu lieu jusque-là. Je demandai que les parents de Katia me rappellent dès leur retour bien que je sois conscient que Katia ne voulait pas que je leur parle.

Katia continua à ignorer mes messages. J'imaginais qu'elle pouvait faire une décompensation psychotique et risquer de se suicider. J'étais angoissé, sans aucune hypothèse sur ce qui était en train de se passer. Pendant cette période se tenait un congrès scientifique dans une autre ville. Je n'arrêtais pas de penser à Katia et me sentis inadéquat lorsque je discutais de cette situation avec un collègue agréable que je ne connaissais pratiquement pas. J'étais en quête de rêveurs auxiliaires de quelque chose que j'étais moi-même incapable de symboliser.

La mère de Katia m'appela plusieurs jours plus tard, surprise d'entendre que Katia manquait ses séances. J'organisai un entretien avec les parents. Mais avant que je ne les rencontre Katia revint à ses séances. Elle me dit qu'elle se sentait bien. Elle avait été absente parce qu'elle était très occupée. Elle savait que je voulais parler avec ses parents et voulait en connaître les raisons. Je lui répondis qu'il y avait des choses qui restaient peu claires à mes yeux que ses parents pourraient peut-être clarifier pour moi. Je lui fis comprendre que je ne me laisserai pas dissuader de les rencontrer. J'essayais de comprendre les facteurs liés à ses absences et je lui précisai que son excuse d'avoir été très occupée ne faisait pas sens pour moi.

À ce moment-là Katia m'annonça, en colère, qu'elle était venue pour une séance mais que je n'étais pas là. Je découvris que cela s'était passé le jour où Katia aurait été ma première patiente, puisque le patient avant elle ne venait pas. Je me souvins que j'étais arrivé cinq minutes avant sa séance et que j'avais été soulagé de voir que j'étais arrivé avant elle. De fait Katia était arrivée peu avant moi et, voyant le cabinet fermé, elle était repartie. Je lui demandai pourquoi elle ne m'avait pas attendu. Elle me répondit que puisque je ne l'avais pas attendue elle en avait conclu que je ne voulais plus la traiter.

Il fut possible d'utiliser cet épisode pour montrer à Katia sa colère de s'être sentie rejetée. C'était pour cela qu'elle m'avait abandonné. Katia avait projeté sur moi l'angoisse d'anéantissement qu'elle avait ressentie lorsqu'elle fut confrontée à la perception de moi en tant que personne distincte, avec ma propre vie. Pendant notre discussion je lui proposai un scénario. Comme un serviteur je devais être prêt à anticiper à tout moment les besoins et les désirs de la princesse. Puisque je ne m'étais pas comporté correctement la princesse m'avait expulsé. En ignorant mon existence elle se comportait de manière à me faire sentir la terreur de ne pas exister qu'elle expérimentait constamment, tout en ne pouvant en être sûre. Ne sachant comment la symboliser et la rêver elle vivait cette angoisse d'anéantissement d'une manière terrifiante, comme une chose en soi. Parallèlement Katia s'attendait à ce que, désespéré par cette expérience de non-existence, je cherche à la retrouver pour m'excuser auprès d'elle. Mes messages avaient été ignorés parce que son ressentiment l'avait empêchée de me pardonner.

Pendant ces interprétations Katia fit des liens à sa relation à son amoureux. Elle était consciente qu'elle projetait sa propre détresse sur lui ainsi que son besoin vital d'être vue et remarquée. Katia associa cette compulsion à répéter à ce qui se passait dans le champ analytique. Maintenant la dyade analytique pouvait rêver à deux. Lorsque je fis la remarque qu'il me semblait que j'étais plus intéressé à son analyse qu'elle-même, Katia rit ouvertement, d'une manière que je ne lui avais jamais vue auparavant et je me retrouvai à rire moi-même avec elle.

Ma fonction analytique était rétablie. La présence d'un tiers (le serviteur, qui n'en était pas un, et qui donc n'avait pas attendu la princesse) ainsi que la possibilité de discuter de cela, en le rêvant ensemble, témoignaient de la dissolution de l'état d'indifférenciation.

Cet épisode, comme celui que j'ai décrit plus tôt, durant lequel j'avais fait remarquer avec colère à Katia son omission d'information, révèle une autre sorte de stupidité dans le champ analytique. Cela a à voir avec des mises en acte aiguës qui défont des collusions chroniques. L'étude de ce concept est proposée ci-dessous.

La scène suivante confirma le travail accompli. Katia me rapporta un rêve, quelque chose qu'elle n'avait jamais fait auparavant. Elle était attaquée par un groupe de sauvages. Elle pressentait qu'ils étaient sur le point de lui tirer dessus. Leurs fusils étaient des rouges à lèvres et leurs munitions des sucreries. Elle réussit à esquiver les balles. C'était terrifiant mais le meilleur moment fut lorsqu'elle se réveilla et réalisa que ce n'était qu'un rêve. Elle me dit que cela avait été une des meilleures sensations de sa vie. Je lui montrai qu'elle était maintenant capable de rêver la nuit les terreurs qui la hantaient vingt-quatre heures sur vingt-quatre. Le rêve de Katia révélait la présence d'une barrière de contact (Bion, 1962) constituée lors de l'émergence d'une capacité de symbolisation et d'une capacité à affronter la situation œdipienne. Dans son rêve Katia essayait de donner du sens à des éléments de violence et de sexualité. Pendant notre discussion au sujet de la maladie de sa mère (information qu'elle avait passé sous silence auparavant) Katia dévoila comment elle avait cherché à la dénier. Elle s'était ainsi protégée de la terreur de la perdre et de la culpabilité de l'avoir abandonnée en déménageant à H. La maladie était apparue peu après son départ. Des possibilités s'ouvraient pour notre collaboration future visant à la reviviscence de ses attaques, de ses sentiments de culpabilité et de ses représailles œdipiennes.

La rencontre avec les parents se fit après de nombreuses annulations de leur part. Katia refusa d'y prendre part. Ses parents étaient des cousins du second degré et leurs familles avaient vécu ensemble pendant des générations. Les éléments qu'ils m'apportèrent me firent sérieusement suspecter une transmission transgénérationnelle de défenses symbiotiques. Ses parents avaient décidé qu'ils préféraient ne pas me rencontrer afin d'éviter les problèmes de

« commérages » des autres thérapies. À l'autre extrême ils me contrôlaient aussi en me privant de certaines informations. De cette façon ils essayaient de maintenir la symbiose familiale. Je pus alors constater que cette rencontre avec les parents s'était faite à un bon moment.

Pendant cet entretien les parents admirent que leur fille avait souffert d'une décompensation psychotique ; ils pensaient que cela pouvait se reproduire n'importe quand. Ils reconnurent leur peur liée à la présence de maladies psychiques dans la famille : c'était un secret familial. Ils étaient aussi conscients que la maladie de la mère avait bouleversé l'unité (en fait, la symbiose) familiale. Le pronostic de la maladie maternelle, terrible dans un premier temps, s'était amélioré. Ils commençaient une thérapie familiale. Je suggérai prudemment qu'ils pourraient envisager un traitement individuel avec différents analystes.

Retour aux aspects techniques

La situation clinique que je viens de décrire montre comment les oscillations entre les configurations narcissiques et œdipiennes se manifestent dans le champ analytique. Le processus de séparation de Katia était compromis par des identifications archaïques à des objets symbiotiques qui étaient devenus la base d'un refuge narcissique dont la rupture potentielle mena à une décompensation psychotique.

Quand un psychanalyste travaille avec des patients présentant ces caractéristiques il risque de se trouver dans des configurations illustrées par les mythes présentés plus haut. Patient et analyste peuvent se trouver dans des collusions d'idéalisation mutuelle, comme Narcisse et son reflet dans le lac. Des collusions à caractère de domination/soumission peuvent se produire si l'analyste prend le rôle d'Écho qui cherche à valoriser le refuge narcissique du patient.

La collusion idéalisée peut rapidement se transformer en collusion sado-masochique et vice-versa. Comme l'idéalisation ne peut être maintenue en permanence le patient en veut à l'analyste et commence à l'attaquer. Celui-ci peut soit se soumettre soit se venger et le patient renchérit. Les réparations maniaques entraînent un retour à l'idéalisation et le cycle recommence.

Sur le plan phénoménologique, l'oscillation entre les collusions idéalisées et sado-masochiques se manifeste sous forme de séduction et d'attaques comme le chantage, la victimisation ou des actes autodestructeurs qui persistent sur un mode de reproches. Ces situations sont des traits constants du travail avec les adolescents.

Comme nous l'avons vu, le travail avec les adolescents nécessite une certaine connaissance de la relation, tant réelle qu'interne, aux parents. Dans les mythes de Narcisse et d'Œdipe on trouve des éléments d'idéalisation de la relation à la mère. Il est possible d'imaginer Liriope, amoureuse de son magnifique fils

Narcisse, qui l'éloigne de la réalité de la triangulation. Jocaste, en revanche, ferme les yeux sur son intuition qu'Œdipe pourrait être son fils et l'aide à conquérir le trône paternel[6].

Les événements décrits ici nous rendent attentifs à un réseau d'identifications projectives croisées qui occupe le champ analytique lorsqu'on travaille avec des adolescents. Il peut inclure les parents, des membres de la famille, des enseignants, des amoureux et cherche à impliquer l'analyste. L'analyste ne peut s'abstenir de discussions avec les membres de la famille. En général le patient ne souhaite pas participer à ces entretiens, comme s'il percevait le besoin d'un espace propre pour ses parents. L'analyste devra ainsi « écouter » ses propres aspects internes qui peuvent être identifiés aux parents de l'adolescent.

Les vicissitudes ayant trait à la collusion entre patient et analyste ont été discutées par divers auteurs. On peut penser que la première collusion relatée en psychanalyse est celle de Breuer et Anna O., qui aboutit à l'interruption du traitement (Freud, 1893). Freud (1905) évoque son sentiment d'anesthésie avec Dora, ce qui le conduit à l'intuition de l'existence du transfert. Ni l'un ni l'autre ne réalisa sa part de responsabilité, qu'elle fut amoureuse ou destructrice. Winnicott (1947) précise que dans certaines situations il est nécessaire que l'analyste montre la haine que le patient induit chez lui. Sinon le patient ne pourra pas croire qu'il peut aussi induire de l'amour. La manifestation de la colère peut dénouer des collusions à deux, comme avec Katia, même si l'analyste paraît stupide. Il est évident que ces situations devront être reconnues et élaborées afin qu'elles puissent devenir utiles.

Bion (1958) montre que la présence de la triade stupidité, arrogance et curiosité dans le champ analytique à la fois cache et révèle une catastrophe psychique destructrice. La stupidité à laquelle nous avons fait référence dans les collusions étudiées ici s'accompagne des autres composantes de la triade.

La patiente manifeste sa *curiosité* en souhaitant continuer son analyse tout en étant insuffisamment consciente de son désir de fusionner avec son analyste. L'analyste frustre la patiente s'il garde sa propre pensée et ne permet à personne de fusionner avec lui. Quand la collusion est dénouée le patient, confronté à la réalité traumatique de la triangulation[7], se sent expulsé de ce « paradis ».

L'arrogance est liée à l'omniscience et à l'évaluation morale qui se substituent à la perception de la réalité par un jugement accusateur. Toute information qui signale l'existence de l'autre, soit la réalité de la triangulation, sera considérée d'une façon omnisciente comme mauvaise ou fausse. Le patient condamne

6. Le mécanisme de « fermer les yeux sur » a été décrit par Steiner (1985) et postulé par Cassorla (1993) dans des cas cliniques de cécité émotionnelle.

7. Le patient est chassé du Paradis et jeté en Enfer. Si cet Enfer pouvait être rêvé, il serait transformé en la planète Terre et ainsi en réalité. Mais les démons de l'Enfer et les dieux idéalisés vont continuer à hanter le patient (Cassorla, 2010a).

d'une manière dictatoriale tout ce qui menace la relation symbiotique. Ce que l'observateur perçoit comme de l'arrogance, le patient le perçoit comme l'exercice légitime de ses droits.

La stupidité est liée à des déficiences de la capacité de symbolisation, de la capacité de rêver et de penser. Cela peut se manifester par de l'omniscience, des collusions à deux et/ou par des évitements de la confrontation à la triangulation. La distorsion de la réalité et l'attaque de la force frustrante lient la stupidité et l'arrogance.

Comme nous l'avons vu l'analyste court le risque d'être enrôlé et de *devenir* un aspect d'une partie psychotique du patient. Chez les adolescents cet embrigadement est rendu possible par le biais des identifications projectives croisées, qui entraînent d'autres personnes qui sont proches de l'adolescent. L'analyste est identifié avec l'arrogance et la stupidité qui font partie de la symbiose familiale. L'analyste peut aussi devenir le dépositaire de sentiments de culpabilité persécuteurs et dépressifs lorsqu'il imagine qu'il a traumatisé le patient et sa famille en leur révélant la réalité de la triangulation.

Bion décrit des situations analogues dans les groupes de travail. L'analyste ne remarque pas qu'il est dans un état de torpeur et qu'il accepte comme réalité ce qui est en fait le résultat d'identifications projectives massives. Il vit les sentiments intenses qu'il ressent comme parfaitement justifiés par une situation objective. Bion attribue cette torpeur à l'action d'un écran d'éléments *bêta* qui provoque chez l'analyste ce que le patient souhaite. Analystes, superviseurs et groupes d'analystes peuvent ensemble se maintenir dans cet état de torpeur mentale (Cassorla, 2013c). Joseph (1989) illustre élégamment comment l'analyste est enrôlé pour représenter des aspects du patient dans le but de maintenir le statu quo. Outre Bion et Joseph, d'autres pionniers de l'étude des identifications projectives massives incluent Grinberg, Rosenfeld, Sandler, Grotstein, Ogden, qui ont également étudié comment l'analyste est embrigadé et induit à devenir un aspect du patient, un sujet déjà évoqué par Ferenczi[8].

La perception de sa propre stupidité peut ne jamais être ressentie par l'analyste avec, comme conséquence, des impasses analytiques ou une paralysie dans le champ en question. La stupidité peut être découverte quand l'analyste discute du matériel clinique avec des collègues ou lorsqu'il écrit ou réfléchit à propos de son sentiment de malaise, y regardant de plus près (Baranger *et al.*, 1983) ou en écoutant son écoute (Faimberg, 1966). Mais aussi, comme nous l'avons vu dans le matériel clinique, la stupidité peut être perçue, paradoxalement, quand elle est révélée au travers de la seconde acception du terme que nous avons étudiée : lors de menace de rupture dans le champ analytique. Ce fait

8. Une revue des idées de ces auteurs peut être trouvée chez Cassorla (1997a, 2004, 2008c) et chez Brown (2011). Cet auteur étudie la question de l'intersubjectivité minutieusement. On peut trouver l'évolution du concept d'identification projective dans Spillius et O'Shaughnessy (2012).

pousse l'analyste à réfléchir. C'est donc *après-coup* que l'analyste comprend sa stupidité, liée à une collusion à deux.

À propos des mises en acte

Certaines idées à propos des mises en acte peuvent aider à comprendre les situations qui ont été décrites. Les enrôlements mutuels qui maintiennent la collusion duelle ont été nommés *mises en acte chroniques*. L'adolescent, craignant la séparation, se protège de la perception de la triangulation. Cette situation est rendue possible dans des familles symbiotiques dans lesquelles la différenciation des différents membres est vécue comme traumatique. L'analyste est également enrôlé pour participer à cette symbiose.

Lorsque la capacité de symbolisation est rétablie la relation duelle est dissoute et la triangulation apparaît soudainement dans le champ analytique. On a appelé cet événement *mise en acte aiguë*. La dyade analytique (et la famille symbiotique) fait l'expérience du contact traumatique avec la réalité, mais d'une manière moins vive. Il a été démontré que dans une relation collusive l'analyste exerce implicitement sa fonction alpha dans des domaines parallèles, réparant les ruptures causées par le trauma. Une fois que le trauma est suffisamment pansé, il est revécu tout en étant symbolisé. Ainsi devient-il supportable. Une mise en acte aiguë est un mélange de cette reviviscence, de la symbolisation de certains éléments et de leur attaque.

Quand la mise en acte aiguë se produit, l'analyste « ouvre les yeux » sur ce qui est en train de se passer. À ce moment-là il prend conscience de l'aveuglement qui l'avait empêché de percevoir les mises en acte chroniques dans lesquelles il était impliqué[9].

Revenons au matériel clinique. Initialement Katia, sa famille et l'analyste étaient impliqués dans une collusion idéalisée alternant avec une composante sado-masochiste. L'idéalisation initiale de cette famille par l'analyste (avec son impression qu'ils respectaient l'individualité de Katia) a cédé la place à une soumission au manque d'information. Parallèlement Katia manque des séances, arrive en retard, omet des éléments et empêche l'analyste d'entrer en contact avec des espaces restés cachés. L'analyste en avait un certain degré de conscience mais cela s'est révélé insuffisant.

Cette mise en acte chronique a cessé quand l'analyste a pris conscience, à l'occasion d'un lapsus de Katia, de ses propres sentiments à l'égard de cette absence d'information. La séquence des faits qui constituent la première mise en acte aiguë étudiée peut se formuler ainsi : la retenue d'information

9. Un approfondissement des idées concernant les mises en acte chroniques et aiguës peut être trouvé dans Cassorla (2001, 2005, 2008a, 2012, 2014).

de la part de Katia, son lapsus révélateur, la colère de l'analyste, ses paroles irritées, le silence de Katia, la perplexité de l'analyste. La mise en sens de cette situation permet l'accès à un réseau de pensées symboliques. Patient et analyste deviennent capables de rêver ensemble et leur capacité de penser s'accroît durant les séances suivantes. Mais la relation duelle – mise en acte chronique – se rétablit après quelques semaines.

La seconde mise en acte aiguë se produit lorsque Katia arrive avant l'analyste et s'en va. La séquence des faits se présente ainsi : Katia arrive trop tôt à sa séance et constate que son analyste n'est pas là, elle se sent abandonnée et s'en va, l'analyste arrive cinq minutes avant le début de la séance et se sent soulagé de constater que Katia n'est pas encore là (c'est seulement des semaines plus tard qu'il découvre que Katia est venue puis repartie), l'analyste attend Katia qui ne vient pas et qui continue à être absente pour de nombreuses séances. L'idéalisation de son analyste comme quelqu'un qui est tout le temps en train de l'attendre est détruite. Sa colère rétablit la mise en acte chronique, maintenant sous une forme sado-masochique, sans que la mise en acte aiguë n'ait pu être utilisée. Katia le comprendra des semaines plus tard, après que l'analyste eut appris la maladie de la mère et demandé à voir les parents. Katia reprend ses séances avant que cela ne se passe. Le comportement de l'analyste, qui appelle les parents, peut être considéré comme une autre mise en acte aiguë ; une de celles qui dénoue la symbiose familiale, du moins pour la durée de l'entretien.

Dans les situations étudiées, les deux types de collusion, sado-masochique et idéalisée, ont lieu en même temps et prédominent à certains moments. Le type sado-masochique prédomine lors de confrontations à des configurations défensives (Steiner, 1993), du type « peau épaisse » (Rosenfeld, 1987) ; en d'autres termes quand l'adolescent tente de s'éloigner de l'objet en recherchant un refuge narcissique (Levy, 1996). Cette distanciation alterne avec la recherche d'une collusion idéalisée. À ce moment-là ces configurations sont de type « peau fine ». La sensibilité aux frustrations provoque le retour à la configuration « peau épaisse » et ainsi de suite.

Maintenant nous pouvons mieux comprendre pourquoi, dans le premier épisode, l'analyste était préoccupé de montrer à Katia l'importance de ses omissions. L'analyste avait eu l'intuition qu'il était en train de dénouer la relation duelle et craignait que le contact avec la triangulation puisse être traumatique. Parallèlement l'analyste sentait qu'il pourrait se venger des attaques de Katia et s'en culpabilisait. Ce sentiment de culpabilité venait de son impression d'avoir perdu son fonctionnement analytique. Dans la deuxième mise en acte le soulagement de l'analyste ressenti au moment où il pensa être arrivé avant Katia révèle son intuition d'une répétition traumatique d'un abandon, résultant en un vécu violent de différenciation entre soi et l'objet.

En réexaminant les faits étudiés, l'analyste prit conscience qu'il avait subi deux renversements de perspective : (1) Durant les mises en acte chroniques il pensait que son fonctionnement analytique était préservé et il croyait que s'il persévérait dans son travail le réseau de symbolisation s'amplifierait. Après la mise en acte aiguë il s'aperçoit qu'il n'était pas complètement conscient de son implication dans les collusions. (2) Après la mise en acte aiguë l'analyste pense qu'il a perdu sa capacité analytique. Puis il comprend qu'il l'avait récupérée. Son impression d'avoir traumatisé sa patiente est remplacée par la surprise de constater que le processus analytique est en train de se développer en passant par des rêveries à deux. La collusion a été dissoute, ce qui permet l'accès à la réalité de la triangulation.

Il arrive que la collusion soit restaurée quand la réalité de la triangulation s'impose et que la dyade ne parvient pas à contenir cette perception traumatique. Ces situations doivent se reproduire plusieurs fois afin que s'ouvrent des voies vers le deuil des relations indifférenciées et que les chaînes de symbolisation se réparent. La mise en acte aiguë est utilisée lorsqu'il y a eu suffisamment de réparation pour que le trauma puisse être toléré et rêvé.

De façon plus large nous pouvons supposer que ces mises en acte chroniques gèlent les traumas inscrits dans l'inconscient non refoulé (Freud, 1923) ce qui touche aussi aux événements transgénérationnels. Les configurations archaïques dramatisées par les deux membres de la dyade prennent le contrôle du champ analytique, parfois à leur insu. La dramatisation peut s'exprimer de différentes façons, par le biais d'actions, de mimiques, d'émotions, de sons, d'odeurs, de constructions langagières, de tons, de timbres de voix. Elle peut prendre des formes idéopictographiques comme du mime théâtral ou du cinéma muet (Sapisochin, 2013). Cette expressivité peut être très subtile dans ses manifestations visibles et très puissantes dans son pouvoir de susciter des émotions intenses. Dans le travail sur la séparation des adolescents nous pouvons prendre comme modèles différentes scènes tirées des mythes de Narcisse et Œdipe par exemple.

Théories et conjectures : Œdipe et Katia

Cet article décrit les vicissitudes de l'adolescence et souligne les différents degrés d'oscillations entre les relations indifférenciées et triangulées en gardant la reviviscence des situations œdipiennes comme structure. Nous allons nous pencher sur la complexité de ces situations en comparant Œdipe et Katia. Cela implique des conjectures imaginaires (Bion, 1970), des rêves éveillés dans lesquels les vicissitudes des deux adolescents sont imaginées. Ces conjectures font référence à des réinterprétations d'aspects du mythe œdipien qui pourront servir de modèle pour des aspects techniques.

Œdipe entend des rumeurs (à l'intérieur et à l'extérieur de son psychisme) qui disent qu'il est un enfant illégitime. Traumatisé, il quitte Corinthe en quête de lui-même. Il ne sait pas consciemment ce qu'il est en train de faire mais il cherche à se différencier de ses parents adoptifs qui l'empêchent d'être en contact avec la réalité. Ils l'ont déçu ; ils ne lui ont même pas précisé qu'il avait été adopté et préparé, en tant que prince, à maintenir la symbiose de la Famille Royale. L'oracle de Delphes est sa première halte : il doit y passer la nuit à rêver. Le prêtre lui fera ses prédictions à partir du récit de ses rêves. Il passe une nuit épouvantable, hantée par des scènes terrifiantes qui se répètent. Il ne peut pas dire s'il s'agit de cauchemars ou de la réalité. Il essaie désespérément de les mettre en mots pour le prêtre : la terre tremblait, les montagnes s'effondraient, une femme séductrice pleurait ? Mais, étant un prince, il cherche, en parlant, à garder une façade d'indifférence arrogante. Après avoir entendu cela le prêtre l'accuse d'être un futur criminel qui tuera son père et épousera sa mère. Le prêtre appelle les gardes et Œdipe est chassé du temple. Il entend la fureur de la foule réclamant sa mort. Cela se passe-t-il à l'intérieur ou à l'extérieur de son psychisme ? Aux prises avec une angoisse d'anéantissement Œdipe, désespéré, fuit et erre sans but, comme un fou.

Adolescente, Katia quitte sa ville et se rend à H. Elle ne le sait pas mais elle cherche à échapper à la symbiose familiale, se mettant en danger pour se trouver. Elle cherche également à fuir la réalisation de la menace de mort de sa rivale œdipienne. À sa première étape, l'université, elle vit un terrible trauma. Elle est persécutée et droguée (par des camarades rivaux ou par une drogue déjà présente en elle ?). Elle se sent envahie par la confusion sous forme de désirs incontrôlables – de compétition, meurtriers, envieux, sexuels (résultat de sa drogue interne…). En réalité elle ne peut pas les nommer. De nombreux camarades et enseignants (pourrait-on penser à des parents et des frères et sœurs ?) veulent la séduire ou la tuer. Ou est-ce cela qu'elle-même désire ? Elle ne peut pas dire s'il s'agit d'événements réels, de cauchemars ou d'hallucinations. Peut-être est-ce tout cela à la fois. À d'autres moments elle se sent supérieure, directement en lien avec Dieu, elle est toute-puissante. Parfois elle pleure, pitoyable, elle regrette de ne plus être la petite princesse du Palais Royal où ses parents, le Roi et la Reine, s'occupaient d'elle ainsi qu'un bataillon de serviteurs qui anticipaient ses désirs avant qu'elle ne puisse les sentir elle-même. Qui sait, peut-être pourrait-elle retourner dans ce paradis si elle mourait (Cassorla, 1997 b, 2000).

Mais l'enfer revient, compulsivement. Et Katia fuit comme une folle dans les rues et sur l'autoroute de la vie.

Adolescents, Œdipe et Katia revivent des situations archaïques traumatiques. Dans le mythe, Œdipe est marqué par une terrible menace de mort. Il n'était pas désiré et, à la naissance, il n'a pas pu rencontrer quelqu'un qui aurait pu contenir ses angoisses d'anéantissement. Il est abandonné et livré à la mort sur le mont Cythère. Il revit ses terreurs dans le temple d'Apollon lorsqu'il est condamné et abandonné par le prêtre. Le prêtre se comporte comme un analyste stupide, contrôlé par des identifications projectives massives. Œdipe ne comprend pas que son destin est d'être parricide et incestueux. Ce n'est qu'après cette découverte qu'il comprend pourquoi ses parents voulaient le tuer bébé. Le parricide était en lui avant qu'il ne naisse (parallèlement aux désirs incestueux) et maintenant qu'il est assez fort pour tuer (et mature pour avoir des relations sexuelles) il se sent encore plus terrifié. Mais rien n'est clair pour lui.

Au travers de ses terreurs adolescentes Katia revit des traumas analogues à ceux de sa première séparation. Des traces traumatiques mortifères sont gravées en elle, parmi lesquelles on trouve des fusions symbiotiques transgénérationnelles à visée défensive. Katia échoue à s'en défaire et cherche désespérément à établir des liens symbiotiques avec ses amis et ses amoureux. S'ils ne s'attachent pas à elle et cherchent à être différents d'elle, Katia se sent anéantie. Elle fuit, paniquée, sans savoir où aller jusqu'à ce qu'elle trouve quelque chose ou quelqu'un avec qui elle essaie de se fondre. La maladie de sa mère contribue à cela. Quand Katia trouve l'oracle, son premier thérapeute, il la considère comme folle. Désespérée et terrifiée Katia devient encore plus folle.

Katia pense qu'elle peut échapper à la folie en fusionnant avec Dieu, avec ses amoureux, avec des drogues. Œdipe imagine qu'il peut échapper à la folie projetée sur lui en quittant Corinthe. Fuir le plus loin possible va sûrement l'empêcher de tuer son père et de commettre l'inceste, mais il ne peut fuir son propre psychisme. J'ai l'image d'Œdipe cheminant, en plein désespoir, détestant lui-même et le monde. Il pense qu'il serait préférable de mourir. À un carrefour un autre obstacle surgit : en face de lui se dresse un homme avec son char, armé et arrogant. Œdipe mort, tout eut été résolu. Provoquer sa propre mort eut été un « homicide commis par la victime » (Cassorla, 1997b, 2000). L'homme et l'adolescent se querellent à propos du passage, mais la haine d'Œdipe et son désir de vengeance sont plus forts que son désir de mourir. Œdipe tue l'homme. Cet homme était Laïus, son père, mais il ne le savait pas. Dans un premier temps Œdipe se sent mieux ; mais bientôt la culpabilité l'envahit. Cette fois-ci sa culpabilité est encore plus intense mais Œdipe ne comprend pas pourquoi.

Dans son psychisme Katia a tué sa mère rivale. Sa mère et le couple parental deviennent mortifères ; ainsi Katia est attaquée de l'intérieur. Coupable et détruite, elle n'a personne vers qui se tourner pour demander de l'aide. Elle retourne chez ses parents et s'enferme dans sa chambre, imaginant que dans cette façon de se cloîtrer elle peut se cacher de ses crimes. Comme Narcisse elle ne veut rien demander si ce n'est à son miroir et à Internet. Elle dort grâce à des narcotiques (dérivés de narcisse) qui provoquent des non-rêves cauchemardesques. Elle se mêle à des bavardages sur les réseaux sociaux où être remarquée par d'autres lui permet de se sentir exister (Levy, 2006). Elle se désespère. Elle cherche un nouvel oracle. Il se trouve que ce sera moi, son analyste. Elle me propose des énigmes puis me les cache. Elle souhaite et en même temps ne souhaite pas savoir qui elle est, qui elle a été et qui elle sera. J'investigue et lui propose de nouvelles énigmes. Elle fuit et s'accroche en même temps.

Œdipe rencontre la Sphinge, une sorte d'oracle qui tue les jeunes gens qui n'arrivent pas à résoudre ses énigmes. Son désir de mourir est à nouveau présent, encore plus fort. Sa curiosité morbide et sa stupidité arrogante lui rendent la Sphinge particulièrement séduisante. Œdipe n'a rien à perdre — la mort serait même bienvenue. Est-ce que sa mort pourrait le ramener à une symbiose avec la mère-Sphinge ? La Sphinge terrorise les autres parce qu'elle est terrorisée elle-même. En la regardant Œdipe peut percevoir cette terreur si semblable à la sienne. Il compatit et essaie de la comprendre tout en essayant de se comprendre. Il a déjà parcouru un long chemin et il a appris une ou deux choses. Il sait ce que c'est de marcher à quatre pattes sur un sol caillouteux ; il sait ce que cela a été de marcher sur ses deux pieds douloureux, devant utiliser un bâton. Le bâton devient sa troisième jambe qui sera remplacée, plus tard, par le soutien de sa fille Antigone. Il a besoin d'aide pour supporter son psychisme traumatisé. Œdipe peut rêver ses expériences émotionnelles et il résout l'Énigme. C'est à partir de ce moment-là qu'il vit dans la réalité de la triangulation et qu'il se trouve capable de penser et rêver. Quand Œdipe n'a plus besoin de cette mère-Sphinge prothétique, elle se donne la mort symboliquement comme un bon analyste. Katia cherche aussi dans la mort la paix qu'elle a perdue. Les drogues remplissent cette fonction. Katia est en quête d'une Sphinge-analyste qui peut l'aider à penser ses énigmes. Avec beaucoup d'aller et retour le processus se poursuit.

Œdipe épouse Jocaste, ils ont des enfants et son règne est heureux… jusqu'à ce que la peste s'installe. Cette peste interne est la reviviscence des mouvements incestueux et parricide qui surgissent lorsqu'Œdipe atteint l'âge qu'avait son père lorsqu'il fut tué. Son fils aîné se trouve avoir l'âge d'Œdipe lorsque celui-ci tua Laïus. Ces identifications sont activées comme des « réactions anniversaires » (Cassorla, 1986, 1991b, 2008b). Comme un adolescent pseudo-mature, Œdipe fait l'expérience d'une décompensation psychotique à l'âge adulte (Ungar, 2004). C'est à ce moment-là que Sophocle débute Œdipe-Roi et la tragédie de chacun de nous qui, à vrai dire, n'a véritablement pas de début. Il s'agit d'un éternel recommencement.

Conclusions

Travailler avec des adolescents exige de l'analyste qu'il reconnaisse les situations dans lesquelles il pourrait être attiré dans des défenses qui font partie du processus de séparation. Le risque d'anesthésie survient en général lorsque l'analyste n'arrive plus à distinguer les aspects des relations collusives et triangulaires qui coexistent ou oscillent de l'un à l'autre trop rapidement.

Ces menaces sont en général vite effacées grâce à la fonction analytique. Toutefois quand le jeune patient et sa famille ont organisé des conglomérats de défenses stables, l'analyste court le risque de se laisser embarquer si loin qu'il peut en devenir stupide. L'analyste doit se méfier de situations dans lesquelles le processus semble « très bien » se passer. Il arrive qu'il soit attiré dans une idéalisation collusive avec le jeune patient et sa famille. D'autre part l'analyste qui aurait des difficultés à percevoir sa propre peur ou sa propre colère pourrait, sans s'en rendre compte, être vulnérable au chantage et aux menaces émanant du patient et de sa famille. Ces situations surviennent quand les identifications projectives se mêlent aux conflits personnels de l'analyste.

Les entretiens avec les familles sont nécessaires au travail avec les adolescents aussi bien pour dénouer des fantasmes mutuels que pour comprendre ce qui se passe. Il peut ainsi être utile de recourir à d'autres analystes. Les familles symbiotiques peuvent rompre prématurément le traitement analytique de l'adolescent si les aspects symbiotiques ne sont pas travaillés. L'analyste, particulièrement l'analyste moins expérimenté, peut être subtilement sollicité à prendre le parti des parents et de la société contre l'adolescent. Le contraire peut aussi arriver : l'analyste s'identifie avec l'adolescent rebelle ou curieux qui peut se sentir la victime des adultes. Ces situations proviennent de conflits insuffisamment métabolisés durant l'adolescence de l'analyste. Ces conflits refont surface en raison des identifications projectives des adolescents, des parents et d'autres personnes de leur entourage.

J'espère que les modèles développés dans cet article pourront aider les analystes d'adolescents à identifier de tels signaux suffisamment tôt et à dénouer les situations pour lesquelles existe un risque d'implication pathologique avec des organisations défensives, tout en gardant à l'esprit l'environnement et la société dans lesquelles vit l'adolescent.

BIBLIOGRAPHIE

Aberastury A. (1980). *Adolescência*. Porto Alegre : Artes Médicas.

Baranger M., Baranger W., Mom J. (1996). Processus et non processus dans le travail analytique. *Rev. Franc. Psychan.*, 60/4 : 1233-1242.

Barros da Rocha E.M., da Rocha Barros E.L. (2011). Réflexions sur les implications cliniques du symbolisme. *L'Année Psychanal. Int.* 2012 : 43-70.

Bion W.R. (1958). L'arrogance, in *Réflexion faite*. Paris : PUF, 1983.

Bion W.R. (1961). *Recherches sur les petits groupes.* Paris : PUF, 1965.

Bion W.R. (1962). *Aux sources de l'expérience*. Paris : PUF, 1979.

Bion W.R. (1970). *L'attention et l'interprétation*. Paris : Payot, 1974.

Bleger J. (1967). *Symbiose et Ambiguïté*. Paris : PUF, 1981.

Blos P. (1962). *On adolescence : A psychoanalytic interpretation*. Glencoe, NY : Free Press.

Bolognini S. (2004). O bar no deserto. Simetria e assimetria no tratamento de adolescents difíceis. *Revista Brasileira de Psicanálise* 38 : 259-69.

Brown L.J. (2011). *Intersubjective processes and the unconscious : An integration of Freudian, Kleinian and Bionian perspectives*. New York : Routledge.

Cassorla R.M.S. (1985). Depression and suicide in adolescence. *In* Pan American Health Association (ed.). *The health of adolescents and youths in the Americas*, 156-69. Washington : PAHO.

Cassorla R.M.S. (1986). Reações de aniversário : aspectos clínicos e teóricos. *Jornal de Psicanálise (São Paulo)* 38 : 25-39.

Cassorla R.M.S. (1991a). Simbiose na adolescência : implicações clínicas. *In* Maakaroun M., Souza R.P., Cruz AR, editors. *Tratado de adolescência : um estudo multidisciplinar*, 514-23. Rio : Cultura Médica.

Cassorla R.M.S. (1991b). O tempo a morte e as reacões de aniversário. *In* Cassorla R.M.S., editor. *Do suicídio : estudos brasileiros*, 61-88. Campinas : Papirus.

Cassorla R.M.S. (1993). Complexo de Édipo, curiosidade, vista grossa e catástrofe psicológica. *Revista Brasileira de Psicanálise* 27 : 607-26.

Cassorla R.M.S. (1997a). No emaranhado de identificações projetivas cruzadas com adolescentes e seus pais. *Revista Brasileira de Psicanálise* 31 : 639-76.

Cassorla R.M.S. (1997b). Comportamento suicida na adolescência : aspectos psicossociais. *In* Levisky D.L., editor. *Adolescência e violência : consequências da realidade brasileira*, 81-98. Porto Alegre : Artes Médicas.

Cassorla R.M.S. (2000). Reflexões sobre teoria e técnica com pacientes potencialmente suicidas. *Alter — Jornal de Estudos Psicodinâmicos (Brasilia)* 19 : 169-86 (parte 1) ; 19 : 367-86 (parte 2).

Cassorla R.M.S. (2001). Acute enactment as resource in disclosing a collusion between the analytical dyad. *Int. J. Psychoanal.* 82 : 1155-70.

Cassorla R.M.S. (2004). In der Verwicklung von projectiven Kreuzidentifizierungen mit Adoleszenten und ihren Eltern. *Kinderanalyse* (Stuttgart) 3 (12) : 183-230.

Cassorla R.M.S. (2005). From bastion to enactment : The « non-dream » in the theatre of analysis. *Int. J. Psychoanal.* 86 : 699-719.

Cassorla R.M.S. (2008a). The analyst's implicit alpha-function, trauma and enactment in the analysis of borderline patients. *Int. J. Psychoanal.* 89 : 161-180.

Cassorla R.M.S. (2008b). Desvelando configurações emocionais da dupla analítica através de modelos inspirados no mito edípico. *Revista Brasileira de Psicoterapia* (Porto Alegre) 10 : 37-48.

Cassorla R.M.S. (2008c). O analista, seu paciente e a psicanálise contemporânea : considerações sobre indução mútua, enactment e não-sonho-a-dois. *Revista Latinoamericana de Psicoanálisis* 8 : 189-208.

Cassorla R.M.S. (2009). O analista, seu paciente adolescente e a psicanálise atual : sete reflexões. *Revista de Psicanálise (Porto Alegre)* 16 : 261-278.

Cassorla R.M.S. (2010a). A leste do Eden : loucura, feitiço e suicídio. *Revista Brasileira de Psicanálise* 44 : 147-157.

Cassorla R.M.S. (2010b). Édipo, Tirésias, o oráculo e a esfinge : do não-sonho às transformações em sonho. In : Rezze CJ, Marra ES, Petricciani M, editors. *Psicanálise : Bion. Teoria e Clínica*, 110-31. São Paulo : Vetor.

Cassorla R.M.S. (2012). What happens before and after acute enactment ? An exercise in clinical validation and broadening of hypothesis. *Int. J. Psychoanal.* 93 : 53-89.

Cassorla R.M.S. (2013a). Reflections on non-dreams-for-two, enactment and the analyst's implicit alpha-function. *In* Levine H.B., Brown L.J., editors. *Growth and turbulence in the container/contained : Bion's continuing legacy*, 151-76. New York : Routledge.

Cassorla R.M.S. (2013b). In search of symbolization : The analyst task of dreaming. *In* Levine H., Reed G., Scarfone D. (eds). *Unrepresented states and the construction of meaning. Clinical and theoretical contributions*, 202-19. London : Karnac.

Cassorla R.M.S. (2013c). When the analyst becomes stupid an attempt to understand enactment using Bion's theory of thinking. *Psychoanal. Q.* 82 : 323-60.

Cassorla R.M.S. (2014). The silent movie : discussion of the case Ellen. *Int. J. Psychoanal.* 95 : 93-102.

Faimberg H. (1996). Listening to listening. *Int. J. Psychoanal.* 77 : 667-77.

Freud S. (1895). Études sur l'hystérie, in *OCF-P, II*. Paris : PUF, 2009.

Freud S. (1905). Fragment d'une analyse d'hystérie, in *OCF-P, VI*. Paris : PUF, 2006.

Freud S. (1923). Le moi et le ça, in *OCF-P, XVI*. Paris : PUF, 1991.

Gabbard G.O. (2000). Disguise or consent : problems and recommendations concerning the publication and presentation of clinical material. *Int. J. Psychoanal.* 81 : 1071-86.

Grinberg L. (1976). *Teoria de la identificación*. Buenos Aires : Paid_os.

Joseph B. (1989). *Psychic equilibrium and psychic change : Selected papers of Betty Joseph*. Feldman M, Spillius EB, editors. London : Routledge.

Levy R. (1996). Refúgios narcisistas na adolescência : entre a busca de proteção e o risco de destruição-dilemas na contratransferência. *Revista Brasileira de Psicanálise* 30 : 223-40.

Levy R. (2006). Adolescência : o reordenamento simbólico, o olhar e o equilíbrio narcísico. *Revista de Psicanálise (Porto Alegre)* 13 : 233-45.

Mahler M. (1968). *On human symbiosis and the vicissitudes of individuation*. New York : International UP.

Meltzer D. (1966). The relation of anal masturbation to projective identification. *Int. J. Psychoanal.* 47 : 335-43.

Meltzer D. (1973). *Les structures sexuelles de la vie psychique*. Paris : Payot, 1977.

Meltzer D. (1992). *Le claustrum : Une exploration des phénomènes claustrophobiques*. Lamor-Plage : Hublot, 1999.

Paz L.R. (1980). Adolescência-crise de dessimbiotização. In Aberastury A, editor. *Adolescência*, 165-84. Porto Alegre : Artes Médicas.

Rosenfeld H. (1987). *Impasse and interpretation*. London : Tavistock.

Sapisochin S. (2013). Second thoughts on Agieren : Listening the enacted. *Int. J. Psychoanal.* 94 : 967-91.

Spillius E.B., O'Shaughnessy E. (ed.) (2012). *Projective identification : The fate of a concept*. New York : Routledge.

Steiner J. (1985). Turning a blind-eye : the cover up for Oedipus. *Int. Rev. Psychoanal.* 12 : 161-72.

Steiner J. (1993). *Retraits Psychiques : Organisations pathologiques chez les patients psychotiques, névrosés et borderline*. Paris : PUF, 1996.

Ungar V. (2004). O trabalho psicanalítico com adolescentes, hoje. Revista Brasileira de Psicanálise 38 : 735-49.

Ungar V. (2013). La fin de l'adolescence aujourd'hui. *Revue française de psychanalyse* 77 : 376-91.

Winnicott D. (1947). La haine dans le contretransfert, in *De la pédiatrie à la psychanalyse*. Paris : Payot, 1969.

APPLICATIONS CLINIQUES DE LA PENSÉE DE MATTE BLANCO[1]

Michel SANCHEZ-CARDENAS
29 bis rue de la Chézine. 44100. Nantes. France — drmsanchezcardenas@wanadoo.fr

Résumé : Ignacio Matte Blanco (1908-1995) a laissé très peu d'indications précises sur comment se traduisaient dans son style interprétatif ses notions théoriques. L'auteur montre comment il se sert de Matte Blanco pour formuler certaines de ses interprétations. Une première partie de l'article effectue un rappel des concepts matteblanquiens grâce à des vignettes cliniques. Leur vocabulaire théorique est de la sorte explicité. Ensuite deux séances issues de psychanalyses sont exposées plus longuement, ainsi qu'une séance de psychothérapie. On peut voir de la sorte concrètement comment se servir des notions apportées par Matte Blanco qui permettent de revisiter différents pans de la théorie analytique. Ceci concerne en particulier le rêve, une vue d'ensemble de la psychopathologie en fonction des proportions des fonctionnements asymétrique et symétrique dans la bi-logique du patient, la multidimensionnalité de l'inconscient symétrique, l'inconscient structurel, la relation émotion-pensée, l'identification projective, la résistance, la réaction thérapeutique négative. Les conséquences pratiques que cela implique sont développées. Il s'en dégage en particulier la possibilité d'un « penser avec le patient » en séance, qui vise à lui permettre d'introjecter un fonctionnement mental où le mode symétrique n'envahit pas le mode asymétrique (ce qui peut être rapproché du dialogue entre parties psychotique et non psychotique du psychisme, pour reprendre le vocabulaire de Bion).

Mots clés : Matte Blanco, interprétation, clinique, Bi-logique, identification projective, rêve, résistance, réaction thérapeutique négative, inconscient multidimensionnel, inconscient non refoulé.

Ignacio Matte Blanco (1908-1995) a laissé très peu de notations sur comment, *verbatim*, il faisait passer sa théorie dans les séances d'analyse et surtout sur quel type d'interprétations il donnait à ses patients. Ceci même dans ses deux ouvrages principaux *The Unconscious as Infinite Sets* (1975) et

1. Article paru sous le titre de : Clinical applications of Matte Blanco's thinking. *Int J Psychoanal* (2016) 97 : 1547-1573.

Thinking, Feeling and Being (1988). Ses successeurs, eux, ont eu à cœur de le faire (voir, entre autres, Rayner (1995, p. 118-136) ; Ginzburg et Lombardi (in Carvalho *et al.* (2009), p. 77-112) ; la deuxième partie de l'Inconscio *antinomico* (Oneroso, 1999, p. 199-286) ; *L'emozione come esperienza infinita* (Ginzburg et Lombardi, 2007)). À mon tour, je vais essayer de montrer comment je me sers de cet auteur. Comme lui-même n'a donc pas laissé, explicitement ou implicitement, des « guidelines », certaines des notations qui vont suivre ne peuvent prétendre à proprement parler – c'est inévitable – à une « fidélité totale » à Matte Blanco, même si j'essaie de suivre au plus près sa pensée. Et une remarque importante doit être faite dès ici : ne faisons pas dire à Matte Blanco ce qu'il n'a jamais dit : en particulier il n'a jamais prétendu que son approche doive effacer les voies plus classiques de l'analyse. Elle leur apporte simplement un point de vue complémentaire. C'est ce dernier que je vais tenter de développer.

Matte Blanco : une introduction clinique

Matte Blanco met en relief certains points et cela va créer une écoute analytique particulière. Je vais passer de notion en notion comme on le fait sur des pas japonais. Selon Matte Blanco, dans l'inconscient, règnent deux principes majeurs : le Principe de Généralisation et le Principe de Symétrie.

Le *Principe de Généralisation* fait que sont englobés dans des ensembles de plus en plus vastes des éléments présentant des analogies entre eux.

> Un rêve met en scène un professeur et son élève. Dans le transfert, on comprendra qu'il s'agit du patient et de son analyste. Professeur et analyste font partie de la classe des « aînés qui montrent le chemin », classe qui pourrait être agrandie à l'infini et inclure les chefs, les pères, les moniteurs, etc.

Le *Principe de Symétrie* fait qu'au sein des ensembles ainsi définis, les éléments ou les individus présentant une analogie deviennent équivalents entre eux.

> Le professeur et l'analyste sont inconsciemment vécus comme équivalents et non pas simplement comparables.

Ce principe de symétrie est ainsi nommé car il fait que les relations qui, pour la conscience sont asymétriques, deviennent symétriques pour l'inconscient. Exemple : si A est le père de B, pour la conscience B ne peut pas y être le père de A. Pourtant dans l'inconscient B peut l'être et ceci se révèle dans la psychopathologie :

> Les *enfants* maltraités deviennent ainsi souvent des *parents* maltraitants. *Le sujet et l'objet (le parent et son enfant) se confondent* donc de ce point de vue.

De même *si la partie appartient au tout,* l'inverse est vrai et *le tout appartient à la partie* :

> C'est là la base même de la confusion entre l'objet partiel et l'objet total. « Le sein », auquel les analystes font si volontiers référence depuis Mélanie Klein, est en même temps une partie anatomique et il représente aussi l'ensemble des fonctions maternantes. Le sein partie du corps, fait partie de l'ensemble du corps de la mère et de ses soins, mais cette partie sert à désigner la mère et la maternance dans son ensemble. Autrement dit, si le sein fait partie de la mère, la mère fait partie du sein.
>
> (Matte Blanco, 1975, p. 143)

On retrouve ainsi ce qu'avait écrit Freud (1938, p. 32) (dans les traces duquel Matte Blanco a d'ailleurs très explicitement souhaité placer ses travaux) :

> … l'existence des plus insignifiants points communs entre deux éléments permet au travail du rêve de remplacer l'un par l'autre dans toute la suite des opérations.

Matte Blanco a donc forgé ce terme de « Principe de Symétrie » pour répondre de ce qu'implique le fonctionnement de l'inconscient tel que Freud l'avait défini en 1915, dans son article « L'inconscient » :

> Les «… absence de contradiction, processus primaire (mobilité des investissements), intemporalité et substitution à la réalité extérieure de la réalité psychique ».
>
> (p. 97)

Matte Blanco (1975, p. 38) explique ainsi que lorsque le principe de symétrie s'applique, il ne peut plus y avoir de succession (puisque si x est après y, ceci est équivalent à ce que y soit après x). Et si une partie équivaut au tout, un professeur et un analyste sont des parties équivalentes à la classe à laquelle ils appartiennent tous deux et, de ce fait, ils sont équivalents entre eux. Une proposition et son contraire peuvent aussi être présentes (ce qui est différent et ce qui n'est pas différent devient la même chose : non contradiction). Ainsi par exemple, asymétriquement, on ne peut être mort et vivant à la fois, mais, symétriquement, oui, il existe une classe de ceux qui sont morts et vivants en même temps (ce qui apparaît aussi bien dans les deuils non faits que dans le mythe des vampires). Le temps et l'espace, enfin, s'abolissent. Si le tout et la partie sont équivalents, alors : un point situé sur une ligne = toute cette ligne = tout autre point de la ligne. Ainsi, tout moment ou tout point deviennent équivalents à tout autre moment ou point, ceci en dehors de tout ordonnancement spatial ou temporel. Tout ordre disparaît. Cette « logique » symétrique débouche donc sur les règles mêmes de l'inconscient telles que Freud les a décrites. L'*intemporalité* est la confusion des moments x et y dont on ne sait plus s'ils sont l'un avant l'autre. L'*aspatialité*[2], terme forgé par Matte Blanco, rend compte de la *condensation* et du *déplacement* (un même item peut être en différents endroits). Et, au total, toute notion d'ordre disparaît. Enfin, la symétrie fait qu'une chose peut être équivalente à son inverse car il y a *absence de contradiction* (par exemple il n'y a plus de contradiction entre la différence entre deux choses opposées et leur similitude). Tout ceci converge en une tendance à *l'unification*[3]. Si dans la conscience des éléments sont distincts, en effet, dans l'inconscient, ils vont tendre, comme nous l'avons vu, à se confondre pour peu qu'ils présentent une analogie. De proche en proche on en arrive ainsi à définir deux modalités au fonctionnement mental : *le mode asymétrique et le mode symétrique.*

Au sein du mode asymétrique, il existe donc des éléments séparés et distincts, reliés par des relations unidirectionnelles :

> Un père est un père et un fils est un fils. La relation de paternité est unidirectionnelle.
>
> Un attaquant n'est pas un attaqué : il subit l'assaut du premier.

Mais, dans le mode symétrique, opposés et contradictoires s'unissent dans des relations équivalentes du point de vue de leur direction :

> Un père et un fils prennent des rôles équivalents (cf. supra, maltraitance sur plusieurs générations).
>
> Pour un paranoïaque, être attaqué va de pair avec être attaquant. La relation d'attaque va dans les deux sens (sujet et objet y occupent un poste équivalent).

De la sorte, le mode symétrique ne reconnaît pas les éléments individués mais il fonctionne par *classes* (ou *ensembles*). Ces ensembles ne sont pas définis par une relation directionnelle mais par une *Fonction Propositionnelle* qui peut aller dans différentes directions.

> Pour le paranoïaque, toute personne est donc susceptible de devenir un attaquant, qu'il attaquera en même temps. Il ne perçoit pas la réalité de chaque individu (qui fait que l'on croise dans le monde relationnel des personnes de tout type, des plus hostiles au plus pacifiques, chacune ayant sa spécificité) mais seulement un groupe (toute personne y est équivalente à ses yeux à toute personne : elles font toutes partie du groupe des attaquants).

Mode symétrique et asymétrique sont toujours présents dans le psychisme, quoiqu'en proportions variables. C'est là le fonctionnement *bi-logique*.

---

2. Nda : *Spacelessness*
3. Matte Blanco (1988, p 12) rappelle les mots-mêmes de Freud (1900, p 276) : « la ressemblance, l'accord, la communauté sont habituellement représentés dans le rêve par le rapprochement, la fusion en une unité… »

Mais leurs proportions varient. On peut ainsi décrire plusieurs conjonctions bi-logiques :

Dans la normalité

Des récits logiquement enchaînés (asymétriques) peuvent mettre en cause aussi des dimensions symétriques. On le voit en particulier dans des récits ou des rêves.

Récit publicitaire : les chaussures Tod's se sont dites avoir été celles de Steeve McQueen. Ainsi, si j'achète des Tod's, asymétriquement, je suis *comme* Steve McQueen et, en même temps, si la partie équivaut au tout, partageant mes chaussures avec lui, symétriquement, je deviens, je *suis* Steve McQueen. Tout comme, d'ailleurs, les Tod's deviennent moi et deviennent Steeve McQueen et comme je deviens l'équivalent de toute personne portant ces chaussures. Les « tribus » qui se regroupent autour de tel ou tel article de mode ne fonctionnent pas autrement.

Un patient rêve que, sur son incitation, sa femme a une relation sexuelle avec un de ses amis, à lui, qui a un gros pénis (Matte Blanco, 1975, p. 208). L'analyse du rêve montre qu'il désirerait alors être sa femme (confusion des personnes, de lui, sujet, et d'elle, objet) et des sexes (il reçoit le pénis comme une femme ; sous couvert que ce soit sa femme qui reçoive en elle son ami, c'est son désir à lui d'être pénétré qui apparaît). De la sorte il acquiert le pénis de l'ami (à nouveau confusion sujet, lui, et objet, l'ami), que sa femme pourra lui transmettre du fait qu'elle l'a pris en elle (confusion : comme elle a pris le pénis en elle, elle le possède, et pourra le transmettre à son mari, qui désire augmenter sa puissance en acquérant celle d'hommes virils).

Dans la névrose

Pour le Petit Hans de Freud, chevaux mordeurs et pères sont pris dans une classe générale (Matte Blanco, 1975, p. 319), celle de « ceux qui ont un grand fait-pipi ». Et si les chevaux n'étaient que des chevaux (asymétrie), il n'y aurait pas de possibilité de phobie des chevaux. Ladite phobie met en effet en évidence une irruption de la symétrie dans la conscience. Le père de Hans et les chevaux sont en effet devenus équivalents pour Hans quant à leur dangerosité.

Dans les états limites

Anita a eu un long passé d'anorexique. Adulte, elle est prise de compulsions qui visent à maîtriser ses affects. Elle doit ainsi nettoyer sa salle de bains avec la plus grande attention. Une élaboration permet de voir que sous le masque asymétrique (de l'hygiène nécessaire et raisonnée) se cache un risque d'envahissement par un monde pulsionnel et corporel qui l'assiège.

Les liquides extérieurs au corps (la salle de bains) et intérieurs (ses sécrétions diverses) se confondent, symétriquement, à ses yeux.

Dans la psychose

Matte Blanco (1988, p. 106-118) revisite longuement le cas de Schreber. Il rappelle avec Freud (1911) que Schreber ne projette pas sur Dieu ou sur Flechsig ses tourments nés de sa relation avec son père mais que lui-même, Dieu, Flechsig et son père ne font qu'un. *De même les célèbres inversions qui traduisent selon Freud le mouvement homosexuel paranoïaque peuvent-elles désormais être lues à la lumière de la symétrie* comme traduisant l'équivalence sujet-objet, l'équivalence haine-amour, l'équivalence d'un mouvement du sujet vers l'objet et celui de l'objet vers le sujet. Rappelons-les : dans sa description de Schreber, Freud met en évidence une série d'inversions : L'homme aimé homosexuellement (Je l'aime, lui, l'homme) devient pour la conscience son contraire : « Je ne l'aime pas, je le hais. » Ce qui devient, projeté sur l'extérieur : « Il me hait, ce qui justifie la haine que je lui porte. » On voit donc à l'œuvre des inversions au niveau des strates asymétriques où sujet et objet sont différenciés et où un mouvement peut donc se faire de l'un vers l'autre, celui de la projection en particulier. Ceci tandis qu'analysés en termes plus symétriques, on comprend qu'en profondeur, ces affects (amour-haine) sont indifférenciés, de même que le sujet et l'objet.

Par delà les classifications nosographiques

On peut, en définitive, en arriver, dans une perspective matteblanquienne, à se soucier avant tout de la proportion de symétrie et d'asymétrie qui apparaît dans telle ou telle formation mentale, ce qui en renouvelle l'approche :

> Le *syndrome de Münchausen by proxy* ne peut être compris par les pédiatres que s'ils se sont aguerris à sa clinique. Sinon, il leur est inconcevable de pouvoir penser qu'une mère, souvent issue d'une profession soignante, soit à la fois celle qui veut créer la maladie chez son enfant et prétendre vouloir la faire soigner. De fait, c'est là une situation incompréhensible pour la conscience. Celle qui aime-sauve est-elle en même temps celle qui hait-détruit ?! Comment un homme de science, un médecin, pourrait-il imaginer une telle confusion ?! C'est pourquoi il faut souvent beaucoup de temps avant que ce diagnostic ne soit évoqué par les pédiatres. Matte Blanco nous aide mieux que tout autre à en comprendre la dynamique symétrisée (guérir = rendre malade).
>
> « L'homme aux rats » (Freud, 1909, p. 65) est convaincu que l'on frappe à sa porte, que c'est là son père qui arrive bien que, pourtant, il sache parfaitement en même temps que ce dernier est mort. Ainsi, le discours, normal en apparence, de ce patient charrie-t-il en fait une contradiction insoluble (non-contradiction des opposés du mode symétrique).

Dès lors, plusieurs questions se posent : *Matte Blanco décrit-il une clinique avant tout cognitive ? Qu'en est-il de la multidimensionnalité de l'inconscient ? D'une révision possible de la théorie du rêve ? De celle de la projection et de l'identification projective ? De la relation entre théorie matteblanquienne et théorie freudienne ?*

Matte Blanco : une approche cognitive ?

Au premier abord Matte Blanco peut donner l'impression d'avoir apporté une façon de comprendre avant tout les *mécanismes* de la pensée d'une façon éloignée de l'affect. C'est pourtant tout le contraire qu'il faut retenir. Matte Blanco décrit en effet, certes, la pensée mais *la pensée en relation avec l'affect en présence*. Il écrit (1975, introduction p. xviii) :

> C'est le propos même de la bi-logique : elle se demande quelle est la logique présente *dans les émotions* et quelle place *l'émotion* tient dans la pensée logique[4] ?

Ceci rompt avec la dichotomie affect-pensée. De fait, Matte Blanco montre que le monde de l'émotion correspond tout particulièrement à celui de la symétrie, ceci au point où les deux domaines ne font qu'un. Il développe ainsi le concept du *Penser émotionnel* (1975, p. 245), pour lequel un affect et une idée ne sont que les deux facettes d'un même mouvement psychique en réalité insécable. L'affect n'est pas comme un manteau que l'on jette sur une idée et qui lui donne sa teinte émotionnelle : ils sont inséparables.

> Par exemple, lorsqu'un *affect* paranoïde se développe, les *idées* présentes sont celles de la persécution : ces idées et cet affect ne sont pas séparables.

Et lorsqu'émotion il y a, les éléments que celle-ci concerne deviennent équivalents entre eux.

> Pour la « pensée-affect paranoïde » toutes les personnes rencontrées deviennent des persécuteurs et toutes se valent de ce point de vue.

Les classes qui sont concernées par le mode symétrique et le penser émotionnel sont réunies par une Fonction Propositionnelle qui est souvent celle de l'émotion concernée (ex. : peur d'être attaqué). Et ces éléments tendent alors à aller vers une double *infinitisation* : infinitisation en *nombre* (toutes les personnes peuvent entrer dans le groupe de persécuteurs, aussi bien réelles que potentielles), infinitisation en *intensité* (la persécution, laissée à sa logique, peut aller à l'extrême). Cette infinitisation est d'ailleurs très fréquemment

4. Nda : traduction et italiques de Michel Sanchez-Cardenas (MSC).

rencontrée dans la clinique quotidienne : mégalomanie, omnipotence, sentiment d'impuissance totale, d'omniscience, de nullité, idéalisation, etc. sont des exemples banals de pensers émotionnels en voie d'infinitisation (Rayner, 1981, p. 409). Grotstein (2007, p. 66) a d'ailleurs insisté sur le fait que les borderline et les psychotiques n'ont pas de système de modulation ou de contenance qui réduise l'intensité de leurs vécus. Il cite un de ses patients (2007, p. 68) qui s'exprime ainsi : « Mes angoisses sont plus grandes que moi ! ». Là où la définition délimitée des affects par la pensée peut se faire lorsque l'asymétrisation opère, ces patients graves sont, eux, confrontés à ce que Bion[5] avait montré être la dimension infinie des phénomènes inconscients. En fait, pensée et affect se répartissent en *strates*. Dans la plus superficielle, purement asymétrique, les éléments abordés par la pensée (*Thinking*) sont distincts et l'émotion n'entrave pas leur différenciation. Puis, plus on va en profondeur et plus ces mêmes éléments sont confondus entre eux sous le coup de l'affect (*Feeling*). En définitive ils finissent par fusionner tellement que toute distinction en devient impossible et il y a simplement de l'Être (*Being*) (d'où le nom du livre de 1988 de Matte Blanco : *Thinking, Feeling and Being*). Ces strates ont un fonctionnement *simultané* dans le psychisme mais il peut se produire que le fonctionnement d'une strate prédomine.

> Un exemple clinique nous en est fourni par le fétiche. Sa *compréhension* intellectuelle et logique, qui souvent n'échappe pas au fétichiste lui-même, met en évidence une incompatibilité : la femme *n'est pas* l'homme et le fétiche est un *substitut* de pénis qui présente seulement une analogie avec ce dernier. Plus en profondeur, le fétiche est cependant simultanément *vécu* comme une annulation de la castration de la femme : la femme au fétiche *devient* ainsi une femme qui a un pénis. Encore plus en profondeur, homme et femme sont totalement confondus et ne *sont* qu'un (par exemple dans certains cas de transvestisme ou de transexualisme plus ou moins psychotiques).

La dynamique fétichique est l'illustration même de la bi-logique et des proportions variables de symétrie-asymétrie qui peuvent y être présentes :

> De façon « normale », elle correspond à l'érotisme commun. Transparences et « accessoires » constituent la base du jeu avec la nudité de la femme ; jusqu'au dernier moment de sa dénudation, il ne sera pas dit qu'elle est châtrée (Freud, 1927, p. 136). Symétrie et asymétrie co-existent alors « en bonne harmonie » et chaque strate est présente en même temps que les autres. Puis viennent les contraintes plus fortes des fétichistes : sans déni de la castration, pas d'érotisme possible pour eux ; il faut que la symétrie, l'unification qui rend les contraires

5. Bion (1970, p 41) : « L'espace mental est si vaste comparé à n'importe quelle réalisation de l'espace à trois dimensions que la capacité d'émotion du patient est ressentie comme perdue parce que l'on sent l'émotion elle-même s'écouler et se perdre dans l'immensité. »

équivalents, soit plus présente (la femme au fétiche n'est pas un homme mais elle doit l'être tout de même ; par exemple un homme fétichiste ne pourra jouir que s'il a revêtu des sous-vêtements féminins). Aux degrés plus profonds encore apparaissent les phénomènes déjà signalés et plus proches de la psychose où les opposés sont totalement confondus. Ce qui était complexe de castration en surface (qui traitait de sexes différenciés) est devenu confusion des sexes en profondeur (ex. : un homme candidat à une transformation en femme se ressent au plus profond de son être *être* une femme).

Multidimensionnalité de l'inconscient symétrique

La condensation permet d'introduire cette notion (que je résume ici de façon simplifiée). Partons de Freud (1900, p 136-140) qui décrit le rêve de « l'oncle à la barbe jaune » qui réunit deux barbus à « tête faible », l'oncle et l'ami R. Deux corps (à trois dimensions chacun) sont ici réunis dans une figuration onirique qui a trois dimensions (l'oncle à la barbe jaune) mais qui en fait en traduit six (les deux corps superposés). La conscience (celle qui exprime le souvenir du rêve) ne dispose pas de plus trois dimensions pour penser (plus celle du temps) et elle ne peut pas plus se représenter une figure à six dimensions que, par exemple, Jekyll et Hyde confondus (on voit dans ce célèbre roman l'un, puis l'autre de ces deux personnages, ils sont séparés pour être pensés distinctement[6]). Alors, comment une formation consciente-asymétrique peut-elle nous laisser deviner qu'elle figure la poussée d'un inconscient qui fusionne ses contenus ? Réponse : par la multiplication des volumes figurés ou bien par la multiplication des volumes implicites réunis dans un seul volume. La multiplication des volumes figurés est la projection d'une Fonction Propositionnelle relevant du penser émotionnel. Exemple : pour notre paranoïaque, c'est une armée potentiellement infinie de persécuteurs qui se lève. Par la multiplication des volumes implicites réunis : c'est l'exemple de l'oncle à la barbe jaune (la Fonction Propositionnelle étant ici : « avoir une tête faible »). Tout ceci dépasse d'ailleurs la géométrie (volumes corporels par exemple) et la condensation peut réunir entre elles les qualités les plus diverses : la faiblesse mentale, par exemple, n'est pas spatiale[7], mais elle peut réunir un ami, R., et un oncle. Cette multidimensionnalité des formations symétriques-inconscientes condensées est projetée sur des formations différenciées au niveau conscient-symétrique. Cela peut concerner des affects :

6. À ce sujet, voir Ginzburg (2004).
7. En fait, il n'existe peut-être pas de pensée qui ne tire son origine d'une perception de la spatialité géométrique du corps mais nous n'avons pas ici l'espace suffisant pour développer cette notion. À son propos, voir en particulier Lakoff et Johnson (1980) et Wachtel (2003).

Une analysante exprime son attachement à son analyste puis, lors d'une séance suivante, elle lui dit qu'elle ressent un rejet raciste à son égard (il n'est pas du même pays qu'elle). On peut interpréter ceci de plusieurs façons :
– d'un point de vue *asymétrique*, dans les strates les plus superficielles, amour et haine sont différenciés et l'analysante exprime son *ambivalence*, voire le nécessaire recours qu'elle a au rejet pour prendre de la distance vis-à-vis d'un objet aimé dont elle redoute le rapprochement;
– d'un point de vue *symétrique*, haine et amour peuvent être considérés comme *indifférenciés* dans un espace symétrique multidimensionnel et constituer la nature du lien indifférencié de cette patiente à son analyste. Mais, comme le psychisme ne peut porter à la conscience des contenus indifférenciés, il les transforme en entités distinctes haine-amour, sentiments énoncés ici l'un après l'autre.

Réviser la théorie du rêve

Si, *grosso modo*, pour Freud le rêve est tentative de satisfaction de désir sous un jour masqué, ou répétition traumatique, si pour Bion il a pour fonction, non pas de refouler des contenus psychiques mais plutôt de pouvoir en créer, Matte Blanco, lui, permet d'ajouter une vue supplémentaire encore. En effet, si l'on considère, notamment avec Ginzburg (2007, 2010, 2012), qui a beaucoup approfondi cette question du rêve sous un jour matteblanquien, que ce dernier est la mise en forme en termes tridimensionnels de phénomènes affectifs qui comportent plus de dimensions que trois, on peut comprendre qu'il indique les points affectifs « chauds » du patient (ceux qui relèvent d'un penser émotionnel pluridimensionnel en voie d'infinitisation devant un certain affect).

Une patiente (Ginzburg, 2007, p. 57) rêve d'une route de montagne où sont en grand nombre des 4 x 4, des bûcherons et des chasseurs qui font une battue au sanglier, ceci à la Kalachnikov. Une psychologue surgit d'une auto, véritable prototype d'arrogance. On peut ainsi comprendre que la psychologue (l'analyste dans le transfert, qui rappelle ainsi les parents de la patiente) est à la fois différenciée mais aussi qu'elle représente le prototype de personnages multipliés et figurant une menace intense. Au travers des nombreux véhicules et des acteurs de la battue, on voit leur infinitisation en cours, de même que pour le danger encouru. Mais si, en mode symétrique, sujet et objet sont confondus, alors, on peut aussi bien comprendre que les bêtes chassées sont les propres émotions de la patiente, dont la tonalité crée le contenu du rêve, ceci hors considérations transférentielles.

Autrement dit, sous l'effet d'une poussée émotionnelle (qui peut être spécifiée par la Fonction Propositionnelle : « arrogance menaçante »), se crée un rêve dont la traduction en trois dimensions (+ temps) a l'allure d'une scène construite (la battue, avec ses personnages) mais dont les caractéristiques (infinitisation en intensité et en nombre de la scène, de ses personnages et de sa composante affective) montre en fait qu'elle se déroule dans le mode symétrique-émotionnel, ce dernier menaçant d'envahir tout le champ mental. Et l'angle d'approche de tels rêves va donc consister à pouvoir confronter le patient à ses propres émotions. L'interprétation qui en résulte est donc différente d'une interprétation transférentielle ou de celle d'un conflit interne.

Révision de la projection et de l'identification projective

Un des apports majeurs de Matte Blanco est d'avoir révisé la notion de projection et d'identification projective. Le premier terme est plus freudien et le second plus kleinien[8]. Mais, dans un cas comme dans l'autre, ils supposent la « migration » d'un contenu mental dans un autre espace (ex. : c'est l'autre qui est coupable, ou c'est l'autre qui ressentira ma douleur). Or que se passe-t-il si l'on prend en compte le mode symétrique ? Ceci : l'objet et le sujet y sont confondus. Comment dès lors pourrait-il y avoir un *mouvement* entre deux éléments *puisqu'ils ne font qu'un* ? Matte Blanco consacre une partie très importante de ses travaux à discuter ces notions (par ex. : 1988, p. 118-228) et il montre que, dans les strates profondes du psychisme, saturées de symétrie, *on ne peut plus parler de projection à proprement parler mais de fusion* : sujet et objet sont confondus, de même qu'intérieur et extérieur, ou objet partiel et objet total. Nous avons déjà abordé ce sujet à propos du président Schreber et de la conception freudienne de l'homosexualité. Ces notions nous amèneraient donc à considérer que, vu sous l'angle des strates profondes symétrisantes du psychisme, ce n'est pas de mouvements projectifs qu'il s'agit, mais d'une identification primaire sujet-objet. *Le concept kleinien d'identification projective est donc intrinsèquement bi-logique* : asymétrique si on le considère en surface, il relève de la symétrie en profondeur (Matte Blanco, 1988, p. 146).

Relation entre théorie matteblanquienne et théorie freudienne

Ginzburg (*in* Carvalho *et al.*, 2009 p. 77) rappelle qu'utiliser la théorie de Matte Blanco ce n'est pas contester le reste de la théorie analytique mais disposer d'un nouvel outil pour comprendre des expériences dont la seule logique classique ne rend pas aussi bien compte. Ainsi Matte Blanco se situe-t-il à la fois dans les traces de Freud et s'en décentre-t-il. Il ne manque pas d'établir

8. Matte Blanco assista d'ailleurs dans les années 1930 aux séminaires de Mélanie Klein à Londres, il en fut profondément impressionné et il effectua sa deuxième psychanalyse auprès de Walter Schmideberg, le gendre de Mélanie Klein.

qu'il n'aurait pu développer son œuvre sans le préalable freudien mais, en même temps (1975, p. 69), il trouve que la psychanalyse s'est décentrée d'elle-même à ne considérer l'inconscient que comme une partie cachée du psychisme qui serait gouvernée par les mêmes lois logiques que celles de la conscience. Ces lois (cf. « L'inconscient », Freud), on l'a vu, sont différentes. Le mode symétrique n'est pas qu'inconscient : il a sa logique propre. Ceci implique que, si pour Matte Blanco, l'inconscient (en fait le mode symétrique, faudrait-il dire) est inconscient, ce n'est certainement pas qu'à cause des conflits qui l'habitent et qu'il faut masquer mais aussi du fait de sa structure multidimensionnelle. Par exemple la conscience ne peut mettre en forme un « oncle à la barbe jaune » qu'en trois dimensions alors qu'en fait il en a six. La conscience n'a pas les outils pour voir les dimensions du mode symétrique :

> Le rêveur (et l'inconscient) se comportent comme un géomètre qui manie un nombre de variables supérieur à trois et qui est forcé d'utiliser dans sa représentation un espace de dimensions qui ne soit pas plus grand que trois
>
> (Matte Blanco, 1975, p. 423[9]).

Au total, Matte Blanco introduit ainsi la notion d'« inconscient structurel », ou « inconscient non refoulé » (Matte Blanco, 1975, p. 70). « L'inconscient refoulé » est en effet un inconscient qui traite déjà de contenus asymétrisés (ex. : considérer qu'un désir s'oppose au surmoi implique de reconnaître un désir assez défini et un impératif surmoïque assez clairement définissable). Or dans l'inconscient-symétrie les contours de toute entité s'estompent et de telles entités n'existent plus[10]. La prise en considération de cet « inconscient non refoulé » influencera d'ailleurs de façon notable les compréhensions des buts que l'on peut donner à l'analyse, des types d'interprétations que l'on peut proposer aux patients, de la Réaction Thérapeutique Négative et de la Résistance. En effet, à propos de cette dernière, alors que le patient oppose une résistance à la levée des refoulements (ou des dénis, des forclusions, des dissociations, etc.), lorsque l'analyste peut l'aider à penser à la fois en mode symétrique et asymétrique certains contenus psychiques à trop forte composante

9. Nda : traduction de MSC.

10. Il convient de rappeler ici un passage de « Le Moi et le Ça » (Freud, 1923 ; p. 228) : « Mais les conséquences pour notre conception de l'inconscient sont encore plus importantes. La perspective dynamique nous avait apporté la première correction, le point de vue structural nous apporte la seconde. Nous sommes amenés à reconnaître que l'*Ics* ne coïncide pas avec le refoulé ; il reste exact que tout refoulé est *ics*, mais tout *Ics* n'est pas pour autant refoulé. Une partie du moi également, et Dieu sait quelle importante partie du moi, peut être *ics*, est certainement *ics*. Et cet *Ics* du moi n'est pas latent au sens du *Pcs*, sans quoi il ne saurait être activé sans devenir *cs* et on ne saurait rencontrer d'aussi grandes difficultés pour le rendre conscient. *Nous trouvant devant la nécessité de poser l'existence d'un troisième inconscient, un* Ics *non refoulé, nous devons admettre que le caractère d'être inconscient perd pour nous de son importance.* » (Mes italiques)

symétrique, le patient est souvent enthousiaste pour continuer cette exploration soulageante et qui lui offre de nouveaux horizons (Matte Blanco, 1975, p. 114). La question n'est plus en effet ici celle d'une résistance transférentielle mais celle du potentiel envahissement du psychisme par un mode symétrique omniprésent (nous y reviendrons plus bas : voir le cas de Rachel).

Relation entre pensée matteblanquienne et bionienne

Matte Blanco (1909-1995) et Bion (1897-1979) ont développé chacun leur œuvre en parallèle et, même s'ils se « ... connaissaient et se respectaient l'un l'autre »[11] (Rayner, 1995, p. 6), ils ont laissé à leurs héritiers le soin de rapprocher leurs travaux. Sans pouvoir reprendre de façon exhaustive les parallèles que l'on peut faire entre eux, on rappellera tout d'abord ici avec Sprinz Mondrzak (2004) qu'ils ont tous deux mis l'accent sur les processus de pensée, conçus non pas comme purs phénomènes cognitifs mais comme issus du matériau même de l'affect, de l'émotion. Ceci a plusieurs conséquences sur les conceptions de l'appareil psychique et sur les interventions durant les cures :

– Matte Blanco et Bion partent des aspects informes et infinis du psychisme inconscient (cf. la note de Bion déjà mentionnée [Bion, 1970, p. 41]) : « L'espace mental est si vaste comparé à n'importe quelle réalisation de l'espace à trois dimensions », etc.). Un infini, donc, dans lequel Bion met l'accent sur le proto-émotionnel et le sensoriel et où Matte Blanco insiste plus sur l'aspect indivis et symétrique.

– Cet informe et cet infini sont sources de terreur, non pas en eux-mêmes mais lorsqu'ils ne sont pas conjugués avec un mouvement d'alphabétisation et de mise en narration (Bion, Ferro) ou, pour le dire en termes matteblanquiens, d'asymétrisation. Il faut un équilibre entre partie psychotique et partie non psychotique de la personnalité, ou entre mode symétrique et asymétrique. Lombardi (2009) a consacré un texte au titre explicite à développer ces fonctionnements où la pensée discriminante (alphabétisée/asymétrisée) ne peut assez se développer : « Symmetric Frenzy and catastrophic change : a consideration of primitive mental states in the wake of Bion and Matte Blanco[12]. » Il écrit (p. 1) :

> Pour Bion, les liens psychiques sont récupérés à partir de l'informe obscurité de l'inconscient... Pour Matte Blanco l'indivisibilité est l'abysse dans lequel

11. Rayner (1995, p. 149, trad. MSC), qui a été un compagnon de route de Matte Blanco, rappelle aussi que « Parthenope Bion-Thalamo, la fille de Bion... rédigea une thèse de doctorat où elle comparait l'usage de la logique selon Bion et selon Matte Blanco. Elle nous avait rapporté que son père recommandait que les étudiants qui s'intéressaient à ses théories (celles de Bion) devraient utiliser Matte Blanco comme lecture de base ».
12. « Turbulence symétrique et changement catastrophique : une investigation des états psychiques primitifs dans le sillage de Bion et Matte Blanco ».

cesse toute différenciation… À la fois Matte Blanco et Bion mettent l'accent sur le contraste existant entre l'immensité de l'espace mental et l'ordre spatio-temporel introduit par l'activation des fonctions de la pensée[13].

– De ce protopsychisme symétrique peuvent naître une infinité de dérivés représentés en mots qui, jamais, ne le résumeront ou ne le capteront totalement. Le mot est un rets qui entoure l'émotion et la circonscrit mais ne la remplace pas (on vient de le voir, brute, elle est infinie). Ferro écrit (2007, p. 201) :

> « Les histoires agissent comme des filets retenant les émotions… »

… mais elles ne les résument pas. Mondrzak le dit ainsi (2004, p. 603) :

> La conscience réussit à capturer *certaines parties de l'ineffable réalité* en la transformant de façon à ce qu'elle puisse être perçue (traduction et italiques de MSC).

Ceci ouvre d'ailleurs sur la question du nombre infini d'interprétations qui peuvent naître d'une même situation clinique et met en exergue que la théorie de Matte Blanco n'est pas fermée sur elle-même mais qu'elle constitue au contraire une ouverture au pluralisme analytique (Sanchez-Cardenas, 2011, 2013).

– On peut légitimement situer ces deux auteurs dans le registre d'une psychanalyse qui insiste plus, donc, sur les processus de transformation, que sur la recherche de contenus cachés (par des refoulements, dénis, clivages…). Dans la perspective transformative, l'accent n'est pas exclusivement mis sur l'interprétation du transfert mais sur tout ce qui peut favoriser la création par le psychisme de ses propres instruments de contenance. La mise en relation des éléments du mode symétrique avec leurs possibles correspondants asymétriques (voir plus loin le paragraphe « En séance »), comptent autant que l'interprétation de contenu ou du transfert et tout autant que le développement de narrations multiples (Ferro, 2007). On verra dans les vignettes rapportées plus bas comment, même devant des exemples de transfert négatif, une approche matteblanquienne pourra être choisie pour jouer sur le facteur d'excès émotionnel (ce que Benjamin et Atlas [2014] appellent un « trop d'excitation » [*too-muchness of excitement*] en attente de rêverie de la part de la mère, ou de l'analyste). Inutile de dire que si, par ailleurs, la question de la participation de l'analyste à la constitution de la qualité même du transfert (Ferro, 2007) n'est pas abordée ici, pas plus que la notion de champ (Baranger et Baranger), ce n'est pas que je les considère comme parties négligeables mais que je dois me centrer sur les aspects les plus spécifiques de la pensée matteblanquienne.

---

13. Nda : traduction de MSC.

En séance

> «… on doit mentionner que les analystes qui ont la bi-logique à l'esprit ont dit qu'ils sont assis derrière le divan avec un esprit qui a une base légèrement différente qu'auparavant. »
>
> (Rayner, 1995, p. 119. Trad. : MSC)

Au fil des cures, il se produit ainsi régulièrement qu'influencé par Matte Blanco, on puisse y introduire de nouvelles nuances. Les exemples qui vont être donnés sont donc des coups de projecteur sur des « moments matteblanquiens » tirés de différentes cures (et ils ne qualifient pas globalement le déroulement de celles-ci).

– *L'infinitisation des affects et leur « redimensionnalisation »*. Voici Matte Blanco en train de citer ses propres interprétations, ce qui est rare. Un analysant, jeune marié, exprime qu'il est déçu à l'extrême : ses collègues tardent à lui faire son cadeau de mariage. Matte Blanco (1975, p. 291) lui souligne alors l'aspect violent de ses émotions :

> « J'ajoutais que, comme il était la proie d'émotions si violentes, il était incapable de percevoir d'autres alternatives qui pourraient expliquer ce comportement envers lui. Cela aurait pu être, par exemple, que la personne en charge de récupérer l'argent était trop scrupuleuse et avait pensé qu'elle devait attendre jusqu'à ce que la dernière personne du groupe ait donné sa contribution. Ou bien que ceux qui n'avaient donné encore avaient pu avoir des problèmes personnels qui, d'une façon ou d'une autre, avaient induit du retard dans leur don. Quoi qu'il en soit, il semblait pouvoir y avoir de nombreuses raisons possibles pour le retard, qui étaient aussi plausibles que son explication à lui, laquelle lui semblait se résumer à une tentative de l'annihiler et de le transformer en une personne suprêmement mauvaise[14]. »

Matte Blanco note qu'il pourrait se centrer sur d'autres thèmes (mouvements œdipiens, transfert…). Mais *la priorité* lui semble alors être celle de travailler l'infinitisation des émotions. Pour ce faire suffisent des mots simples, comme : « Vous pensez que vous courrez un danger infini », ou : « Vous ressentez que vous tombez dans la non-existence ». Le patient a pris conscience qu'il était en proie à une infinitisation, il a pu accepter facilement cette interprétation. Il a pu en ressentir un soulagement immédiat. Ce rééquilibrage des deux modes va ainsi vers une *bi-logique vitale* (1988, p. 58) (à l'inverse, dans *une bi-logique*

14. Nda : traduction de MSC.

non vitale, le mode symétrique menace d'envahir le mode asymétrique de telle manière qu'il entrave le fonctionnement psychique normal).

Ce patient de Matte Blanco fait preuve de conflits assez limités on le voit. Mais une telle approche peut se montrer très utile dans des cas plus graves, et en particulier psychotiques.

– *Permettre le fonctionnement conjoint de l'émotion et de la pensée.* Lombardi a livré des textes très cliniques (2016) où une perspective matteblanquienne apparaît dans sa prise en charge de cas graves. Le voici en particulier (*in* Carvalho *et al.*, 2009, p. 108-111) devant un patient psychotique, *Matteo*. Lombardi écrit :

> L'interaction émotions-pensées était un fait nouveau pour M., soutenu par une élaboration allant à l'encontre de sa tendance, toujours présente, à leur dissociation. Voici un moment du travail analytique :
> *P (Patient) :* (D'un ton hésitant) *Quand le professeur m'appelle par mon nom, je me sens bizarre. C'est une émotion, un embarras. Cela ne devrait pas se produire, je ne dois pas avoir les nerfs tendus.*
> *A (Analyste) :* (Je le sens intéressé par ses propres réactions et me sens encouragé à l'aider à articuler des distinctions en soutenant sa tendance à penser*). L'esprit fonctionne avec les émotions mêmes, et avoir les nerfs tendus peut être pour vous une stimulation à penser.*
> *P : Mais Dieu m'a fait d'une façon très différente car, moi, cette émotion, je ne l'ai jamais eue auparavant.*
> *A :* (Je continue à le sentir authentique, précise Lombardi) *Mais, puisque désormais les émotions sont là, il faut apprendre à les gérer, et cela même lorsqu'elles risquent de vous envahir complètement. Pour cela vous pouvez différencier émotions et pensées, pour pouvoir vivre les émotions et les accompagner en mettant en marche la pensée.*
> À ce moment-là, M. s'arrête, très intéressé par cette différenciation : un type de réaction rare au sein de sa tendance à somnoler. Et, bien que n'ayant jamais sous-évalué son intelligence, je reste interloqué par son commentaire :
> *P : Lorsque je réagis, je réagis avec les émotions : mais je pourrais réagir avec une autre partie. Normalement, cerveau et nerfs sont séparés ; en moi ils sont unis* (et après un silence) *: la tête sert à penser.*
> La conviction et la concentration marquant ces paroles ne me laissaient aucun doute : rendu à ce point, M. percevait en lui des forces émotionnelles (« *je réagis avec les émotions* »), de la confusion entre émotions et pensée (« *en moi ils sont unis* »), et la nécessité d'utiliser l'esprit pour penser (« *la tête sert à penser* »). Cette perception spontanée était la conséquence de tout le travail analytique antérieur sur la pensée, grâce auquel M. pouvait observer l'existence d'émotions, la catastrophe « symétrique » qu'elles induisaient, mais aussi désormais le besoin d'activer – grâce à la discrimination asymétrique – un déploiement (*unfolding*) de ses intuitions. Lesquelles intuitions, non élaborées par la pensée, lui étaient apparues dans les premiers temps de l'analyse être seulement la « *voix de l'irrationnel* ».

En termes faciles à comprendre par son patient, Lombardi lui offre la possibilité de mettre en évidence les aspects de sa pensée ancrés dans le réel, mais aussi de lui en montrer les confusions ou les distorsions. Le patient peut ainsi rétablir un dialogue intérieur entre l'émergence symétrique des émotions et leurs correspondances possibles avec la pensée asymétrique.

– Deux séances d'analyse et une de psychothérapie avec des interprétations inspirées de Matte Blanco. La mise en évidence du fonctionnement symétrique envahissant. Projection et identification projective ou Fonction Propositionnelle ? Une fois que l'on a, donc, entendu sur une nouvelle longueur d'onde le matériau apporté par le patient, comment intervenir à ce niveau ?

Sans volonté d'exhaustivité, je vais me centrer sur quelques exemples significatifs où je montrerai mon type d'interventions (plutôt que l'historique des situations ou le déroulement étendu de la cure concernée).

Marcelle est en analyse sur le divan, trois fois par semaine, depuis trois ans.

Dans la séance qui précède celle que je vais décrire, elle a commencé à se plaindre de moi en me disant qu'elle ne ressent pas assez de présence de ma part dans les séances, que je l'abandonne, qu'elle y éprouve une solitude intense. Mais, immédiatement après, elle note sa gêne à exprimer des doléances vis-à-vis de quelqu'un qui, comme moi, incarne à ses yeux l'autorité et qu'elle vit comme lui étant supérieur alors qu'elle-même se sent devenir quantité négligeable en telle situation. Elle élargit son propos à toutes les situations où une personne lui semble être une figure d'autorité (médecin, avocat, maître d'école, professeur…) et ce déjà depuis son enfance. Devant ces personnes, elle ne peut se rebeller.

J'entends donc ici qu'elle me parle d'une classe (celle des « autorités qui lui sont supérieures »). Un penser émotionnel se met en place chez elle, schématiquement le suivant : devant une situation où il y a doléances, abandon, tous les membres de la classe deviennent équivalents (toutes les figures d'autorité entraînent la configuration « personne supérieure vs *elle-même négligeable et en tant que telle abandonnée »).*

Lors de la séance que je rapporte, elle revient sur ce thème :

> Analyste : Ici se recréent des choses comparables : je vous suis supérieur, vous êtes quantité négligeable devant moi.
> Patiente : Oui, mais cependant vous n'êtes pas maltraitant comme mon père l'a été.
> A : Ce que vous savez. Mais vous me ressentez aussi comme maltraitant, abandonnant.
> P : Vous avez été bienveillant. Si vous ne l'aviez pas été, j'aurais pu me révolter d'ailleurs.
> A : Vous ressentez les deux choses en même temps. Que je suis bienveillant et que je vous néglige.

J'opte donc pour lui montrer, dans le transfert, la coexistence en elle de deux courants opposés qui ne s'annulent pas. J'insiste sur leur coexistence simultanée plus que sur leur conflictualité, pour lui offrir une vue sur son fonctionnement symétrisé et pouvoir le penser asymétriquement. J'aurais pu insister plus sur son ambivalence conflictuelle (« Des sentiments contradictoires à mon égard s'opposent en vous ») ou sur son mouvement projectif et l'angoisse qui lui est sous-jacente (« Vous êtes en colère contre moi (la rébellion) et vous craignez que je vous néglige, que je vous abandonne en retour »). Ceci aurait été compatible avec le matériau apporté (et, d'ailleurs, sera abordé avec Marcelle lors d'autres séances).

> P : Je ne me vois pas vous dire que ce que vous me dites « ne vaut rien », ne m'apporte rien [elle le dit donc néanmoins sous la forme d'une dénégation].

Elle évoque différentes situations où elle n'ose exprimer son opinion. Puis elle associe :

> P :… Je pense aussi à des situations où, moi, je me sens supérieure aux autres. Je suis surprise…
> Pourquoi est-ce que je dois toujours me sentir supérieure ou inférieure ?
> A : Il est toujours question de *hiérarchie entre les personnes* alors ?

Je mets ainsi en évidence la Fonction Propositionnelle qui est en cause : « une personne est supérieure ou inférieure à une autre ». Sujet et objet se confondent : l'autre lui est supérieur ou elle est supérieure à l'autre.

Marcelle réfléchit et imagine une situation de conflit qu'elle pourrait créer avec moi. Elle pourrait ne pas venir à ses séances car il y a des moments où elle les trouve trop contraignantes. Mais alors, dit-elle, elle devrait les régler tout de même. Elle conclut :

> P : Je me sens assujettie par vous.
> A : Vos séances ont un point commun avec de l'assujettissement : un cadre fixe et non amovible. Mais, dès lors, vous les ressentez comme un assujettissement total et, pour le coup, une relation d'aide que vous avez vous-même souhaité mettre en place, devient une situation d'assujettissement qui vous est imposée de l'extérieur.

Je mets la Fonction Propositionnelle « assujettissement » en exergue et montre qu'elle est le pivot d'une symétrisation où des opposés (aider/contraindre) deviennent équivalents, ainsi que le sujet et l'objet (elle a demandé une analyse/je lui impose un cadre qui l'assujettit). Je montre aussi qu'une analogie (un cadre fixe) sert à créer une équivalence totale entre des situations différentes (aide et contrainte), qui tend vers une maximisation (une dépendance absolue vis-à-vis de moi et de mon cadre).

La patiente associe alors sur la solitude ressentie dans les séances et s'interroge sur la validité de ma méthode thérapeutique. Mais, à ainsi s'interroger, elle a, me dit-elle, le sentiment « de me manquer de loyauté ». J'associe sur le contenu d'une séance passée :

> A : Vous m'aviez raconté que votre mère avait été meurtrie de voir que vous ne repreniez pas sa voie professionnelle. Pensez-vous qu'elle ait ressenti que vous l'abandonniez ? Que vous lui manquiez de loyauté ? Elle s'est sentie seule ?
> P : (après une pause réflexive)... oui... à partir du moment où j'ai opté pour une autre voie qu'elle, ma mère ne s'est pas intéressée à ce que je faisais... elle-même a dû se sentir abandonnée par sa fille, moi, qui refusais de poursuivre son travail... Je pense à une chanson (où une mère est triste et résignée).
> A : Il est beaucoup question d'abandon : je vous laisse seule, je vous abandonne dans nos séances, votre mère ne fait plus attention à vous, vous l'abandonnez.

J'insiste sur la Fonction Propositionnelle « abandonner » et sur comment sujets et objets se confondent autour de celle-ci.

Dans les séances suivantes, nous découvrirons avec Marcelle comment elle se néglige *elle-même* : de façon répétitive et très destructrice, à peine a-t-elle réussi une entreprise personnelle qu'elle la dénigre et la ravale au rang de « minimum exigible ». De la sorte nous pouvons comprendre qu'elle « s'abandonne elle-même ». Cet « abandon d'elle-même » sera élaboré sur toute une série de séances à suivre et nous pourrons décomposer comment cela peut se vivre à un niveau asymétrique (elle et l'autre sont différenciés, elle projette sur cet autre sa crainte abandonnique) et à un niveau symétrique (elle confond ce qu'elle se fait à elle-même et ce que lui font les autres : sujet et objets sont confondus).

Albertine est une patiente qui exerce un métier où il faut sans cesse gérer des conflits et mener des négociations. Nous avons travaillé en face à face quelques mois à une séance par semaine. Elle est sur le divan depuis un an, à raison de deux séances par semaine, lors de la séance que je décris, ceci peu de temps avant son passage à trois séances par semaine.

Elle commence sa séance en me racontant qu'elle a eu une grande satisfaction professionnelle : elle a réglé une affaire avec brio, et ce devant un collègue plus jeune qui l'accompagnait. Elle s'est sentie fière d'être ainsi « l'aînée qui réussit et qui montre ». Mais ensuite, son supérieur hiérarchique lui a fait le reproche de ne pas lui avoir communiqué assez rapidement certaines informations concernant cette affaire. C'est qu'elle n'avait pas tous les documents pour ce faire, m'explique-t-elle. Et elle va lui demander un rendez-vous pour le lui expliquer. De plus, ce même chef a confié une mission à un collaborateur plus jeune qu'Albertine et elle s'en est sentie vexée. Comme je réalise en l'écoutant que le scénario qu'elle me raconte suit le même schéma que beaucoup d'autres, j'interprète :

> A : Alors, voici des personnages que l'on retrouve souvent dans vos récits : vous réussissez, un chef vous fait des reproches, et un petit frère ou une petite sœur vous chipe la place.

Je mets en évidence que des situations en apparence multiples (ici un chef et des collaborateurs plus jeunes ; ailleurs une rivalité avec une amie qui plaît plus qu'elle et qui l'efface aux yeux des autres ; auparavant la relation avec son père et ses frères et sœurs...) appartiennent en réalité à une classe d'éléments équivalents (le même conflit mis en scène plusieurs fois avec des personnages différents). À cette multiplication des scènes et des personnages rendus équivalents correspond un affect-Fonction Propositionnelle important pour elle (l'émotion liée à la séquence « réussite-reproches-rivalité »). En apparence nous sommes dans un mode asymétrique (les personnages différenciés de son récit entrent en conflit) mais, à vrai dire, il s'agit ici de la simple mise en forme asymétrique *(personnages individués dans le récit d'un évènement particulier) d'un foyer émotionnel en réalité symétrisé et qui génère des scènes multiples et répétitives où, sous divers habits, les mêmes personnages reviennent sans cesse.*

P : (après un silence réflexif)... je trouve que c'est vrai.

Je note son ton de voix et je dis :

A : On dirait que vous le dites avec gêne, comme si je venais de vous critiquer.
P : Oui, c'est ce que je ressens.
A : Alors que j'essaie de vous aider à comprendre ce qui se passe en vous et l'origine de votre angoisse, vous le vivez comme une attaque.

Je lui montre donc la symétrisation qui émerge : aide = attaque.

P : C'est que je me dis toujours que « seule la critique permet de faire mieux ». C'est ma théorie : pour progresser, il faut être critiqué... d'ailleurs, en en parlant, je m'aperçois que, pour tout ce qui m'arrive, je cherche toujours « le responsable ». À l'instant, je viens de vous prendre pour « responsable ».
A : En toute situation, il y a un responsable. Alors, toutes les situations sont confondues.

La patiente perçoit elle-même son mouvement de globalisation et j'insiste simplement sur sa découverte de ses généralisation et symétrisation : tout dialogue ou aide (généralisation) ne vaut que pour son contraire, l'attaque (symétrisation). On notera au passage que l'analyste, moi-même, même s'il décortique les mouvements de pensée de sa patiente, ne le fait pas que comme s'il lui montrait un « schéma cognitif ». Il lui propose au contraire une exploration pas à pas de comment naît sa pensée devant un affect envahissant, en l'occurrence celui qui correspond à l'« aide-menace » symétrisée dans le transfert. Et, par mon interprétation, j'indique que l'on peut ne pas en rester à une vue figée dans le mode symétrique et envahie par celui-ci (aide = attaque) mais que l'on peut aussi avoir une vue plus *différenciée-asymétrique des situations (Je l'aide et je ne l'attaque pas. La chose et son contraire, non, ne sont pas identiques). L'appareil à penser (du patient et de l'analyste) peut ainsi fonctionner en séance.*

Elle poursuit :

> P : Je suis en train de faire une constatation qui me surprend : tout mon métier consiste à « trouver le responsable »... C'est la première fois que je m'en rends compte... Je pensais que « la recherche du responsable » était la clé de compréhension de toutes les situations de la vie.
> A : C'est très important. Si c'est la seule clé que vous avez, « vous avez intérêt » à conserver cette façon de penser. Sinon, vous allez vous retrouver dans un brouillard où vous n'aurez plus d'idées du tout pour vous repérer et ce sera encore bien plus angoissant.

Si Albertine quitte son schème réflexif, elle se trouve en effet confrontée à un monde purement symétrique car dépourvu de l'outil idéatif (les idées étant asymétrisantes par définition puisqu'elles différencient les situations et les réflexions) : changer de repères signifierait alors simplement pour elle les perdre tous et devoir affronter un changement catastrophique, une confrontation à l'infini du psychisme inconscient décrit par Bion (Bria et Lombardi, 2008). C'est ce que peut ressentir un voyageur qui, en contrée inconnue, se trouve privé de tout repérage topographique.

> P : Oui, mais que faire ? Comment changer ?
> A : C'est difficile, certes, mais vous avez commencé à le faire. D'une part vous réfléchissez ici, lors de vos séances. Et aussi, par exemple, vous avez choisi de prendre rendez-vous avec votre chef pour lui expliquer la réalité de la situation particulière qui s'est jouée avec votre affaire. Autrement dit, vous travaillez à changer une situation de reproches automatiques, qui se répètent toujours après vos succès, en une meilleure compréhension d'une situation particulière : par l'intermédiaire de la rencontre avec votre chef, vous faites vous-même fonctionner votre esprit pour rétablir ces différences.

Je l'invite de la sorte à un meilleur enregistrement de ses capacités à penser-différencier.

> P : Lorsque je réfléchis à froid, je peux penser clairement.

On le voit, Albertine vient d'entrer en contact avec ses possibilités de penser asymétriquement et de prendre du recul sur comment l'affect peut brouiller ses idées et ses réactions.

> A : Sinon, la pensée s'emporte : par exemple, lorsque vous avez ressenti que je vous critiquais, une « mise à feu » s'est opérée et vous avez commencé à « chercher le responsable ».
> P : Oui... si je réagissais à chaud, je frapperais mon chef... c'est la pulsion qui parle... En fait, je me rends compte, que ce que je crains, c'est surtout de ne pas être appréciée... et au fond, c'est parce que je ne m'apprécie pas assez moi-même.

Ces différents axes vont continuer à être explorés dans les séances qui suivent.

Raphaëlle : Différencier l'affect là où il est informe. En deçà de l'ambivalence, la fusion des affects. Dans les strates profondes, les affects ne sont pas différenciés et, plutôt que de comprendre l'ambivalence sous l'angle du conflit, on peut la voir comme un envahissement du psychisme par ces affects fusionnés et non distinguables entre eux. Par exemple, *la confusion* (*et non pas seulement le conflit*) amour-haine peut engendrer des comportements où s'exprime une grande souffrance. Raphaëlle[15] a été une enfant négligée et manipulée par une tante qui l'utilisait comme confidente de sa sexualité en une sorte, pourrait-on dire, de « viol par l'oreille ». Devenue adulte, elle s'est surprise à son tour à manipuler sa fille et à induire des rapprochés trop importants avec elle, utilisant celle-ci à son tour comme réceptacle de ses confessions et effaçant ainsi la différence intergénérationnelle. Je la reçois deux fois par semaine en face à face depuis environ cinq ans lorsqu'elle me raconte avoir induit une discussion avec sa fille. Le thème en était « une adulte et une adolescente peuvent-ils avoir le même amant ? ». L'entendant, je ressens colère et irritation. Notre travail effectué jusqu'à ce jour semble balayé et ses comportements-problèmes paraissent resurgir. À partir de mon sentiment contre-transférentiel, j'interviens ainsi :

> A : Vous exprimez un mélange de haine et d'amour indistiguables entre elles. De la haine vis-à-vis de votre tante (ce qu'elle m'a dit encore récemment) et vis-à-vis de votre fille à qui vous proposez une discussion de tonalité incestueuse. Et de la haine vis-à-vis de moi et de notre travail, dont les résultats semblent annihilés par de tels comportements. Vous avez de l'affection pour moi, et de la confiance aussi, et cela devient en même temps de la haine. Et de la haine envers vous-même : vous vous remettez vous-même dans une situation qui vous a fait énormément souffrir.
>
> P : (*troublée*)… Je ne sais pas… si vous le dîtes, ça doit être vrai car vous connaissez ces choses… Mais je suis étonnée car, la haine, justement, est un sentiment que je ne connais pas [*qui est dissocié donc*]. Et certainement pas vis-à-vis de vous, à cause de notre relation. Je n'ai pas de haine vis-à-vis de ma tante, ni de mon père [*une série de dénégations-dénis contredisant d'autres propos antérieurs*]… À propos de ma tante, je garde plutôt un souvenir positif de la relation que j'ai eue avec elle. Je vous l'ai dit, c'est la seule qui m'a donné de l'affection quand j'étais enfant… Je n'ai pas de haine vis-à-vis de vous. Et même, au contraire, je vous ai déjà dit que je pouvais avoir peur pour vous.
>
> A : C'est-à-dire ?

15. Voir aussi le cas rapporté par Richard Carvalho (*in* Ginzburg et Lombardi [2007], p. 177-185) où le passage d'une bi-logique non vitale vers une vitale est aidé par l'interprétation que cet auteur fait à une patiente de la confusion présente dans son transfert : ce qui est bienveillant pour elle représente *en même temps* un potentiel abuseur sexuel violent.

P : Lorsque je vous ai dit que je me faisais du souci pour vous car les psychiatres se font parfois attaquer par leurs patients.
A : Il me semble que c'est prêter là à d'autres de mes patients une dangerosité qui pourrait venir en fait *de vous* : la crainte que votre haine envers moi ne débouche sur une attaque. Amour et haine se confondent. Vous m'aimez et vous pourriez me tuer : un mélange indissociable.
P : (*émue, les larmes aux yeux, après avoir réfléchi*) :... Elle associe sur ses colères lorsqu'on l'embête de façon répétée. Elle se souvient d'une bagarre violente à l'adolescence avec une amie par laquelle elle s'était sentie trahie. Mais elle ajoute que, désormais – à l'approche de la quarantaine – le temps a passé et qu'elle ne pourrait plus réagir de la même façon.
A : Pouvoir considérer les différentes choses dont vous êtes constituée, dont la haine, vous permet d'être plus tranquillement vous-même, et plus dans votre temps à vous, celui de la quarantaine. Vous n'avez plus à vous sentir obligée de rester une petite fille qui parle avec une autre fillette (sa fille).

La prise de conscience de la haine et le fait d'asymétriser celle-ci (elle est différenciée de l'amour) lui permet de ne plus être dissociée (cf. : «... la haine, justement, est un sentiment que je ne connais pas... ») et d'assumer ses affects. Le registre asymétrique gagne du terrain : ainsi, spontanément, la patiente se resitue clairement dans son temps chronologique réel (la quarantaine) et non plus dans une éternelle jeunesse qui lui fait mélanger les générations (atemporalité de l'inconscient symétrique). Dans les séances suivantes, Raphaëlle reviendra avec insistance sur la confusion des affects d'amour et de haine et ses associations la mèneront vers les nombreuses confusions des contraires dont elle avait pu s'imprégner dans sa famille. Celles de l'inceste mais d'autres encore, comme, par exemple, le souci permanent de sa mère pour sa propre santé, mère par ailleurs très grande fumeuse (et décédée d'un cancer du poumon).

Conclusion

Matte Blanco décrivait ainsi le but de l'analyse :

> Elle consiste à défaire une situation, un individu ou une chose donnés des attributs infinis qui sont implicites dans sa classe[16].
>
> (1975, p. 167)

Par exemple, grâce à l'analyse, un analyste pourra ne plus représenter la classe des personnages qui peuvent se multiplier sans fin, qui critiquent et qui « cherchent le responsable » (cf. *supra*, Albertine). Et ceux qui appartiennent

16. Nda : traduction de MSC.

à ladite classe passeront au second plan dans l'esprit du patient pour laisser place à une réflexion sur la Fonction Propositionnelle qui les réunit.

D'emblée le traitement vu sous l'angle matteblanquien a donc une optique différente de « rendre conscient l'inconscient » (levée des refoulements, accès à une représentabilité…) ou de faire que « Là où était le ça, le moi doit advenir » (subjectivation, etc.). En effet, la bi-logique est une constante du psychisme et le mode symétrique en est une composante permanente qu'il ne s'agit pas que de traduire en termes asymétriques. Le mode symétrique, en effet, ne peut être « éclusé » en termes asymétriques, il persistera quoique l'on fasse et il restera inconscient par nature.

> Un de mes patients rêve d'un « Méditerranéen » qui lui vend une nourriture avariée tout en la faisant passer pour fraîche. Je peux aisément lui montrer qu'il s'agit là, transférentiellement, de moi (cf. mon nom, à l'évidence ibère). Et que j'illustre ainsi sa peur générique d'être trompé. L'interprétation transférentielle nous sert ici : *a*) à montrer au patient une classe d'équivalence (« Tous ceux qui prétendent vous nourrir vous dupent, et moi comme les autres ») ; *b*) à l'aider à s'en dégager (cet analyste est lui-même, un individu, et non un prototype qui répète des expériences antérieures déjà vécues par le patient) ; *c*) à diminuer dans sa vie l'angoisse liée à cette façon systématique de percevoir les choses.

Mais ces objectifs ne pourront annuler la capacité inconsciente-symétrique du patient à se créer des classes d'équivalence. Simplement, ici, on aura pu mettre en évidence la traduction possible en termes asymétriques (l'analyste est un individu et non pas la proposition fonctionnelle incarnée de la roublardise) d'un fonctionnement symétrisé *particulier* qui envahissait le psychisme du patient. En somme, et pour le dire en d'autres termes, il s'agit d'ouvrir la possibilité que les processus primaires ne tendent plus à envahir les processus secondaires. Mais ces processus primaires resteront bien entendu toujours une caractéristique de la personne. Les processus de symétrisation, lorsqu'ils ne contribuent pas à la psychopathologie, sont d'ailleurs le sel même de l'existence. Ils participent à la poésie de la vie, à ses métaphores, à ses symboles. Un enfant qui dit, sur la plage : « qu'il est une pierre léchée par la vague » (exemple cité par Rayner, 1981, p. 405) n'est pas en souffrance ; au contraire, il use de ses potentialités créatrices de symétrisation (en une formation que l'on pourrait dire « transitionnelle » : il est à la fois *comme* la pierre et il *est* la pierre).

Arrêtons-nous d'ailleurs sur le terme de « penser » : il convient de le préciser. Si l'on se réfère à Descartes (« *Je pense, donc je suis* »), « être » a le sens de « penser » (« est » celui qui « pense »). Et que devient alors ici l'existence « brute » (éprouvée, avec ou sans pensée) ? Valéry (1938, p 585) pointe cette contradiction cartésienne avec humour lorsqu'il écrit : « *Tantôt je pense et tantôt je suis* ». Mais alors, à lire Valéry, penser et être sont-ils opposés ? La bi-logique selon Matte Blanco nous permet plutôt de les percevoir comme deux facettes d'un même fait psychique. Dans les strates superficielles, celui-ci est pensé (*Thinking*) (avec, comme aporie ultime, et jamais atteinte totalement, une pensée parfaitement claire, « froide », hors affect). En profondeur il est de moins en moins pensé et de plus en plus ressenti (*Feeling*), voire simplement vécu (*Being*). Le but de la thérapie devient alors qu'une libre circulation entre strates puisse avoir lieu et que toutes fonctionnent en parallèle, simultanément : qu'il puisse y avoir du penser clair et distinct, du penser-émotionnel (en termes de classes qualifiées par leur émotion), et du vécu. En bref, que le patient puisse dire, et surtout ressentir : « *Je pense* et *je suis* ».

Les modalités pour arriver à ceci sont dès lors très variables. Ainsi déjà, le cadre même de toute analyse propose-t-il un vis-à-vis asymétrique au vécu symétrisé qui amène le patient vers la cure : ses limites et règles (asymétrie) instaurent une norme pour ce qui enflait sans borne (l'affect symétrisé en voie d'infinitisation). Il en va de même pour l'usage des mots car un mot est défini et donc par définition asymétrique (Matte Blanco, 1975, p. 115). Les modalités classiques de l'analyse (interprétations de contenus, de mouvements processuels, de transfert, recours de l'analyste à sa propre capacité de figurabilité pour donner forme à celle, déficiente, du patient (Botella, 2014) peuvent toutes concourir à instaurer cette asymétrisation dans le cadre d'une bi-logique assouplie (et non plus envahie par la symétrie). Tous ces élément sont, on le voit, banals en analyse, mais Matte Blanco permet de les aborder sous cet angle particulier : leur apport asymétrique, leur contribution à recréer une bi-logique vitale.

Mais il existe tout de même un versant qui est plus spécifique de l'apport matteblanquien, du moins dans la façon dont je m'en sers, et qui consiste à essayer de « penser avec ». « Penser avec » le patient ses mouvements symétrisés envahissants et les lui mettre en évidence. Le langage que l'on peut utiliser alors (soit en basant sur ce qui naît intérieurement du contre-transfert, soit sur la reconnaissance plus extérieure qu'un mouvement symétrisé est visible chez le patient) peut rester simple. Nous en avons vu des exemples déjà. En voici un autre.

> *Rachel*, en thérapie en face à face une fois par semaine (seulement une fois car elle vient de très loin), souvent dans un état proche du délire, se sent menacée physiquement par sa patronne, qui, à ses dire, la suit dans la rue. Et par d'autres femmes aussi, qui auraient ri d'elle dans un café où elle s'est rendue. Les unes et les autres « sont de mèche », pense-t-elle. Je lui interprète qu'il s'agit là d'une « diffraction » de l'image de sa mère (qui a été maltraitante à son égard) et, qu'à l'occasion, elle a pu penser que, moi aussi, je voulais l'influencer et lui nuire. En bref, lui dis-je, toutes ces personnes et moi-même faisons partie de la classe des personnes malveillantes qui la poursuivent et nous sommes maltraitants comme sa mère (je n'emploie pas le mot, technique, de « classe » ; je lui dis : « Toutes ces femmes, et moi-même, sommes malveillants,

comme le fut votre mère »). En bref, je lui montre simplement que la classe des femmes persécutrices tend à montrer celles-ci comme se multipliant sans cesse (infinitisation du nombre des membres équivalents). À la séance suivante, elle dit avoir réfléchi à cette question de la « diffraction » et que cela lui a été très utile. Par exemple, elle s'est sentie plus calme et n'a plus eu le sentiment que son compagnon cherchait à l'embêter (apaisement de la persécution, que l'on peut entendre dans le transfert aussi, bien entendu). Et, à y réfléchir, elle s'est dit que toutes ces femmes qu'elle avait vues ici ou là n'y étaient que par hasard et non pas pour la traquer (… et il convient de préciser qu'il s'agit là d'un cas grave et cette pause dans ses interprétations persécutrices, déjà intéressante en soi, n'empêchera cependant pas que la suite du travail reste difficile auprès d'elle).

Ce qui se passe ici est fréquent : le patient est intéressé par la mise en évidence des mécanismes des mouvements de symétrisation qui l'affectent (ex. : la « diffraction »). Après Matte Blanco, Rayner (1981, p. 410) insiste sur ce point : le patient ne réagit en général pas par une résistance à ce genre d'explicitation, mais au contraire par un vif intérêt, il manifeste un enthousiasme à approfondir ce type de travail. On a donc, dans de nombreux cas, *une nouvelle possibilité de travailler sur la résistance et sur la réaction thérapeutique négative* conçues ici en tant qu'impossibilités d'accéder à une asymétrisation suffisante au sein d'une bi-logique apaisée (non débordée par la composante symétrique) et non plus conçues seulement comme des attaques contre l'analyste ou contre les avancées de la cure (Carvalho, 2002) (certaines autres résistances ressortissant toutefois bien de ce dernier déterminisme).

Par ailleurs, la psychanalyse française, dans la culture de laquelle j'évolue, est plus sensible à un travail sur les processus primaires qu'à ce travail plus « explicatif ». Il s'agit, chez nous, avant tout de « faire des vagues » psychiques (Aisenstein, 2007) par nos interprétations. Par exemple en reprenant simplement un mot significatif et chargé d'affect du discours du patient, ce qui est comme une étincelle qui va raviver la fulgurance des processus primaires et ramener au jour des contenus enfouis, ou permettre une nouvelle mise en perspective des conflits inconscients. Pourtant, mettre en évidence aux yeux du patient de possibles asymétrisations, quitte à ce que cela soit assez clairement explicatif, a aussi un grand intérêt. Tout d'abord, cela ne peut être confondu avec une simple démonstration intellectuelle. On part en effet de situations affectives (en séance, le patient exprime une émotion, et nous en vivons une auprès de lui) et non de schémas cognitifs désincarnés. Et aussi, de nombreux auteurs ont désormais insisté sur l'intérêt qu'il y a, en particulier chez les patients graves, à non pas insister trop rapidement sur des interprétations portant sur le transfert ou sur les affects, matériaux trop explosifs à manipuler pendant longtemps dans la cure, mais par contre à montrer au patient comment son psychisme est en train de fonctionner en séance. Il s'agit, en somme, pour le dire en termes bioniens, d'offrir à la partie psychotique du psychisme un répondant non psychotique (Williams, 2014), par exemple et parmi d'autres, montre tout l'intérêt qu'il peut y avoir il parle de patients chez qui le fonctionnement psychotique est important – à inciter ceux-ci, dans une perspective phénoménologique, à développer un intérêt, une curiosité vis-à-vis de leur fonctionnement mental et à pouvoir y noter les idées faussées et exagérées qui y règnent. Lors des cures de ces patients, qui sont tout sauf faciles à mener, rappelle Williams, il y a ainsi intérêt à créer une triangulation qui repose sur le dialogue entre deux psychismes non psychotiques (les parties non psychotiques des psychismes du patient et de l'analyste) et qui porte sur le troisième angle du triangle, celui de la partie psychotique du patient : « Une fois que le patient arrive à comprendre et à accepter qu'il a, dans sa personnalité, un côté psychotique qui sape sa vie émotionnelle non psychotique, j'ai pu constater qu'il y a une bonne chance que se produisent un investissement progressif en direction de la pensée non psychotique et un désinvestissement de la psychose » (Williams, 2014, communication personnelle).

Au total, parcourir avec les patients, graves en particulier mais pas seulement, les aspects psychotiques (ou symétriques, ou en processus primaires) de leur personnalité à la lumière de leur possible asymétrisation (la lecture en processus secondaire de leur partie psychotique), leur donne, en bref, l'opportunité *d'introjecter le fonctionnement d'un appareil à penser*, celui de l'analyste, mis en mouvement en séance devant eux et ceci à l'occasion de l'expression par ces patients de leurs vécus émotionnels.

Allant encore plus loin, je pense en outre que, souvent, nous ne faisons pas alors que montrer au patient que ses vécus symétrisés peuvent être *interprétés* en termes asymétriques. Je crois que, certaines fois, nous *créons pour lui* ces contenus asymétriques. Considérons par exemple le cas de Raphaëlle. Lui ai-je interprété à proprement parler l'ambivalence qui était présente en elle (faite d'amour et de haine) ? Je ne le pense pas. Elle nourrissait à mon égard un lien, un sentiment *qui n'avait pas de nom*. Je lui en ai donné deux potentiels, amour et haine, que j'ai séparés sous ses yeux en lui montrant qu'ils pouvaient servir de traduction possible à ses mouvements vis-à-vis de moi. Je me suis inspiré de ce que je ressentais dans mon contre-transfert mais, pour autant, si, *moi*, je pouvais différencier ces deux courants en moi-même, *étaient-ils déjà là chez elle, en attente d'une simple mise en mots ?* Je n'en suis pas sûr du tout. Rappelons-nous que le mode symétrique n'est pas une anomalie ou une version boiteuse d'un psychisme asymétrisé : il est une composante fondamentale et de plein droit de la pensée émotionnelle. Son aspect « coagulé » et sans nom ne représente pas toujours que le collapsus de sentiments distincts déjà préexistants.

Pour conclure enfin, et pour citer Milton avec Bion (1965, p 183), Matte Blanco est un des auteurs qui nous aide le mieux à comprendre comment mettre en forme le psychisme informe lorsque celui-ci menace d'être trop envahissant, comment le transformer et redonner alors sa voix au :

> «… monde s'élevant des eaux ténébreuses et profondes conquis sur l'infini vide et sans forme ».

Remerciements

Je veux exprimer ici ma gratitude au docteur Jaime Nos Llopis (Barcelone, Espagne) pour sa relecture de mon texte.

RÉFÉRENCES

Aisenstein M. (2007). On therapeutic action. *Psychoanal. Q.* 76 : 1443-1461.

Benjamin J., Atlas G. (2015). The « too muchness » of excitement : sexuality in the light of excess, attachment and affect regulation. *Int. J. Psychoanal.* 96 : 39-63.

Bion W.R. (1965), trad. F Robert. *Transformations. Passage de l'apprentissage à la croissance*. Paris : Puf, 1982.

Bion W.R. (1970), trad. J Kalmanovitch. *L'Attention et l'interprétation*. Paris : Payot, 1990.

Botella C. (2015). Sur la remémoration : la notion de mémoire sans souvenirs. *L'Année Psychanalytique Internationale* (2015). Paris : In Press, p. 197-231.

Bria P., Lombardi R. (2008). The logic of turmoil : some epistemological and clinical considerations on emotional experience and the infinite. *Int. J. Psychoanal.* 89 : 709-726.

Carvalho R. (2002). Psychic retreats revisited : binding primitive destructiveness, or securing the object? A matter of emphasis? *British Journal of Psychotherapy* 19 : 153-171.

Carvalho R., Ginzburg A., Lombardi R., Sanchez-Cardenas M. (2009). *Matte Blanco. Une autre pensée psychanalytique. L'inconscient (a) logique*. Paris : L'Harmattan.

Ferro A. (2007), *Vivre les émotions, éviter les émotions*. trad. L. Cecotti-Stievenard et A. de Staal. Paris : Ithaque, 2014.

Freud S. (1900), trad. I Meyerson. Nouvelle édition augmentée et entièrement révisée par D Berger. *L'interprétation des rêves*. Paris : Puf, 1967. *OPF-P IV.*

Freud S. (1909), trad. E Ribeiro Hawelka, avec la collaboration de P Hawelka. *L'homme aux rats. Journal d'une analyse*. Paris : Puf, 1974.

Freud S. (1911), trad. M. Bonaparte et R Loewenstein. Remarques psychanalytiques sur l'autobiographie d'un cas de paranoïa (*Dementia paranoides*) (Le Président Schreber). In *Cinq Psychanalyses*. Paris : Puf. *OCF-P X.*

Freud S. (1915), trad. J Laplanche, J-B Pontalis et col. « L'inconscient », in *Métapsychologie*. Paris : Gallimard, 65-121. *OCF-P XIII.*

Freud S. (1923), trad. S Jankélévitch. « Le Moi et le Ca », *In* S Freud (1983), *Essais de Psychanalyse* (p. 219-275). Paris : Payot (PBP). *OCF-P XVI.*

Freud S. (1927), trad. D. Berger et J. Laplanche. « Le fétichisme » (p. 133-138). In : *La vie sexuelle*. Paris : Puf, 1970. *OCF-P XIII*.

Freud S. (1938), trad. A. Berman, édition revue et corrigée par J. Laplanche. *Abrégé de Psychanalyse*. Paris : Puf. *OCF-P. XX*.

Ginzburg A. (2004). Jekyll e Hyde, gemelli antiteci (p. 154-161). *in* Bria P. et Oneroso F. (a cura di) : *La bi-logica fra mito et letteratura*. Milano : FrancoAngeli.

Ginzburg A., Lombardi R. (a cura di) (2007). *L'emozione come esperienza infinita. Matte Blanco e la psicoanalisi contemporanea*. Milano : FrancoAngeli.

Ginzburg A. (2007). La scoperta dell'infinito. *In* Ginzburg A. & Lombardi R. (a cura di). *L'emozione come esperienza infinita. Matte Blanco e la psicoanalisi contemporanea*. Milano : FrancoAngeli, p. 50-61.

Ginzburg A. (2010). Passion and similarity : the clinical application of Matte Blanco's ideas. *British Journal of Psychotherapy* 26 : 335-342.

Ginzburg A. (2012). Life on one shore, death on the other. Exposé fait à la 8e Conférence bi-logique internationale de Dublin (vendredi 21-samedi 22 septembre 2012) (dont le thème était : « Correlation of Matte Blanco and Bion's thought »).

Grostein J.S. (2007). Sento ciò a cui reagisco : dunque sono ! Il contributo particolare di Matte Blanco alla comprensione degli affetti. *In* Ginzburg A & Lombardi R (2007), *L'emozione come experienza infinita. Matte Blanco e la psicoanalisi contemporanea*. Milano : FrancoAngeli, p. 65-81.

Lakoff G. and Johnson M. (1980), trad. M. de Fornel et J.-J., Le Cercle : *Les métaphores dans la vie quotidienne*. Paris : Les Éditions de Minuit, 1986.

Lombardi R. (2009). Symmetric Frenzy and catastrophic change : a consideration of primitive mental states in the wake of Bion and Matte Blanco. *Int. J. Psychoanal.* 90 : 529-549.

Lombardi R. (2016). *Formless Infinity (Clinical explorations of Matte Blanco and Bion)*. London, New York : Routledge.

Matte Blanco I. (1975). *The unconscious as infinite sets, an essay in bi-logic*. London, Gerald Duckworth & Company Limited (republished by Karnac, 1998).

Matte Blanco I. (1981). Reflecting with Bion. *In* Grostein J.S., *Do I dare disturb the universe ? A memorial to W.R. Bion*. London : Karnac, p. 489-528.

Matte Blanco I. (1988). *Thinking, Feeling and Being, clinical reflections on the fundamental antinomy of the human being and world*. London/New York : Routledge.

Rayner E. (1981). Infinite experiences, affects and the characteristics of the unconscious. *Int. J. Psychoanal*, 62 : 403-412.

Rayner E. (1995). *Unconscious logic. An introduction to Matte Blanco's bi-logic and its uses*. London/New York : Routledge.

Wachtel P.L. (2003). The surface and the depth : the metaphor of myth in psychoanalysis and the way it can mislead. *Contemporary Psychoanalyis* 39 : 5-26.

Sanchez-Cardenas M. (2011). Matte Blanco's thought and epistemological pluralism in Psychoanalysis. *Int J of Psychoanal.* 92 : 811-831.

Sanchez-Cardenas M. (2013). « Psychopathologie et pluralisme épistémologique. En hommage au professeur Guy Besançon ». *Psychiatrie française,* 44 : 8-59.

Valéry P. (1938). Discours aux chirurgiens in : *Variété III, IV et V*. Paris : Gallimard, collection Folio.

Williams P. (2014), trad. J.M. Quinodoz. Les orientations de l'activité psychotique dans les organisations pathologiques défensives. In *L'Année psychanalytique internationale* (2015 : 97-119). Paris : In Press.

L'INVASION PAR LA RÉALITÉ (OU PAR LA NÉGOCIATION) : ANGOISSE D'EXTINCTION ET ÉTHIQUE PSYCHANALYTIQUE

Nicola NOCIFORO[1]

Via Gabriele D'Annunzio 164, 95127 San Gregorio, Catania, Italie
nicola.nociforo@spiweb.it

Résumé : l'expression « angoisse d'extinction » décrit un sentiment généralisé et particulièrement réel de perte de tout avenir. En tant qu'émotion groupale caractérisée par la terreur d'une extinction de l'espèce humaine, de la famille ou de groupes professionnels et culturels, elle enserre l'individu dans un sentiment de désespoir et d'impuissance par l'entremise des groupes internes présents dans son esprit. Cet article vise à montrer qu'une angoisse d'extinction a également infecté les psychanalystes et les institutions psychanalytiques, affaiblissant ainsi l'éthique psychanalytique. Le terme « éthique » ne doit pas ici être confondu avec la morale; il est compris comme un sentiment de bonheur inhérent à la capacité d'être responsable de soi-même et de son identité professionnelle. La contagion de l'angoisse d'extinction a, en fait, accentué la crise des psychanalystes et leur foi en la psychanalyse. L'auteur rapporte une expérience clinique particulièrement tourmentée pour montrer que seule une relation forte à la psychanalyse et à sa capacité d'interpréter les manifestations de l'inconscient permet de reconnaître les effets de ce qu'il définit comme un véritable envahissement par la réalité, et de restaurer le pouvoir de la pensée de nouer une relation profonde, transformationnelle et féconde entre les réalités interne et externe.

Mots-clés : éthique psychanalytique, angoisse, extinction, émotion, groupe, identité, techniques, futur.

1. Article paru soue le titre The invasion of reality (or of negotiation) : The psychoanalytic ethic and the extinction anxiety, *Int J Psychoanal* (2017), 98 : 1311-1332, traduit par Luc Magnenat, relecture de la traduction par Maria Hovagemyan-Odone.

L'angoisse d'extinction

« L'angoisse d'extinction » est un terme forgé par un groupe de psychanalystes argentins, le groupe Sygma (Banhos *et al.*, 2010[2]), et développé en collaboration avec Pubblic/azione[3], un groupe interdisciplinaire italien de réflexion sur la capacité de penser ; ce terme aspire à délimiter et à tenter d'interpréter un état mental caractérisé par un sentiment généralisé et intensément réaliste de perte de tout avenir. Cet état est une véritable pandémie psychique qui touche l'humanité depuis quelques années, particulièrement depuis une décennie, bien que je pense que son origine puisse être rapportée à la fin de la Seconde Guerre Mondiale. Il s'agit d'une émotion groupale caractérisée par une terreur de l'extinction de l'espèce humaine, de la famille, d'un groupe professionnel, d'un groupe partageant les mêmes valeurs culturelles ; cette émotion enserre les individus, les couples et les groupes dans un sentiment aigu de désespoir et d'impuissance par le biais des groupes internes présents dans l'esprit de chacun. « L'une de ses expressions la plus frappante est le terrorisme » (Romano, 2013a), et la possible extinction de l'espèce peut alors être rapportée à la dissémination des groupes terroristes. Toutefois, la psychanalyse, et spécifiquement la psychanalyse de groupe, nous permet de comprendre que le groupe terroriste est en réalité « un produit du groupe lui-même » (Romano, 2013a) qui tente de circonscrire ce terrible sentiment de perte d'avenir en engendrant des organismes, les groupes terroristes, qui sont traités comme des corps étrangers pour se libérer de soi-même. Cette organisation défensive empêche toute prise de responsabilité quant à l'angoisse d'extinction en contrevenant à l'étude de l'origine inconsciente de celle-ci, à la possibilité de la questionner en tant qu'énigme qui nous parle d'autrui. Un cercle vicieux en découle qui alimente un sentiment d'impuissance et l'impossibilité de tout changement, jusqu'à ce que se révèle la dimension pathologique de ce système défensif : le sacrifice, compris comme un sacrifice de parties vitales du soi « identifiées comme l'incarnation du diable » (Romano, 2013a) dans des individus, des couples, des groupes et une société, des parties de soi que nous percevons comme disséminées et se manifestant sous des formes très diverses.

Je pense que l'expression la plus dangereuse de la dissémination du terrorisme, son recto ou son verso, est le sacrifice du travail de pensabilité, ce que

---

2. « Les sujets, aussi bien d'une survie que d'une extinction, sont les espèces, non les individus… Penser que l'humanité a émergé comme espèce équivaut à penser qu'elle a émergé comme groupe » (p. 63). « La survie est un principe de l'espèce. À ce propos, nous faisons l'hypothèse que « l'angoisse d'extinction de l'espèce » constitue le niveau le plus archaïque de l'angoisse humaine et nous la rapportons à ce que Bion nomme une « angoisse sous-thalamique » » (p. 71).
3. Note du traducteur en anglais : le nom du groupe joue avec « publication » et « public-action ». L'auteur explique que l'idée est dérivée du terme de Bion « public-action », la publication d'une pensée et, surtout, le fait de rendre une pensée inconsciente publique à soi-même.

j'entends, en référence à Freud, Bion, Corrao et Romano, comme le travail d'une pensée qui pulse créativement lorsqu'elle s'étend cinétiquement et conjonctivement (Corrao, 1992) dans les dimensions de la mémoire, de l'affect, du mythe et de l'éthique (Romano, 1995a). C'est dans ce travail qu'une véritable fonction de réalité, plutôt qu'un principe de réalité, trouve son origine ; dans un article précédent, j'ai nommé cette fonction un « fantasme réalité » (Nociforo, 2013). Cette fonction humaine, développementale et transformationnelle, est produite par la capacité à être en contact avec la pulsionnalité propre, à la reconnaître, à se la représenter et à en prendre la responsabilité, ainsi qu'à l'aptitude à « se diversifier dans chaque direction » (Freud, 1900). Cette fonction nous permet de reconnaître les limites des relations avec la réalité externe, de souffrir de la complexité – physique et psychique, mentale et corporelle, affective et cognitive – des relations entre le conscient et l'inconscient. Elle nous rend aptes à modifier cette réalité afin de susciter un authentique, intime et profond sentiment de bonheur : le bonheur de devenir soi-même et de s'approcher d'une éthique de la psychanalyse[4].

Spéculation financière et terrorisme : l'attaque au travail (ou à la pensabilité) – une théorie groupale

À partir de cette prémisse, je voudrais postuler l'existence d'un lien caché entre l'extension du terrorisme et les spéculations financières qui détruisent, par exemple, le monde du travail. Toutes deux existent en vertu de l'angoisse qu'elles répandent : l'une par son évidente violence physique, l'autre du fait d'une violence moins évidente ; celle qui insinue la terreur d'un effritement de l'espoir de posséder quelque capacité que ce soit de pouvoir transformer notre relation à la réalité, en alimentant des fantasmes de fusion tels que celui de vivre dans le ventre d'une banque-mère[5] et de s'alimenter comme un fœtus

4. Je fais ici référence à la conception de l'éthique psychanalytique décrite par Riccardo Romano dans son article *Formes de l'éthique psychanalytique* (Romano, 2013b) sur lequel la Société Psychanalytique Italienne s'est appuyée pour ouvrir une discussion scientifique sur ce sujet. Dans cet article, l'auteur spécifie que l'éthique ne doit pas être confondue avec la morale et le comportement, ni avec les codes déontologiques de conduite professionnelle, mais qu'elle devrait être considérée – comme l'ont été toutes les doctrines de l'antiquité – comme un instrument de recherche du bonheur. L'éthique psychanalytique en particulier, fondée sur l'invitation originelle de Freud à connaître notre inconscient, est une éthique établie sur le besoin de ressentir et reconnaître comme nôtres toutes les pulsions, les fantasmes, les pensées, les désirs, et les sentiments qui nous dirigent. C'est pourquoi elle constitue une éthique de la responsabilité de la conscience de soi, du bonheur personnel, une conception très proche de ce que Hegel a appelé « la liberté devenue conscience de soi ».

5. Note du traducteur en anglais : la phrase de la version italienne est « *madre borsa* », qui recèle des connotations multiples. *Borsa* signifie l'activité financière en général et en particulier la place

qui se nourrirait de sa propre trésorerie. Par conséquent, toutes deux s'appuient sur un extrémisme tyrannique qui impose violemment sa vision propre de la réalité comme la seule admissible, sans accepter aucune autre interprétation. Toutes deux requièrent un sacrifice. Un sacrifice de travail qui, par son besoin de transformer la réalité tout en reconnaissant son existence, les limites qu'elle impose, les exigences indispensables de protection qu'elle entraîne, est vécu par l'extrémisme financier comme un obstacle à ses fantasmes de parasitisme par le gain spéculatif. Et un sacrifice de pensée qui, par sa capacité à explorer l'espace infini de la réalité intérieure, est au contraire vécu par l'extrémisme religieux comme une menace à l'encontre d'une foi unique. Ces deux extrémismes, comme le démontre leur origine commune, craignent un « travail de pensabilité » ressenti comme une menace de leur propre économie affective. Toutes deux constituent des domaines de notre esprit que nous devons être capables de reconnaître en nous-mêmes, sous peine de ne jamais comprendre la manière dont nous contribuons à leur violente expansion dans la réalité externe.

Afin d'appréhender leur complémentarité réciproque, à un niveau aussi bien phénoménologique que métapsychologique, il nous faut recourir à l'observation et à l'étude de la dynamique groupale inconsciente telle que la psychanalyse nous l'enseigne depuis les travaux de Freud (1921) et de Bion (1961), et par l'expérience de la conduite de petits groupes. Cette théorie et cette pratique nous permettent de postuler une analogie entre les lois de l'inconscient à l'œuvre dans les petits groupes, dotés d'une organisation spatio-temporelle définie en vue de la poursuite d'un objectif partagé, et celles qui gouvernent l'inconscient d'organismes sociaux tels qu'une institution ou une nation. En fait, à la différence d'une foule ou d'une masse qui sont des agrégats spontanés manquant d'organisation spatio-temporelle définie, un grand groupe, ou un ensemble organisé de groupes comme une institution ou une nation, ou même un ensemble de nations, partagent avec les petits groupes l'existence d'une organisation interne précise ordonnée par des lois, des règles et des objectifs explicites, par un espace et une durée reconnus par chaque membre du groupe.

Riccardo Romano, travaillant avec les théories de la dynamique des groupes développées par Bion et Corrao et se basant sur trente ans d'expérience des groupes psychanalytiques, a identifié l'existence d'une nouvelle hypothèse de base (HB) qu'il a nommée « l'hypothèse de base de l'Omertà »[6]. Cette HB est activée :

---

boursière. Sa forme diminutive, *borsetta*, signifie *bourse* ou *sac à main*. L'italien, comme l'anglais, possède l'expression « serrer les cordons de la bourse » en période de difficultés financières. En italien, l'expression *cordone* est porteuse d'une allusion additionnelle au cordon ombilical. La traduction par « banque » est proposée par l'auteur.

6. Note du traducteur en anglais : l'auteur observe que ce terme bien connu a une origine incertaine. Il pourrait être une déformation de *umiltà*, « humilité », ou une expression de « virilité », *omineità* modelé sur le latin *virtus*. Dans l'un ou l'autre cas, le sens d'un contrôle de soi qui se traduit par

dans les moments de transition, de crise, lorsqu'une hypothèse de base est intensément à l'oeuvre, lorsqu'aucune autre hypothèse n'a émergé ; et par-dessus tout lorsque des groupes de travail spécialisés engagés dans une relation dynamique à cette hypothèse de base sont affaiblis, ou entrent en crise, ou ne sont pas encore établis. Il est vraisemblable que les groupes de travail spécialisés ont non seulement la charge de satisfaire les exigences de l'hypothèse de base sans faire obstacle au groupe de travail, mais aussi de permettre de dépasser ou d'éclipser cette hypothèse de base, et donc de dynamiser le groupe. Si ceci ne se produit pas, soit ce type d'expérience se cristallise et subsiste par contrainte, soit l'HB d'Omertà entre en jeu... Les groupes de travail spécialisés soumis à une HB d'Omerta semblent échouer à défendre leur groupe de travail par comparaison avec des groupes de travail spécialisés avec d'autres HB. Il apparaît véritablement que les issues de ces situations sont radicalement opposées, mais il ne s'agit que d'une stratégie symétriquement antithétique : la Mafia garantit la haine et non pas l'amour à ses fils ; les Services Secrets ne se sacrifient pas eux-mêmes comme le fait l'Armée pour protéger le reste de la population de la destruction (p. 25), mais au contraire porte la destruction au sein même de la population, par exemple par des massacres (p. 26)... Il ne peut y avoir d'espoir et de renaissance dans un groupe de travail spécialisé qui œuvre en cachette et non au grand jour : le travail de renaissance est accompli par le biais de complots, de mystères, de dissimulations (p. 30)... Il est intéressant de relever la dépendance symétrique entre le groupe de travail spécialisé de la Mafia, ou au sein de la famille comme Mafia, et le groupe de travail spécialisé de l'Église, ou avec la famille comme Église. Dans cette dernière, une organisation nourrit le fantasme de l'existence d'un patron qui, bien que mort, aime tous ses enfants vivants de la même manière ; dans l'autre (la Mafia) existe une organisation qui alimente le fantasme qu'il y a un chef vivant qui aime les enfants morts du groupe, morts pour le groupe, ou des mains du groupe, dans un mouvement de fusion dans la mort avec le chef (p. 31).

(Romano, 1995b)

Ceci est très proche de la logique par laquelle fonctionne le terrorisme, comme de la manière par laquelle de (jeunes) terroristes s'immolent au nom d'un groupe et de son chef, humain ou divin. La référence à la réalisation d'un fantasme de fusion dans la mort est ici fondamentale, tout comme elle l'est dans mon hypothèse d'un lien entre les extrémismes religieux et financier, considérés en tant que tentatives pour parvenir à un fantasme de fusion qui prend alors la forme d'une non-naissance associée à un fantasme de bénéfices parasitiques à demeurer dans le ventre d'une banque-mère.

---

la permanence du silence est capital, que ce silence vise à affirmer l'identité d'un individu ou d'un groupe, ou à ignorer la loi.

Cette observation est significative étant donné que l'HB d'Omertà est activée lorsqu'un groupe éprouve de la difficulté à établir une HB forte, l'origine de cette difficulté demeurant incertaine. Mon hypothèse – qui s'accorde à la conception de Bion selon laquelle l'antinomie principale du fonctionnement psychique ne se fait pas entre Éros et Thanatos, mais entre le narcissisme et le socialisme (Bion, 1992) – est que cette difficulté découle directement de la prévalence de fantasmes narcissiques-fusionnels qui, en cristallisant, empêchent les oscillations vers le pôle socialiste, à l'encontre des intérêts du groupes dans le maintien d'un mouvement vital entre les diverses hypothèses de base. Si nous considérons le fantasme fusionnel d'un groupe comme une réaction à des besoins narcissiques primaires qui, s'ils sont suffisamment intenses, peuvent empêcher les valences (ces liens immédiats, spontanés et inconscients entre les différents composants d'un groupe qui structurent les HB, selon la métaphore chimique chère à Bion)[7]. C'est à ce point que surgit l'angoisse d'extinction contre laquelle le groupe va commencer à se défendre selon la dynamique de l'HB d'Omertà, afin de préserver sa propre substance menacée par des pulsions de désagrégation excessivement intenses ; cette défense s'exerce par un pacte de rejet de tout changement, de sacrifice de la mobilité dynamique et vitale des affects, par la mobilisation d'HB qui y sont associées et qui sont favorables à la permanence d'une fusion.

Ceci éclaire la relation réciproque entre spéculation financière et terrorisme, si nous concevons la spéculation comme l'expression d'un extrémisme narcissique qui, en engendrant une difficulté à mettre en œuvre des transitions entre une HB et une autre, menace la survie du groupe, et si nous concevons le terrorisme comme la mise en œuvre d'une HB d'Omertà en réponse à l'émergence d'une angoisse d'extinction. Mais si la terreur engendrée par la violence de la Mafia peut être rapportée à un échec de l'HB de dépendance, le terrorisme doit être rapporté à l'échec de l'HB attaque-fuite. Dans ce dernier cas, toutes les composantes de celle-ci, la rivalité, l'envie, la compétition, la jalousie et la destructivité, seront secrètement agies dans des attaques sournoises et persistantes au sein de la population, au lieu d'être organisées par une armée qui se sacrifie au nom de la sécurité du groupe (Romano, 1995b). La relation entre l'extrémisme financier et l'extrémisme terroriste devient encore plus évidente

7. Dans cette correspondance, je me réfère à l'hypothèse avancée par le groupe Sygma : premièrement, l'angoisse d'extinction peut être suscitée dans un groupe par une idée nouvelle dans la mesure où celle-ci menace la structure fusionnelle du groupe ; et deuxièmement, cette tendance à la fusion s'exprime dans les stades précoces du développement psychique en tant que préconception primaire de l'espèce humaine ; le groupe Sygma déduit la proposition théorique de l'existence d'une oscillation entre fusion et différenciation de l'angoisse groupale de perte de la fusion, inhérente à l'émergence de l'individualité (Banhos, *et al.*, 2010). Dans cet article, j'explore l'hypothèse opposée en m'intéressant à l'angoisse individuelle d'une perte narcissique dans le self qui, en empêchant la constitution de liens groupaux, devient la source d'une angoisse d'extinction.

si nous pensons que c'est non seulement la connivence entre le terrorisme et les services secrets qui a été historiquement et pénalement démontrée, tout au moins en Italie, mais aussi qu'une stratégie de la terreur absolue, qu'un état de terrorisme – que d'un point de vue psychanalytique je préfère appeler un état de terreur du groupe – a été engendré par les services secrets; cet état vise à réaliser un fantasme de régresser à un état fusionnel avec le ventre maternel et d'y demeurer à jamais : sans être né, sans croissance, sans laisser de place à autrui; il aspire ainsi à tirer profit de la spéculation plutôt que de s'engager dans l'effort d'un douloureux travail cognitif et affectif de transformation des problèmes posés par la réalité.

À la lumière de cette hypothèse, il devient plus simple de comprendre une rigidité asphyxiante de plus en plus répandue : l'apathie et l'indifférence, le manque de mouvements, d'espoir, de rêves, de passion, toutes ces caractéristiques de l'angoisse d'extinction ne sont pas les conséquences de problèmes sociaux, mais plutôt des problèmes sociaux générés par la tentative de parvenir à la rigidité d'un fantasme fusionnel. Par conséquent, il est moins difficile de comprendre les jeunes Européens qui rejoignent les rangs du terrorisme : ils ne disposent pas des possibilités de s'investir affectivement dans des modèles de référence internes du fait de la stase fusionnelle de type Omertà qui attaque et empêche l'émergence de nouveaux leaders et de nouvelles pensées du monde avec lesquels être soit en conflits, soit ouvertement ou secrètement identifiés.

Nous ne devrions pas négliger cet élément fondamental : les terroristes sont porteurs de passions socialistes, dans le sens du terme « socialiste » défini par Bion : comme un désir de rompre la stase narcissique autodestructrice d'un groupe, de faire exploser des bombes dans les arcanes d'un pouvoir qui n'aspire qu'à parvenir à une satisfaction apathique si indifférente aux besoins du monde qui nous est étranger qu'il ne semble pouvoir être touché que par des balles, des éclats d'obus, des explosions. Cependant, les terroristes ne tiennent aucun compte du fait qu'ils agissent exactement selon la violence et la terreur qui est indispensable au groupe en HB d'Omertà : ces balles et ces bombes augmenteront la destruction des liens groupaux, descendront la pensée en vrille, et justifieront un recours accru à la tendance à fusionner.

Ainsi, si le terrorisme est le produit d'un groupe visant à préserver le profit narcissique, anti-groupal, et par conséquent autodestructeur de pouvoirs financiers qui tentent de réaliser leurs fantasmes de se maintenir en place et de garder le reste du monde à l'écart, il le fait dans le secret et l'ombre clivée typique de l'HB Omertà. Les terroristes ne sont toutefois pas consciemment mobilisés par le désir de servir le pouvoir établi; en vérité, ils se croient opposés à celui-ci et animés de leur propre ferveur révolutionnaire. C'est pour cette raison que le groupe social a besoin de renoncer à l'usage du secret caractéristique de l'HB Omertà, et de se défendre contre les effets de son propre extrémisme narcissique de sorte à reconnaître ouvertement son besoin de fusion et de prendre conscience du fait que la menace contre son existence provient d'attaques cachées et primaires contre les liens groupaux, et non pas des terroristes. Dès lors, les terroristes seraient reconnus non seulement comme des parties internes de nous-mêmes, un « nous » plutôt qu'un « eux » ; presque tous les terroristes sont internes, ils sont nôtres, « nous » ; mais comme nos propres enfants ou comme des pensées sauvages et nouvelles, ils sont immobilisés dans l'une de deux vies possibles : supporter statiquement leur destin comme une défaite – c'est-à-dire les effets destructeurs d'un impensé éthique – ou fusionner dans la mort avec le puissant après avoir perpétré, pour la répandre, la terreur engendrée par la déprivation de leur propre futur d'êtres vivants.

Par conséquent, si nous désirons encourager la compréhension des êtres humains, il ne faudrait pas envisager de condamner moralement la classe financière en tant qu'expression d'un extrémisme narcissique de groupe : il faut de l'analyse et non du jugement. D'où vient donc cet extrémisme qui fait obstruction aux liens groupaux et qui est la source de l'angoisse d'extinction ?

Fin du monde : terreur, apathie, paralysie, couardise

Ces dernières années ont connu une énorme production d'œuvres artistiques qui saisissent et expriment le sentiment d'une impossibilité de tout futur, ce sentiment réaliste – et en réalité assez vraisemblable – que l'espèce humaine va s'éteindre. Mais, à mon avis, le mythe contemporain de cette extinction est lui-même l'une de ces œuvres. Il nous permet d'étudier ce phénomène en profondeur et il peut nous aider à comprendre son origine d'un point de vue psychanalytique d'une manière qui est potentiellement mutative. En plus du mythe évoqué par José Samarago, je voudrais recourir à quelques références théoriques développées sur un siècle de psychanalyse.

En 1914, dans *Pour introduire le narcissisme*, Freud s'exprime dans ces termes :

> Il y a deux mécanismes à l'œuvre dans cette idée de « fin du monde » : dans un cas, l'ensemble de l'investissement libidinal s'écoulerait vers l'objet aimé ; dans l'autre cas, il refluerait entièrement dans le moi.
>
> (Freud, 1914)

Quarante-quatre ans plus tard, dans son essai de 1968 intitulé *Tyrannie*, dans *Les structures sexuelles de la vie psychique*, Donald Meltzer écrit que l'état d'esprit de tyrannie

> n'est pas l'expression « d'une simple volonté et d'un sentiment incontrôlé et débridé », mais [qu']elle constitue une perversion sociale défensive contre

> des angoisses dépressives. Elle est surtout un processus social de négociation avec des objets internes apparemment désespérément mutilés. Elle se développe sur le terreau de la lâcheté face aux douleurs de la position dépressive. L'installation d'une tyrannie engendre de l'arrogance et s'y soumettre génère de l'apathie.
>
> (Meltzer, 1973b)

Auparavant, en 1967, dans un essai intitulé *La terreur, la persécution et l'effroi*, cité dans le chapitre sur la tyrannie, Meltzer décrit la terreur ainsi :

> La terreur est une angoisse paranoïde dont la qualité essentielle, la paralysie, ne laisse aucune place à l'action. Il est impossible de réussir à fuir l'objet terrifiant, qui est un fantasme inconscient d'objets *morts*. Mais dans la réalité psychique, un objet peut être dépossédé de sa vitalité tout comme celle-ci peut également lui être restituée, comme l'âme au corps en termes théologiques. Ceci ne peut être accompli que par les parents internes et par leur coït créatif… Lorsque la dépendance envers un bon objet interne est devenue irréalisable du fait d'attaques masturbatoires destructrices et lorsque la dépendance envers un bon objet externe n'est pas disponible ou non reconnue, la relation *addictive* à une mauvaise partie du self, *la soumission à la tyrannie*, prend place.
>
> (Meltzer, 1973a)

Finalement, Meltzer spécifie que

> en dernière analyse, ces « objets morts » sont les bébés à l'intérieur de la mère interne.
>
> (Meltzer, 1973a)

Fin du monde, terreur et paralysie. En tant qu'êtres humains, le champ des investissements libidinaux nous expose au risque d'une hémorragie complète, que ce soit en relation avec autrui ou avec nous-mêmes. Voici Charybde et Scylla, l'inévitable et désespérante mauvaise passe à traverser sans cesse afin de dépasser le complexe d'Œdipe et d'élaborer la position dépressive. Mais si Scylla, dépassée en direction de l'objet, laisse subsister l'espoir qu'Ulysse et quelques-uns de ses hommes puissent être sauvés, Charybde, le goulot du narcissisme, n'en laisse aucun : tout voyageur qui le traverse sera inévitablement avalé. Ce mythe fait un extraordinaire portrait des angoisses issues de la tentative de reconnaître l'existence d'autrui, de notre responsabilité envers eux, et il nous guide sur la route à prendre.

Si avec Freud nous pouvons comprendre le déficit libidinal qui suscite l'expérience de fin du monde caractéristique de l'angoisse d'extinction, Meltzer nous aide à comprendre que le sacrifice d'autrui et de parties vitales de soi par la terreur et le terrorisme agit comme un système pathologique d'auto-défense contre le risque d'une perte totale de la libido. En effet, qu'est-ce qu'un objet interne apparemment mutilé et désespéré, si ce n'est le fruit d'une organisation défensive fondée sur le sacrifice de la vitalité ? Et que sont la terreur et la tyrannie, si ce n'est une transformation en hallucinose (Bion, 1965) tendant à l'instauration d'un régime autarcique, d'un « antimonde » (Riolo, 2011)[8] qui empêche tant la découverte de l'objet que l'angoisse de sa recherche ?

Ces citations de Meltzer (1973a, b) traduisent une extraordinaire compréhension de la tyrannie en tant qu'état d'esprit relatif à un champ psychique déterminé par les interactions entre des individus, des groupes et des sociétés ; elles correspondent à des hypothèses qui nous permettent de comprendre le terrorisme comme un système de défense pathologique produit par le groupe lui-même ; elles nous offrent un tissus théorique propre à nous aider à avancer dans le labyrinthe des expériences oppressives de l'angoisse d'extinction et à comprendre la manière dont la contagion de cette angoisse corrode les fondements de notre identité et de notre éthique de psychanalystes en nous rendant, comme Meltzer l'énonce, « apparemment désespérés et mutilés » de tout bonheur. Si, de fait, une lâcheté devant les souffrances de la position dépressive pèse sur le « commerce des objets internes », il est possible de faire l'hypothèse que cette couardise résulte de la terreur suscitée par les « objets morts », plus particulièrement par les enfants morts à « l'intérieur du ventre maternel ». Cette hypothèse nous permet de penser que le sacrifice de parties vitales du self constitue une défense contre l'angoisse d'extinction, que ce sacrifice est la principale cause du sentiment de perte de tout avenir qui caractérise cette dernière. Sacrifier des parties vitales de notre self peut être la répétition d'une attaque primaire portée sur les parents internes, d'une part, et, d'autre part, sur les fruits de leur créativité vitale : sur les bébés, les pensées naissantes, le futur, l'inconscient. La lâcheté intensifie les défenses narcissiques, fait obstruction aux mouvements de réparation, et apparaît donc comme la conséquence de l'intensité des attaques contre les bébés à l'intérieur du ventre maternel et, en soi, contre les groupes internes. Ces attaques font retour sous forme de représailles persécutrices, paralysant les motions pulsionnelles et particulièrement celles qui sont le plus « dangereusement créatives ».

8. «… comme Freud l'a énoncé, « de très sérieuses frustrations d'un désir par la réalité – une frustration qui semble intolérable » — doivent créer pour soi-même une autre réalité dans le but de ne plus rechercher des gratifications de l'objet, mais au contraire d'éviter la frustration inhérente à son absence… dans l'hallucinose, cette nouvelle réalité n'est pas un simple *Wünschwelt*, un monde de souhaits, mais plutôt un *Wünschgegenwelt*, un antimonde, en compétition avec le précédent et aspirant à asseoir sa supériorité sur lui » (p. 114). « C'est pourquoi tous les objets sont vidés de leur valeur et de leur sens pour le bénéfice d'un objet supérieur qui est ressenti comme la véritable "incarnation" du self. Ainsi… cette croyance en un objet supérieur exige qu'il soit reconnu en tant que tel par chacun – c.-à-d. qu'il soit révélé et exhibé. Ceci explique sa dissémination sous des formes collectives, "épidémiques", d'actions qui en font un objet-culte pour une communauté de croyants. Des exemples de ceci incluent le fanatisme religieux… » (p. 117). « ici, cependant, nous sommes confrontés à une réalité actuelle, collective, une réalité qui existe ici et pour chacun… » (p. 118).

Dans tous les cas, l'éthique psychanalytique est le sujet en question. Son destin dépend de l'évitement ou de l'abord des souffrances de la position dépressive dans la mesure où (c'est bien connu) la capacité de parvenir à cet état mental nous permet de reconnaître notre responsabilité envers autrui, leurs blessures et leurs besoins. La capacité dépressive est une fonction essentielle à l'éthique de la responsabilité, à l'aptitude à nous sentir responsables des souffrances d'autrui, à partir de quoi peut exister un mouvement réparateur sincère propre à rétablir la vitalité de l'objet total. Un échec à développer cette capacité nous livre à la menace d'un système interne tyrannique-terroriste issu de l'attaque primaire sur le « coït créatif » des parents et d'un commerce avec des objets mutilés ou morts.

L'invasion par la réalité et la crise des psychanalystes : marchander l'objet

Je pense que cette problématique nous préoccupe intimement. En fait, la communauté psychanalytique elle-même a été contaminée par l'angoisse d'extinction et a recouru au sacrifice de ses propres aspects vitaux. Il nous incombe cependant d'identifier l'origine de cette angoisse et son traitement. Après tout, c'est ce qui arrive aussi à tous les médecins lors de pandémies comparables qui touchent le corps, ou à tous les scientifiques de l'environnement avec l'extension rampante de l'industrialisation et ses effets désastreux sur les écosystèmes. Je dois ajouter qu'en ce qui concerne ces domaines également les psychanalystes ont pour tâche de surmonter les défenses derrière lesquelles ils se réfugient, selon lesquelles il serait impossible d'identifier l'inconscient dans le comportement de groupes ou d'organismes sociaux. Au contraire, nous devrions assumer la responsabilité de montrer au monde les lois psychiques que l'humanité devrait connaître afin d'établir un *sensus communis* basé sur la conscience des conditions nécessaires au développement affectif de la pensée. Nos modèles théoriques possèdent l'autorité scientifique pour révéler la relation évidente entre l'exploitation avide des ressources de notre planète et les attaques sanglantes contre le corps de la mère et les bébés que celui-ci contient, des attaques qui découlent d'un échec à reconnaître nos pulsions les plus destructrices. Cet échec fait le lit d'une extinction réelle de notre espèce car il constitue le véritable obstacle à la possibilité de dépasser la relation parasitique que nous avons établie avec le monde en développant des modes de production moins destructeurs.

Au contraire, je pense que nous sommes touchés par l'angoisse d'extinction, comme la plupart des gens, et que nous sommes atteints dans la vitalité de notre relation à nos connaissances théoriques. Notre démoralisation nous entraîne vers l'autosacrifice, vers une adaptation complaisante et passive à la méthode et à la technique de l'extrémisme financier que l'économie nous impose et que nous nous imposons par nous-mêmes. Nous pouvons en trouver un exemple dans la tendance à la réduction des séances. Ce sacrifice technique n'est pas fondé sur la reconnaissance des besoins profonds et souvent déniés de nos patients, mais sur un recours à l'acte selon un mouvement non critiqué d'adhésion au point de vue commercial et à l'ensemble des problèmes économiques auxquels nous sommes confrontés. Nous considérons ces derniers comme d'autant plus insurmontables et ininterprétables que les questions économiques extérieures pèsent par la force de leur invasion de la réalité, avec pour résultat qu'en dernier ressort n'importe quelle thérapie peut prendre le nom de « psychanalyse ». Ceci nous empêche non seulement d'utiliser efficacement les instruments susceptibles d'étendre notre pouvoir d'interpréter ce qui nous est imposé et que le monde extérieur nous fait passer pour la réalité, mais, et c'est typique de l'angoisse d'extinction, nous sommes corrompus par le passage d'un autosacrifice d'aspects fondamentaux et vitaux de notre technique par une commercialisation complète de l'objet; nous courons ainsi le risque d'une perte définitive de notre identité scientifique encore naissante.

En fait, nous recourons toujours plus à la phénoménologie du comportement, au caractère « irrécusable » et rassurant de la réalité externe, là où la découverte de l'inconscient et des dispositifs permettant d'éclairer et d'accepter son feu transformationnel nous ouvrent l'accès au monde de Psyche, nous met en contact avec l'aporétique et le casuel (Corrao, 1985), avec le doute et parfois avec l'évanescence de ce qui ne semble pas exister. Il me semble qu'il est facile de négliger cet élément fondamental pour notre pratique et par lequel l'objet de notre psyché et de la science psychanalytique ne se rapporte que peu à la mesurabilité qui caractérise les sciences physiques. Et même si ces dernières ont accepté le principe selon lequel la dimension subjective de l'observateur modifie le champ d'observation, notre objet d'étude est, pour ce qui le concerne, fait d'une oscillation sujet – objet capable de nous modifier. La psyché est le domaine des fonctions naissantes du corps humain pensant, un lieu de plaisir et de souffrance, de pensée et de transformation de soi par la pensée de soi, peut-être même de notre héritage génétique (Freud, 1932)[9]; mais elle requiert

9. « Je crois que le motif essentiel pour lequel nous nous élevons contre la guerre, c'est que nous ne pouvons faire autrement. Nous sommes pacifistes parce que nous devons l'être en vertu de mobiles organiques... Voilà qui ne va pas sans explications. Et voici ce que j'ajoute : depuis des temps immémoriaux, l'humanité subit le développement de la culture. (D'aucuns préfèrent, je le sais, utiliser le terme de *civilisation*). C'est à ce phénomène que nous devons le meilleur de ce dont nous sommes faits et une bonne part de ce dont nous souffrons. Ses causes et ses origines sont obscures, son aboutissement est incertain, et quelques-uns de ses caractères sont aisément discernables. Peut-être conduit-il à l'extinction du genre humain car il nuit par plus d'un côté à la fonction sexuelle, et actuellement déjà les races incultes et les couches arriérées de la population s'accroissent dans de plus fortes proportions que les catégories raffinées. Peut-être ce phénomène est-il à mettre en parallèle avec la domestication de certaines espèces animales; il est indéniable

de celui qui souhaite l'approcher de pouvoir connaître et tolérer le doute et l'infini (Bion, 1962), l'incessante turbulence des processus de refoulement et de déni auxquels nous sommes soumis. Pour cette raison, contrairement à ce qui se passe dans le champ de la « *Physis* », nos accomplissements scientifiques ne sont pas acquis une fois pour toutes. Ils ne le sont qu'après avoir été soutirés, au prix de grands efforts, aux résistances intenses avec lesquelles nous recevons les manifestations de l'inconscient. Ils demeurent constamment à risque de nous être retirés, tout en exigeant un travail difficile et permanent de récupération.

C'est pourquoi je pense qu'en ce moment historique Psyché subit une invasion par la réalité physique, ou plutôt par des représentations de celle-ci qui se font passer pour la réalité physique objective, comme un donné ininterprétable ; au pire, pour quelque chose avec quoi marchander ou négocier. De l'effort d'interpréter des résistances à analyser, nous en arrivons à prendre en charge la réalité, et je le dis en pleine connaissance de ce que cette notion signifie en Italie[10]. Mais tout comme marchander avec la Mafia engendra une corruption de la pensée à l'origine de la profonde crise sociale actuelle, négocier avec une réalité supposée s'imposer d'elle-même ne peut que mutiler l'objet analytique et le rendre impossible à identifier comme objet total par la psychanalyse, par les psychanalystes. Voilà le vrai problème de la transmission de la psychanalyse aux nouvelles générations ; cette question ne relève que peu des problèmes économiques de la réalité extérieure dont nous reconnaissons trop souvent l'existence face à des analystes en formation qui sont effrayés ou en difficultés.

Si, comme Tagliacozzo le relève, la transmission de la psychanalyse entre en conflit avec le fantasme de la posséder de façon à éviter le tourment d'être psychanalystes (Tagliacozzo, 1990) en entraînant un possible conflit entre une identification et une pulsion de possession, l'adhésion « lâche » de l'establishment psychanalytique à un système défensif contre l'angoisse d'extinction construit à partir d'une commercialisation de l'objet ne peut que mener à des accords avec les résistances des analystes en formation ; ne pas analyser leurs fantasmes les plus problématiques en relation avec la psychanalyse en serait le prix à payer. Sur le plan éthique, ceci implique de les rendre incapables de faire l'expérience de la quantité et de la qualité de leurs propres résistances à être psychanalystes, ce qui pourtant permettrait à celles-ci d'être analysées et transformées de sorte à ce que ces analystes en formation puissent réaliser leur rêve de développer l'identité psychanalytique tant désirée. Mais alors,

---

qu'il entraîne des modifications physiques ; on ne s'est pas encore familiarisé avec l'idée que le développement de la culture puisse être un phénomène organique de cet ordre » (Freud, 1932).

10. Note du traducteur en anglais : l'auteur pense particulièrement aux récentes poursuites judiciaires menées par le tribunal de Palerme sur la base de présumées tentatives de négociations de l'État avec la Mafia à la suite du meurtre du magistrat Giovanni Falcone en 1992. Le collègue de ce dernier, Paolo Borsellino, ayant refusé tout compromis avec la Mafia, fut assassiné deux mois plus tard, bien que reste à établir si ce refus fut le motif de son meurtre.

la commercialisation et le marchandage nous laissent à nouveau entrevoir le véritable fantasme qui, selon Tagliacozzo, peut être à l'œuvre chez ceux qui fantasment de devenir psychanalystes, celui d'acquérir

> des moyens de « connaissance » et « d'expertise » auxquels recourir dans la vie quotidienne pour le profit d'un faux Self (pseudo) analytique qui œuvre à la destruction, qui ne veut ni ne peut reconnaître la signification de la psychanalyse et celle d'un processus de maturation personnelle, qui vise à utiliser cette expertise comme un outil… un outil à acquérir pour le bénéfice de l'accomplissement d'une tâche et d'une douleur psychique à vivre en se mesurant à ses propres limites personnelles, et par-dessus tout à la reconnaissance d'un monde interne empli de destruction.
>
> (Tagliacozzo, 1990, p. 156)

Nous risquons d'échanger le travail à accomplir, l'analyse des fantasmes et des résistances, contre la tradition et la négociation. Je voudrais m'attarder sur ce dernier concept largement répandu dans notre langage scientifique actuel et si proche de celui de la conclusion d'un accord. On peut négocier avec un ennemi, avec un terroriste, pas avec un patient. Et je voudrais ajouter : pas avec l'inconscient. On négocie et on marchande avec un ennemi ou avec un terroriste pour obtenir un cesser le feu ou la libération d'otages : il est ainsi possible de spéculer que l'abandon toujours plus évident de l'inconscient et de l'analyse des manifestations de celui-ci pourrait être le plus grand exemple d'autosacrifice accompli en nous-mêmes, celui qui transforme l'inconscient en ennemi avec lequel négocier et marchander plutôt que de l'appréhender comme le domaine de notre exploration et de nos pensées futures sur le monde. De ce point de vue, le terrorisme peut être considéré comme la concrétisation symptomatique de notre terreur de l'inconscient. La crise de la psychanalyse est une crise des psychanalystes face à l'angoisse d'assumer la responsabilité de leur ambivalence envers la psychanalyse, une ambivalence dont ils sont les principaux messagers. L'échec à le reconnaître est dû à un système défensif tyrannique qui, en nous persuadant de voir la crise uniquement sous le jour de problèmes de la réalité externe, physique, visible, nous conduit à marchander, négocier, transiger, à faire des compromis techniques apparemment nécessaires mais qui nous laissent sous la menace d'objets mutilés ou même morts. Ce qui ne peut que compromettre inéluctablement notre capacité d'accepter la vitalité déconcertante et débridée inhérente à l'inconscient, toute la vitalité de l'enfant analytique (Bion, 1977) qui offre un véritable espoir de guérir la souffrance : tout comme ceux qui ont accepté des compromis avec la Mafia, et qui continuent à en conclure, abandonnent toute une nation à la menace de ses divisions, un objet analytique mutilé et divisé serait incapable d'éveiller l'espoir en une identification passionnée avec des aspirations vitales et profondes, avec un rêve partagé à transmettre à de nouvelles générations.

Une analyse

Claudia, déprimée et malheureuse, me consulta après une crise financière, un fait qui devait peser lourdement sur son analyse (à trois séances par semaine) et son paiement. Il s'agissait d'une longue et difficile analyse avec peu, très peu de signes de changements, payée par un père qui me téléphona durant la cinquième année d'analyse pour se plaindre de l'inutilité du travail, du manque d'amélioration durant ces années, et de la dépense d'argent. Bien qu'étant profondément dérangé par ce contact, je me sentais en accord avec ce père. « La patiente ne change pas », pensais-je, « bien qu'elle ne manque aucune séance et qu'elle soit toujours précise dans ses paiements ». Ceci ne fit qu'accroître mon sentiment de culpabilité quant à mon incapacité. Je me sentais comme un parasite confronté à des problèmes économiques qui me paraissaient très réels et pressants. Dans cette famille, en 2011, seul le père travaillait et la crise économique était dévastatrice : moins de patients, ne venant que pour des consultations préliminaires, pour des licenciements, des faillites professionnelles, du chômage, l'impossibilité de trouver un nouvel emploi… À l'évidence, un problème nous tracassait : notre pain quotidien. Chaque jour, jour après jour, n'était qu'une agression continue de nouvelles de ce genre. En Sicile plus que partout ailleurs. Soixante pour cent des jeunes entre vingt et trente ans ne travaillaient pas. Qui pourrait s'offrir une analyse dans le futur, dans quelques années, ou même aujourd'hui ? Qui pourrait même se permettre de vivre dans le futur ? Y aura-t-il un avenir ? Non, il semblait que non, ou plutôt il ne semblait pas : je pensais qu'il n'y en aurait pas. Pendant et après la séance, je pensais comme il me semblait que la multitude de jeunes gens autour de moi pensaient : il n'y aura pas de futur. Tout comme nombre de mes collègues le pensaient, et pas seulement dans les « corridors » mais également dans les rencontres scientifiques officielles où ils proclamaient qu'une analyse exige une fréquence de séances trop élevées, coûte bien trop cher, que nous ne pouvons pas exiger ça de nos patients dans une société appauvrie et éperdue. « C'est vrai » m'entendis-je répéter de plus en plus souvent à un cercle de collègues. « Il n'y a rien à interpréter, c'est vrai, c'est la réalité ! La psychanalyse est trop exigeante, trop longue, les patients ne peuvent pas l'assumer, ils n'ont pas le temps d'épargner. » Les mêmes idées, les mêmes mots que le père de ma patiente.

Je me sentais angoissé, écrasé : « Je suis désolé, chère patiente, je ne suis pas à la hauteur », me répétais-je, « et vous ne pouvez pas continuer à dépenser tout cet argent et à investir tout ce temps de votre vie ».

L'analyste : « Votre père m'a téléphoné hier matin pour se plaindre que l'analyse dure si longtemps et coûte si cher pour si peu de résultats. Je suis désolé d'avoir répondu à ce téléphone car je pensais qu'il s'agissait de la personne que j'attendais. Quoi qu'il en soit, je lui ai expliqué que je ne pouvais pas lui parler de votre analyse. »

La réponse de Claudia fut surprenante : « Qu'est-ce qui lui fait penser qu'il peut entrer ainsi dans mon espace ? ! », explosa-t-elle, « Particulièrement quand je me sens mieux ! » « Mieux ? ! », pensai-je avec surprise. J'assistais à un plaidoyer passionné de Claudia pour l'analyse, tel que je n'en avais jamais entendu. Mais l'opposition de son père ne diminua pas jusqu'au moment où, quelques mois plus tard, à la veille des vacances d'été, il, ou l'aspect « père » de ma patiente, décida de ne plus payer l'analyse de sa fille.

La patiente : « Je ne peux payer que ma moitié habituelle. »

« Votre moitié ? ! », m'entendis-je penser. C'est ainsi que je découvris, non sans surprise, que contrairement à ce que ma patiente m'avait toujours laissé croire, l'analyse n'était pas entièrement payée par son père. Elle en avait toujours payé la moitié. Ou serait-ce une moitié d'elle-même qui ne pouvait émerger qu'à ce moment-là qui aurait toujours porté l'analyse contre une autre moitié d'elle qui l'aurait attaquée ? Pourquoi la Claudia capable de payer est-elle demeurée si longtemps dans l'ombre ?

Je commençai à penser : le sentiment d'être un parasite inutile a toujours été présent dans l'analyse de cette patiente, mais l'impact de ce sentiment était si réaliste, si accru par ce que je percevais comme l'invasion d'un problème économique du pays tout entier, par la position « réaliste » de nombre de mes collègues, par mes résistances personnelles, qu'il m'avait empêché d'en faire un objet analytique. Dorénavant, je pus penser que si j'étais un parasite Claudia devait me cacher la vérité quant à sa contribution essentielle à l'analyse : j'aurais pu m'en emparer et la détruire. Cette pensée m'angoissa. Je me demandai si une relation parasitique avait pu se développer au risque de détruire l'analyse. Mais tout en étant angoissé, je sentais que le poids de la réalité était devenu moins oppressant : en fait, je réalisais que j'étais heureux, que je n'avais jamais été si heureux d'apprendre que j'allais être moins payé ! Et je n'ai jamais été aussi heureux durant tout le cours de cette analyse.

« Bien sûr », pensai-je, « si elle me paye moins, je me sentirai moins un parasite » ; mais il était également vrai que pour la première fois j'avais entendu la patiente défendre ouvertement son analyse contre les intrusions de son père, ou contre un père-self, qui se plaignait du temps et du coût et, par-dessus tout, de ne voir aucun changement. « Mais peut-être suis-je le père qui ne voit aucun changement ! », pensai-je tout à coup, « ou suis-je identifié à une partie de la patiente qui ne souhaite pas voir son autre self la parasiter ? » À ce point de ma réflexion, je mis mes réserves de côté et j'interprétai : « Claudia est celle qui défend l'analyse qui l'aide à redécouvrir sa vitalité cachée, mais elle est aussi le père réaliste et cynique qui veut lui imposer sa vison propre de la réalité comme la seule acceptable, par-dessus tout, à la veille d'une longue séparation pour les vacances d'été. »

Quelques mois avaient passé depuis que Claudia avait commencé à me payer la moitié des honoraires. À la suite de cette interprétation, elle commença à me payer la totalité de ceux-ci. Je pense que la patiente essayait en dernier ressort de m'apporter la moitié d'elle-même qui avait été jusqu'alors laissée de côté. Ou était-ce le double ? Une *Doppelgänger* ? En fait, je me souvenais que, la première fois que je l'ai vue, j'ai eu l'impression que j'étais en présence de deux personnes en une : une belle femme cachée et recouverte par une autre personne moche et négligée. Nous sommes maintenant dans la septième année d'analyse. Les séances commencent à prendre une tonalité différente. Claudia commence à parler de deuils hautement significatifs pour elle avec une intensité émotionnelle nouvelle : une amie précieuse de son enfance morte lorsqu'elle avait onze ans ; un ami d'enfance mort peu après. Je reconnais l'importance de ces comptes rendus, mais je note que la vitalité limitée de ma patiente s'évanouit, alors qu'un sentiment d'inutilité me ronge lentement, à nouveau, avec l'impression aussi réelle que possible que je fais perdre son temps et son argent à ma patiente, « le peu d'argent qu'elle a », jusqu'à ce que je parvienne au point de penser que je ne le mérite pas. Lors d'une séance de l'automne dernier, Claudia parle, comme elle le fait souvent, de sa nostalgie de son enfance ; mais elle ajoute qu'il arrivait, lorsqu'elle était petite, qu'elle soit ennuyée qu'on l'envoie se coucher, en été, alors que ses aînés passaient la soirée sur la terrasse à parler et à rire.

La patiente : « Au lieu de cela, je devais rester dormir dans la chambre avec les autres enfants[11]. » « Les enfants morts de la chambre ! », pensai-je tout à coup en me demandant si le manque de vitalité de ma patiente pouvait être lié au même fantasme chargé de culpabilité portant sur les enfants morts, une culpabilité de simplement désirer rejoindre les aînés sur la terrasse, pour vivre et grandir. Et maintenant, quelques semaines plus tard, alors que je vais être payé, l'idée de ne pas mériter l'argent de ma « pauvre » patiente devient si réaliste que ma pensée en est paralysée. Cependant, je suis alarmé et je décide de consulter un collègue, un analyste formateur avec qui j'ai déjà parlé à quelques reprises de ce cas. Je lui fais part de cet « engourdissant sentiment de réalité » (Steiner, 2012). Et c'est lorsque j'évoque la chambre des enfants morts et lorsque ma collègue me parle avec simplicité de la « culpabilité d'être vivant » que les pensées bouillonnent soudainement : je vis la culpabilité de vivre de ma patiente. Au moment où je le pense, je fais l'expérience d'une sensation de mouvement interne de mes pensées. Je sens que je pense à nouveau et je réalise que j'en suis heureux comme quelqu'un qui retrouve de l'oxygène après un long sentiment de stagnation et d'immobilité asphyxiée. Le sentiment d'être un parasite, l'impact des problèmes de la réalité externe, des ressources financières limitées de ma patiente étaient le fruit de ma contre-identification au sentiment de ma patiente de ne pas être capable d'avancer parce qu'elle ne le méritait pas, parce qu'elle n'avait pas le droit de vivre, parce que vivre

11. Parmi ces enfants, il y avait ceux qui moururent plus tard.

est coupable (Lupinacci, 2008)[12] à la façon d'un parasitisme des enfants morts, des enfants qui ont peut-être été attaqués et tués en fantasmes. Mais il ne suffisait pas de le comprendre : la patiente avait besoin que je le vive. Claudia me fit vivre la douleur indicible de ses symptômes de sorte à ce qu'ils soient analysables en moi. Que se serait-il passé si j'avais accepté la pression du champ analytique qui manipulait le processus avec un effet de réalité extrêmement concret, difficile à réfuter, et qui traitait les difficultés financières comme une réalité objective en lieu et place d'un objet d'analyse ? Que seraient advenus les enfants morts et la responsabilité de nos fantasmes, les miens et ceux de ma patiente, à leur sujet ?

J'ai voulu rapporter cet exemple clinique comme une représentation emblématique de la manière dont l'extension de l'angoisse d'extinction dans une société peut contaminer les sociétés de psychanalyse en envahissant l'esprit de l'analyste au travail. Son caractère distinctif ne réside pas tant dans le type de résistance élaborée par un patient que dans la façon dont une communauté psychanalytique inconsciente de l'angoisse d'extinction sociétale tombe malade des mêmes symptômes d'incapacité de penser et abandonne de ce fait, progressivement, l'interprétation des résistances des patients, en particulier celles concernant le nombre et le coût des séances. Ce *sacrifice* de la pensée analytique s'est mué en sacrifice de la technique selon une tendance à considérer comme inévitable de réduire le nombre des séances, ce qui *mutile* les fondements vitaux du dispositif analytique, ce qui porte atteinte à la capacité d'accepter comme un ensemble les désirs inconscients de changement du patient, et ce qui endommage en profondeur les ressources internes des psychanalystes. Vraiment, nous ne devons pas manquer de prendre en compte le fait que si la communauté scientifique à laquelle nous appartenons, notre contenant scientifique si nécessaire au soin et à l'entretien de nos fonctions analytiques, ne préserve pas notre propension réparatrice envers nos patients, si, au contraire, elle devient un objet-groupe mutilé, blessé, inerte, désespéré, lui-même en besoin de réparation, alors notre capacité à accepter et à interpréter les résistances à l'analyse sera mutilée, ou à tout le moins profondément altérée.

Dans cette rencontre clinique en particulier, l'angoisse d'extinction de l'analyste est entrée comme du fiel dans l'analyse par le biais du problème de la culpabilité d'être vivant : la patiente fit inconsciemment vivre à l'analyste sa propre culpabilité de vivre au point qu'il en vint à penser ne pas mériter d'être payé ; la culpabilité de l'analyste d'être payé est un analogue symétrique

---

12. « Il semble inévitable que si la culpabilité est à comprendre et à intégrer par l'analyse, qu'elle doive l'être également par l'analyste ; elle doit faire partie de l'expérience de l'analyste et l'analyste doit se montre capable de la supporter et de la perlaborer. Dans l'expérience vécue d'une relation analytique, le fait qu'un Objet puisse émerger qui soit capable d'organiser l'horreur de la culpabilité d'une manière différente constitue par conséquent un facteur de changement pour le patient également » (p. 127-8).

de la culpabilité de vivre de la patiente. C'est pourquoi l'accusation de la patiente que l'analyste eut à endurer est en fait l'accusation dont cette femme souffrait inconsciemment : celle de désirer vivre. Le dénouement de ce nœud contre-transférentiel dans l'analyse rendit à l'analyste son plaisir de penser, issu du plein usage et de l'efficacité de ses outils analytiques, et restitua à la patiente sa liberté et sa responsabilité de désirer vivre. L'analyse du contre-transfert fut extrêmement problématique par la façon dont il se manifestait comme une accusation de maintenir trop de séances, une mesure qui était inconsciemment associée par l'analyste aux accusations identiques portées contre lui par sa propre communauté analytique, ou tout au moins par une partie de celle-ci ; ces accusations se sont transformées en lui en un groupe persécuteur interne qui lui imputait le souhait d'interpréter plutôt que de reconnaître pleinement la valeur de la réalité rencontrée par sa patiente, un état de fait qui laissait peu de place pour la pensée. Ceci risqua de détruire l'analyse. À ce point, l'analyste eut véritablement à prendre en compte une double culpabilité, la seconde d'entre elles ayant un effet paralysant sur sa pensée : la culpabilité de désirer être payé et d'interpréter, dont l'essence était la culpabilité imputée par sa propre communauté psychanalytique de désirer devenir un analyste.

L'usage pervers de la technologie

Et maintenant je me découvre en train de penser que même durant la période du Nazisme et du Fascisme, même lorsque la pulsion de mort submergea les barrages des fantasmes intrapsychiques pour s'étendre dans le monde externe par l'extermination d'enfants et de leurs parents, même lorsque les objets morts du monde interne prirent la forme des corps morts du monde extérieur, l'espoir dans un futur ne diminua pas. Il y avait bien sûr le futur de l'Aryen « supérieur », dans le sens donné ici à un objet supérieur (Bion, 1965), imaginé et élaboré par un système tyrannique, mais la passion vitale de ceux qui ne se résignait pas à la destruction avait encore un cœur battant. Pourquoi la résignation de l'angoisse d'extinction se répand-elle tant de nos jours ?

Je vais prendre pour point de départ de ma réflexion le présupposé que des enfants sont aujourd'hui encore tués, pas uniquement dans nos fantasmes, peut-être plus encore que dans le passé, mais avec une différence avec la tragédie du nazisme ou avec certains conflits dramatiques récents. Il y a des milliers d'enfants qui continuent de mourir chaque jour à la guerre, de faim, à cause du trafic d'organes, ou par de terribles pratiques d'esclavage. La différence avec le passé est qu'aujourd'hui nous sommes pleinement et précisément informés de ces faits, sans que pour autant notre état affectif n'en soit particulièrement ému. C'est pourquoi je pense qu'il existe une relation précise entre la dissémination de l'angoisse d'extinction dans sa forme la plus insidieuse, l'impossibilité de penser, et la relation pathologique aux affects dans la société occidentale contemporaine. Que sont devenus nos affects ?

Dans *L'aveuglement*, l'extraordinaire roman de Saramago, l'humanité est affligée d'une pandémie de cécité blanche. Ceux qui perdent la vue commencent de voir blanc. La contagion s'étend de plus en plus largement sans que le monde scientifique ne comprenne ce qui se passe, jusqu'à ce que soit atteint un point où les autorités soient poussées à enfermer ceux qui en souffrent en les abandonnant dans des asiles qui se transforment rapidement en véritables camps de concentration dans lesquels toutes les formes de violence et d'abus se développent. Cependant, une femme a accompagné par amour son mari aveugle dans un camp. Elle le guide vers la sécurité, à la fois lui et son humanité : elle n'est pas affectée car elle n'a jamais cessé d'aimer son mari.

Je pense que ce roman offre au monde la plus extraordinaire interprétation de ses maux actuels et qu'il devrait être considéré comme un mythe. La cécité blanche nous parle d'un excès de lumière, d'un excès de stimulations sensorielles externes qui envahissent notre esprit, qui empêchent le libre mouvement des affects et leur capacité de s'attacher aux représentations qui constituent notre monde interne et de les lier ; un excès qui empêche la constitution de nos fantasmes en une pulsation de notre pensée capable d'investir de ses motions propres les objets de la réalité externe, afin de modifier celle-ci. Saramago nous aide à penser que « l'ombre de l'objet » ne tombe désormais plus sur le moi, que nous vivons dans un excès de lumière, exposés à une réalité aveuglante. Nous devons garder à l'esprit, ici, une différence essentielle et souvent négligée : savoir n'équivaut pas à penser. Savoir, c'est posséder une connaissance de quelque chose ; penser, c'est s'engager dans une relation affective avec l'objet de connaissance afin d'être transformé par lui comme nous avons pu en faire l'expérience dans nos analyses : être transformés dynamiquement, affectivement, par la relation avec le sujet – objet de la connaissance. Dans le processus de transformation de la pensée, le penseur ne possède pas la pensée mais il utilise la relation vitale par laquelle non seulement le contenant contient la pensée, mais la pensée peut à son tour contenir le penseur qui est préparé à assumer la responsabilité d'être transformé par elle. La leçon de Samarago nous aide à comprendre comment l'invasion par la réalité que nous subissons quotidiennement, qui nous informe de chaque événement du monde, qui est gorgée de connaissances, empêche toute relation vitale avec l'objet de la connaissance en aveuglant notre réalité interne par la paralysie de la relation dynamique et transformative entre la pensée et le penseur.

Tout ceci découle des transformations technologiques récentes. Le contact continu avec la réalité extérieure que nous offre l'usage des media, des ordinateurs et des téléphones portables, qui brise les anciens paramètres spatio-temporels, le potentiel des techniques de reproduction, qui élude les vicissitudes de la relation entre le corps et la sexualité, mettent en place les conditions favorables à une invasion par la réalité, car une sur-stimulation qui ne peut pas être contenue par notre appareil psychique submerge les conditions temporelles de la pensée, du corps et de leurs processus. Ce n'est pas un problème de la technologie *per se* mais de l'usage que nous en faisons, dans le but de dénier la nécessité de dépendre de nos objets internes, de nos affects, et de notre corps, afin de la remplacer par un lien technologique (Tagliacozzo, 1980).

La « financiarisation » de la relation avec le monde survient donc du fait du pouvoir d'une technologie qui lui permet de transformer en réalité (transformation en hallucinose) les fantasmes pervers de pouvoir et de contrôle du monde des objets internes, des souvenirs, des affects, des mythes, de sorte à ne plus dépendre d'eux, mais plutôt à les dominer technologiquement et sadiquement. Ceci constitue une réponse vengeresse à ce que Freud a désigné comme la troisième et plus importante blessure narcissique subie par l'Homme : la découverte de l'inconscient, celle de ne pas être le maître dans sa maison. Par conséquent, nous comblons le fantasme d'être maîtres du temps, des affects, du corps, et par-dessus tout de l'inconscient, celui qui dérange, l'immigrant, le terroriste inconscient, devenu fantasmatiquement obéissant et asservi : avoir un enfant lorsque nous le désirons et à quelque coût que ce soit, pour nous dispenser de toute maturation ; obtenir des réponses immédiates, éliminer toute attente ; entrer instantanément en étant portés par une destructivité stupide dans les vies (et les corps !) d'autrui ; et sans avoir à prendre en compte le fait que cette impulsion à soumettre tyranniquement les objets internes est elle-même issue des forces de l'inconscient, du magma de pulsions qui sont agies si elles ne sont pas pensées, et qui nous transforment ainsi. Nous ne nous demandons pas, en fait, quel changement survient en nous par l'usage pervers de la technologie.

À cet égard, j'ai toujours été surpris que l'une des angoisses le plus souvent mise en scène par la science-fiction soit celle de machines devenant humaines et développant des émotions. Mais pourquoi nous soucions-nous qu'une machine puisse devenir humaine, à moins que nous soyons dérangés par le surgissement d'affects dans des parties de nous-mêmes que nous pensions « technologiquement » sous contrôle ? Par ailleurs, il n'y a que peu de représentations du risque opposé qu'est la possibilité encore plus concrète que les hommes soient transformés en machines en perdant leur relation avec leur propre monde émotionnel.

Le philosophe Giorgio Agamben écrit :

> L'esclave est, d'une part, un animal humain (ou un animal-humain) et, d'autre part, dans la même proportion, il est un instrument vivant (ou un instrument-humain). Ceci pour dire que les esclaves constituent, dans l'histoire de l'anthropogenèse, un double seuil par lequel la vie animale passe à l'humanité tout comme le vivant (l'humain) passe à l'inorganique (à l'outil). L'invention de l'esclavage comme outil juridique a autorisé la capture d'êtres vivants et

l'usage du corps par les systèmes de production, en bloquant temporairement le développement des outils technologiques ; son abolition lors de la modernité libéra la possibilité de la technologie, c'est-à-dire de l'outil vivant. Au même moment, dans la mesure où leur relation à la nature n'était plus médiatisée par un autre être humain mais par un artefact, les êtres humains se sont distanciés de l'animal et du biologique pour se rapprocher de l'outil et de l'inorganique au point de presque s'identifier à lui (la machine humaine). Pour cette raison – dans la mesure où ils ont perdu leur relation immédiate à leur propre animalité en perdant l'usage de leur corps – les êtres humains modernes ne sont pas véritablement capables de s'approprier la libération du travail procurée par les machines. Et si l'hypothèse d'une connexion constitutionnelle entre esclavage et technologie est correcte, il n'est pas surprenant que l'hypertrophie de l'appareil technologique ait abouti à la création d'une forme nouvelle et inédite d'esclavage.

(Agamben, 2014, p. 78-9)

« L'hypothèse d'une connexion constitutionnelle entre esclavage et technologie » est correcte. L'intuition du philosophe est bonne, bien que la connexion ne soit pas donnée « par elle-même » mais constituée par une relation aux artefacts mise en forme par un fantasme de réduire l'inconscient à l'esclavage : la pulsion à dominer l'inconscient par la technologie, par conséquent, réduit à l'esclavage l'esclavagiste.

Tout ceci est extraordinairement préfiguré dans *Matrix*, un film captivant de 1999 qui évoque un monde dans lequel les hommes pensent qu'ils sont encore vivants alors qu'en réalité leurs vies sont le produit de projections émises par des ordinateurs animés qui se nourrissent eux-mêmes du sang utilisé pour élever les fœtus. L'hypothèse meltzerienne sur les origines de la terreur et sur la paralysie psychique se rapporte, ici, avec cohérence, à l'hypothèse que je propose selon laquelle c'est l'usage accru et perverti d'une technologie visant à établir une relation parasitique de contrôle du monde interne qui fait le lit de l'état fusionnel qui est au cœur de l'angoisse d'extinction, et qui nous transforme en victimes paralysées.

Mais le film, comme tout mythe, ouvre d'autres perspectives sur la vérité : comme nous fantasmons de demeurer dans le ventre maternel afin d'éviter par le sacrifice de la pensée le tourment d'une relation avec le monde interne et externe, l'appareil par lequel nous réalisons ce fantasme est déjà en train de nous nourrir. *Matrix* représente par le mythe ce qui se produit aujourd'hui, si nous avons le courage de traiter le mythe comme une représentation de la vérité psychique inconsciente, de ce qui existe, de ce qui est en devenir, même si cela ne semble pas être encore advenu. Le principal personnage du film, Néo, parvient à se sauver en développant la capacité de faire la distinction entre la réalité externe et la réalité interne (grâce à un maître et à son groupe révolutionnaire qui sont, en fait, traités comme une cellule terroriste par les machines). Ce n'est que lorsqu'il réalise qu'il évolue dans une réalité virtuelle peuplée de ses propres fantasmes, découvrant ainsi sa propre réalité émotionnelle, que Néo sera capable de voir la réalité extérieure en découvrant qu'il vit comme un fœtus parasité par une machine. Cette reconnaissance, et cette reconnaissance seule, lui permettra d'entrer en relation avec la réalité extérieure qu'auparavant il ne pouvait pas voir, développant de ce fait un véritable principe de réalité et l'aptitude à être responsable de son désir personnel de transformer la réalité.

Bion a écrit en 1971 :

> Au risque d'être accusé de dichotomie aristotélicienne, je propose de traiter en entités séparées, d'un côté une sorte de capacité simiesque à acquérir des habiletés techniques, et de l'autre une capacité à un développement intellectuel et émotionnel. L'une des particularités des habiletés techniques de type mécanique est qu'elles sont facilement communiquées ; nous devons opposer ceci au développement émotionnel, qui, lui, ne l'est pas. En conséquence, un homme particulièrement doué pour l'invention scientifique peut presque immédiatement placer un nouveau pouvoir dans les mains de milliers de ses semblables ; dans ce domaine l'imitation est à la fois facile et satisfaisante. Dans le champ du développement émotionnel et intellectuel la situation est très différente ; l'imitation n'a pas de valeur et, de fait, elle constitue un grand danger car elle produit une fausse apparence de croissance ; aucune méthode de communication du développement émotionnel n'a encore été trouvée qui ne soit désespérément limitée à sa propre sphère d'influence. Le résultat est que, dans le groupe social, le destin de l'avancement technique se trouve, en fin de compte, entre les mains de ceux qui sont techniquement doués. Mais le destin du développement émotionnel réside, en fin de compte, entre les mains de gens émotionnellement sous-développés mais doués pour l'imitation. L'espoir doit, par conséquent, venir du développement d'une technique de développement émotionnel et on peut imaginer que dans cette Société nous soyons précisément concernés par sa production.
>
> (Bion, 1971, p. 314)

Conclusions

Finalement, je pense que l'angoisse d'extinction, avec son sentiment que tout futur est impossible et sa soumission passive à un réalisme médiocre et tyrannique imposé par la terreur par des extrémismes religieux et financiers, est le produit d'une combinaison explosive d'attaques meurtrières contre les parents et les bébés contenus par le corps maternel conjointes à des progrès technologiques pervertis à ces finalités commerciales mortelles.

Sur le plan individuel, « l'antimonde » de l'hallucinose et de l'autarcie tyrannique se déploient comme des rejets de l'objet du désir du fait de l'angoisse qu'un investissement affectif causera une hémorragie libidinale en faveur de l'objet. Par contre, sur le plan groupal, des systèmes sociaux terrorisés par la possibilité d'entrer en contact avec des émotions inconscientes ou avec des pensées ressenties comme diaboliques encouragent la prolifération parmi nous de sous-groupes de travail spécialisés dans les hypothèses de base attaque-fuite dont le but est de circonscrire et de contrôler notre terreur de l'inconnu. Nous confondons ainsi un changement catastrophique potentiellement créatif avec une catastrophe. Le recours à un pouvoir technologique toujours plus puissant et généralisé, perverti par la même finalité de dénier notre dépendance à la créativité de nos objets internes, garantira cependant que cette situation s'imposera d'elle-même à la fois sur les pôles perceptif et représentationnel, empêchant tout changement catastrophique mais engendrant une véritable catastrophe, une invasion par la réalité qui paralyse la pensée et la pensabilité, et dont l'angoisse d'extinction est la seule émanation reconnaissable. Si, de fait, la tyrannie de l'antimonde a toujours existé, la réalité extérieure autoréifiante, submergeant nos esprits comme un tsunami (Romano, 2005), est quelque chose de nouveau. Le mythe de Saramago (1997), *L'aveuglement*, me laisse espérer que l'éthique de la psychanalyse, fondée sur la responsabilité de reconnaître la complexité de notre relation à la psychanalyse, peut nous aider à défendre notre amour de celle-ci contre nos propres attaques, en nous sauvant de la lumière aveuglante émise par chaque chose que nous pensons connaître.

BIBLIOGRAPHIE

Banhos D., Curtò C., Giorgi A., Rapela D., Reyna T. (2010). *Grupalidad y superivencia*. Buenos Aires : Polemos.

Bion W. (1961). *Recherches sur les petits groupes*. Paris : PUF, 1965.

Bion W. (1962b). *Aux sources de l'expérience*. Paris : PUF, 1979.

Bion W. (1965). *Transformations. Passage de l'apprentissage à la croissance*. Paris : PUF, 1982.

Bion W. (1970). *Césure* et *La Grille*. In *Entretiens psychanalytiques*, Paris : Gallimard, 1980.

Bion W. (1992). *Cogitations*. Paris : In Press, 2005.

Corrao F (1985). *La dimensione aporetica della psicoanalisi*. In : *Orme*, vol. 1. Milano : Raffaello Cortina, 1998.

Corrao F. (1992). *Modelli psicoanalitici. Mito. Passione. Memoria*. Bari : Laterza.

Freud S. (1900). *L'interprétation des rêves*. Paris : PUF, 1926.

Freud S. (1914). *Pour introduire le narcissisme*. In *La vie sexuelle*, Paris : PUF, p. 81-105.

Freud S. (1921). *Psychologie des masses et analyse du moi*. OCF.P, XVI, p. 1-84.

Freud S. (1932). *Pourquoi la guerre ?* OCF.P, XIX, p. 61-82.

Lupinacci M.A. (2008). Towards tolerability of guilt and its precursors. *Ital. Psichoanal. Annu.* 2 : 123-40.

Meltzer D. (1973a). *La terreur, la persécution et l'effroi*. In *Les structures sexuelles de la vie psychique*, Paris : Payot, 1977.

Meltzer D. (1973b). *Tyrannie*. In *Les structures sexuelles de la vie psychique*, Paris : Payot, 1977.

Nociforo N. (2013). *Etica ed editto : Il paradosso di Creonte*. Unpublished.

Riolo F. (2011). Transformations en hallucinose. *L'année psychanalytique internationale 2013*.

Romano E. (2005). *Onde Anomale*. Rome : reedizione.

Romano R. (1995a). *Perche l'impensabilità ?* In : *Pubblic/azione – Riv semestr interdisc sulla pensabilità*, n 1, gennaio/giugno 2002. Troina (EN, 2002) : Citta Aperta.

Romano R. (1995b). *L'Assunto di Base di Omertà*. In : *Pubblic/azione – Quaderni interdisciplinari sulla pensabilità*, n 3. Gorgonzola (MI, 2006) : reedizione.

Romano R (2013a). *Etica psicoanalitica e angoscia di estinzione*. Bologna (Sem. Mult. Italian. Psychoan. Soc.), unpublished.

Romano R. (2013b). *Forme dell'etica psicoanalitica*. Inedito.

Saramago J. (1997). *L'aveuglement*. Paris : Points, 2008.

Steiner J. (2012). The numbing feeling of reality. New York : *The Psychoanalytic Quarterly*.

Tagliacozzo R. (1980). *Psicoanalisi come droga : note sul progetto e sulla terminabilità dell'analisi*. In *Ascoltare il dolore – Scritti*. Rome : Astrolabio, 2005.

PSYCHANALYSE ET NEUROSCIENCES

L'HIPPOCAMPE FACILITE L'INTÉGRATION DANS LE CHAMP SYMBOLIQUE.[1]

John Thor CORNELIUS

3015 O Street, Sacramento, CA 95816, USA, – thorcorneliusmail.com

Résumé : Cet article essaye de mettre au travail un mécanisme cérébral fondamental impliqué dans la création et le maintien des champs symboliques de la pensée. Il associera les théories d'espaces psychiques explorées par Donald Winnicott et Wilfred Bion aux examens neuroscientifiques de patients souffrant de lésions bilatérales de l'hippocampe et montrera comment les preuves provenant de chaque discipline éclairent cet aspect du psychisme. Cette capacité, qui était peut-être à l'origine un moyen de conserver une carte psychique orientée et subjective, permet aux individus un accès narratif et dynamique à des couches d'éléments superposés et à leurs interconnections. Si l'hypothèse que je propose est juste, l'hippocampe facilite l'intégration du champ symbolique de l'esprit où les formes narratives de la pensée, la créativité, la mémoire et le rêve sont entremêlés. L'absence d'hippocampe résulte en une incapacité à initier plusieurs formes de pensées. De plus, s'intéresser aux fonctions non endommagées de ces patients confirme certaines théories sur d'autres facultés du psychisme, ce qui amène un éclairage sur leurs rôles possibles dans la pensée humaine. La preuve que ces différents systèmes travaillent ensemble dans le champ symbolique apporte des indices fascinants concernant ces mécanismes fondamentaux du cerveau et du psychisme qui sont d'habitude intégrés sans heurt. Tout cela nous indique aussi le chemin vers de futures recherches cliniques et en laboratoire, au sein des neurosciences comme de la psychanalyse.

Mots-clés : champ psychanalytique, symbole, imagination, mémoire, fonction alpha, élément bêta, objet transitionnel, rêve, REM, NREM, intersubjectif, lésion de l'hippocampe bilatérale, Bion, Winnicott.

---

1. Traduit de « The hippocampus facilitates integration in a symbolic field ». *Int.J.Psychoanal,* (2017) 98 : 1333-1357, par Patricia Waltz, relu par Jenny Chan.

Introduction

Cet article étudie, de manière sélective, l'intégration des travaux de Donald Winnicott et de Wilfred Bion avec les résultats neuroscientifiques concernant le fonctionnement de l'hippocampe pour spéculer sur ce que j'appelle un champ symbolique de la pensée. Je démontrerai comment les deux théories explorent des idées fondamentales pour définir le concept de champs psychiques, et comment une intégration spécifique du matériel symbolique est essentielle à cette forme de pensée. Je présenterai ensuite des résultats neuroscientifiques qui s'intègrent à ces idées et montrent comment l'hippocampe facilite une première personne, symbolisation intégrative de la pensée d'une manière qui est liée, mais fondamentalement abstraite, à l'être dans le monde extérieur. Ces résultats viendront confirmer l'hypothèse que, quand tout va bien, la fonction de l'hippocampe est de faciliter (de manière inhérente) à la fois le maintien de la symbolisation des stimuli neuronaux et la réintégration permanente des éléments symboliques, créant ainsi un état dynamique de flux suffisamment stables dans le champ lui-même.

Après examen, ces résultats montreront que ce processus est très banal, qu'on le retrouve dans des évènements de tous les jours comme chez quelqu'un qui décrit une histoire à la première personne, qui fait l'expérience d'un rêve intégré, qui imagine un parcours ou qui essaie de résoudre un problème faisant appel à des notions symboliques. Il est un composant essentiel de la mémoire, de la créativité et de la pensée elle-même.

Cependant, la preuve qu'il existe des systèmes alternatifs de la pensée, qui sont de plus en plus visibles si le champ psychique est endommagé, est tout aussi essentielle que le champ symbolique. Je démontrerai comment d'autres manières de processer les stimuli sont aussi communes et normales dans la vie de tous les jours, et sont peut-être même nécessaires à l'apparition de la symbolisation. Cette exploration se prête à la spéculation sur la façon dont le champ symbolique paraît se « trouver entre » ou « au sommet de » nombreux systèmes de pensées, ce qui conforte, mais aussi, met à l'épreuve certaines réflexions théoriques de Winnicott, Bion et de leurs successeurs.

S'il fonctionne suffisamment bien, ce processus intégratif de manière dynamique rend l'adaptation psychique continue possible. Il forme un schéma psychique souple qui aide les individus à naviguer dans leurs vies quotidiennes. Les résultats obtenus confirment de nombreuses théories psychanalytiques et neuroscientifiques, mais tout en les approfondissant et en mettant d'autres à l'épreuve de manière stimulante. Cette revue offre également un cadre essentiel dans lequel chaque discipline bénéficie de l'autre, de manière tangible et substantielle.

L'intégration des neurosciences et de la psychanalyse

L'intégration des neurosciences à la psychanalyse est un sujet controversé. D'un côté, certains auteurs explorent le possible étayage neurologique de certains concepts psychanalytiques comme les relations d'objet (Kernberg, 2015) ou le matériel des rêves (Blechner, 2013). Un groupe a même présenté « un cas pour la neuropsychanalyse » (Yovell *et al.*, 2015) en proclamant sa pertinence essentielle pour la psychanalyse. Cependant, cette idée a été directement critiquée par d'autres qui soulignent les difficultés concernant certaines de ces allégations neuropsychanalytiques. Certains vont aussi loin que de déclarer que plusieurs idées neuropsychanalytiques, sous la forme présentée, sont franchement délétères pour la psychanalyse (Blass et Carmeli, 2015). Ils soulignent qu'observer simplement qu'un phénomène se superpose entre une discipline et l'autre, n'est pas, en soi, une justification valable à l'adoption des idées neuroscientifiques par la psychanalyse, surtout si la valeur directe ajoutée à la psychanalyse est peu claire ou même contraire aux idées et à la technique psychanalytique contemporaine.

Je suis d'accord avec la critique de la neuropsychanalyse faite par Blass et Carmeli sur le point que chaque affirmation concernant l'intégration des neurosciences à la psychanalyse doit justifier et prouver sa pertinence et sa valeur dans chaque champ au moyen d'un débat complet, juste et raisonné et qui prête attention à la méthodologie de chaque champ. Je pense que le phénomène que je vais vous décrire remplit ces critères.

Les champs de symboles interconnectés

La définition la plus simple d'un symbole est une chose qui signifie quelque chose d'autre. Un champ est un espace psychique qui est défini par des forces qui donnent une nature dynamique particulière à l'espace qui l'entoure (Bohleber, 2013). L'usage des symboles dans les théories de l'esprit et le concept des champs psychiques sont de plus en plus pertinents pour la psychanalyse et les neurosciences. En psychanalyse, ceci a commencé dès sa création par Freud qui se réfère aux symboles dans ses premières publications en 1893 (Freud, 1893). Il le fait de manière détaillée quand il décrit les qualités changeantes des symboles et leur connections dans les rêves, grâce aux mécanismes comme la symbolisation, le déplacement, la projection, la condensation et la rationalisation qui semblent souligner, déplacer, altérer ou déformer du matériel psychique pour en faire le contenu manifeste de rêve (Freud, 1900).

L'exploration a continué depuis lors. En mars 2015, sur PEP web, 9604 articles se référaient à l'utilisation du symbole. Chaque domaine de la psychanalyse se réfère à ce sujet. Les références à l'hippocampe sont moins nombreuses, comprenant 483 articles.

Dans cet article, je vais me concentrer sur les quelques idées essentielles à la base de ma compréhension des symboles et des champs psychiques en me centrant sur deux auteurs importants, Donald Winnicott et Wilfred Bion. Je suis conscient que le terme « champ psychique » n'est explicitement utilisé ni par l'un ni par l'autre, mais ils sont souvent cités comme essentiels au développement de ce concept. Je démontrerai de quelle façon je pense que certaines de leurs idées sont parfaitement incluses dans ce terme.

Winnicott théorise sur l'utilisation précoce du symbole du point de vue d'un pédiatre qui observe une mère et son enfant. Pour lui, les fondations du développement psychique se construisent grâce au jouer/créer, et au maintien des objets transitionnels qui, de manière inhérente, ouvrent un espace pour l'expérimentation avec les symboles et la pensée (Winnicott, 1953).

Plus tard dans sa carrière, Winnicott est de plus en plus enclin à souligner l'importance de cet espace dans la vie de tous les jours. Dans *Jeu et Réalité*, il intitule un chapitre « le lieu où nous vivons » (Winnicott, 1971 [1975] chap. 8) Là, plutôt que d'essayer de nous expliquer de manière technique ce qu'il entend par « là où nous vivons », il nous propose de faire une expérience de ce qu'est un lieu. On y trouve sa conception de l'esprit humain :

> Je peux être *dans* la pagaille, alors j'essaie de m'en sortir ou bien j'essaie de remettre les choses en ordre afin de pouvoir, pour un temps au moins, savoir *où je suis.* Ou encore, je peux avoir le sentiment d'être en mer, de faire le point pour rentrer au port (à n'importe quel port s'il y a de la tempête) ; et, quand je suis à terre, je cherche une maison bâtie *sur* le roc plutôt que sur le sable, et, *dans* ma maison qui – je suis anglais- est mon château, je suis au septième ciel.
>
> (Winnicott, 1971 [1975], p. 144)

Pour lui, la question importante concernant la psyché humaine n'est pas seulement « qu'est-ce que je suis en train de faire ? » mais aussi « où est-ce que cela se passe ? ». Métaphoriquement, il rappelle l'image d'une ficelle qui relie et sépare les objets à la fois, une composante nécessaire et essentielle des pensées de tous les jours qui existent dans un espace potentiel se trouvant entre les objets mais aussi entre la réalité interne et externe. Cet espace intermédiaire existe chez quelqu'un qui écoute une symphonie, chez un tout petit sous la protection de sa mère, chez un groupe d'adolescents à un concert pop, et j'ajouterais, entre un analyste suffisamment bon et son analysant. Cet espace n'est rempli ni par le monde externe, ni par un instinct inné ni même par la réalité interne, mais par une intégration vivante de ces éléments à l'intérieur d'un psychisme, à un moment donné. D'une certaine façon, dans cet espace naît (nait) une capacité pour qu'un « Je » advienne, se déplace et qu'il le fasse sur un terrain de jeu plein de possibilités imaginatives. C'est dans ce « lieu » que les individus peuvent psychiquement faire l'expérience de l'imagination et d'un espace où se sentir authentiquement vivant à l'intérieur de leur esprit. (Winnicott, 1971, ch. 8)

De manière semblable, Wilfred Bion a développé une conception de l'esprit comme étant en partie constitué par un réseau d'éléments et de liens (Bion, 1959). Dans ce modèle, différentes parties du système nerveux transmettent des stimuli neuronaux au cerveau qui transforme ces stimuli en éléments de base de la pensée. L'agglomération non transformée de stimuli psychiques et physiques d'une expérience sont appelés éléments bêta (Bion, 1962). Ces éléments bêta peuvent être décrits comme des « éléments statiques », des « choses en soi » et des « faits non digérés » (Bion, 1962). Bien que les éléments bêta puissent être transformés en éléments symbolisés de la pensée, en tant qu'éléments bêta ils ne sont pas métabolisables par le processus de pensée normal et sont donc « impensables ». Ils existent *hors* de la pensée consciente, de la mémoire et des rêves. Cependant les éléments bêta peuvent être métabolisés au moyen de la projection et de l'action ; ils peuvent être « agis » par le sujet mais de manière largement inconsciente.

Bion pense que, grâce à la fonction alpha, les éléments bêta peuvent être transformés en éléments alpha. Les éléments alpha peuvent se lier de manière sensible et dynamique ce qui est essentiel pour la pensée, les souvenirs et les rêves (Bion, 1962, chap. 20). Bion est très explicite, ceux qui ne peuvent mettre leur fonction alpha en route ne peuvent pas non plus rêver (Bion, 1962).

Bion, comme Winnicott, pense que l'aspect interprétant ou entre-deux de la pensée symbolique est essentielle pour qu'une forme de pensée créative et dynamique puisse advenir. Dans *Aux sources de l'expérience,* Bion relève que la fonction alpha et la fonction du rêve forment une « barrière » qui sépare, mais aussi met en contact, la pensée consciente et la pensée inconsciente, protégeant ainsi la psyché d'un état prépsychotique. (Bion, 1962).

Tant l'espace transitionnel de Winnicott que la fonction alpha de Bion ont été un terreau fertile en psychanalyse. Les travaux plus tardifs de Winnicott sont de plus en plus centrés sur les moyens de créer un espace dans lequel un patient peut développer une capacité de penser d'une façon libre et authentique. La fonction alpha de Bion est, elle, liée au concept de rêverie, un état auquel on parvient soit seul soit avec les autres. Dans cet état, les éléments de pensées peuvent être métabolisés soit en transformant les éléments bêta en éléments alpha, soit en travaillant avec les éléments alpha, ce qui permet de digérer l'expérience en lui donnant du sens. Il faut noter que, tant pour Bion que pour Winnicott, cette fonction psychique ne se produit pas uniquement lorsqu'une certaine constellation de personnes est présente, mais décrit plutôt un appareil psychique qui peut se mettre au travail quand certaines conditions psychiques sont remplies, ce qui est possible dans chaque individu *et* les groupes. Dans *Aux sources de l'expérience,* il fait l'hypothèse du lien contenant/contenu qui prendrait ses origines, chez le tout-petit, à travers la relation avec sa mère. Ce lien peut être internalisé par l'enfant, il en résulte un processus qui existe complètement dans la psyché de l'enfant. (Bion, 1962) Par la suite, il décrit que cette fonction peut se produire dans les dyades (Bion, 1967), dans la psyché d'une personne (Bion, 1962) ou dans les groupes (Bion, 1962). Il me semble que, tant pour Bion que pour Winnicott, il est moins important de faire le détail du nombre de psychés qui est impliqué dans ce processus que de posséder cette capacité indispensable au fonctionnement psychique.

Pour Bion, il est clair qu'il existe des façons de faire et des conditions qui peuvent améliorer ou immobiliser ce processus. Dans les *Los Angeles Seminars,* il recommande explicitement aux analystes d'abandonner mémoire et désir, impliquant que l'influence de la mémoire active, consciente avant la séance endommage la capacité de l'analyste à accéder à la rêverie avec ses patients en cours de séance.

L'utilisation de la rêverie comme moyen facilitant l'exploration de l'espace psychique a bien été développée par d'autres auteurs depuis cette époque. Ogden a écrit sur la rêverie et le tiers (Ogden, 1994). Les Barrangers ont développé la théorie du champ psychanalytique dont Antonino Ferro, Giuseppe Civitarese et d'autres (Civitarese et Ferro, 2015, ch. 1) ont poursuivi l'étude. Et bien que de nombreux théoriciens se centrent sur la nature intersubjective de certains champs psychiques (en grande partie en raison de sa pertinence clinique directe en psychanalyse), on reconnaît de plus en plus combien le champ psychique existe aussi à l'intérieur des individus (Bohleber, 2013).

Dans la communauté psychanalytique, on sait moins bien que des idées semblables se développent dans le champ des neurosciences. Bien que le langage soit différent, il existe des théories qui suggèrent que la psyché intègre de fragiles nouvelles traces mnésiques en déplaçant des réseaux de mémoire sémantique ancienne (Nadel *et al.,* 2012). Des recherches, sur un état de continuel démembrement et de reconstruction des souvenirs complexes reliés entre eux, se consolidant sélectivement et recombinant certains éléments de ces traces de manière à influencer le réseau comme un tout, apparaissent (Wamsley and Stickgold, 2011). On admet qu'une grande partie de cette intégration se passe dans différents types de pensées, exploitant des systèmes mentaux particulièrement actifs lors de différents stades du sommeil (Wamsley *et al.,* 2010a, 2010b) mais aussi utilisables à l'état de veille (Llewellyn, 2013).

J'aimerais souligner que tous ces points de vue se rejoignent pour considérer le psychisme comme *une matrice transmettant des informations, un filet, un espace ou un champ qui, dans l'expérience, prend souvent la forme d'une narration à la première personne. L'aspect essentiel du champ est sa nature interconnectée de manière dynamique.* Je m'y référerai comme le champ symbolique. Le champ symbolique est un espace psychique où tout ce qui se passe dans le champ a une signification influencée, en premier lieu, par les relations dynamiques et symboliques dans le champ lui-même. Bien que cet espace soit créé par la fonction de l'hippocampe, stocké dans l'organisme, et réparti dans un ou plusieurs cerveaux, le champ symbolique lui-même n'est pas fait de matériel organique. On peut facilement le concevoir comme étant uniquement fait d'un réseau informationnel dynamique. Le champ symbolique est souvent perçu comme fondamental pour le self, avec ses nuances de flux dynamiques essentiels pour l'identité, de l'imagination, de la pensée et du rêve. En conservant le concept de champ, je suggère que si les champs symboliques peuvent être uniques à chaque individu, ils peuvent aussi être accordés aux champs d'autres personnes, créant ainsi des « rythmes » partagés ou des réseaux de pensées. Ce concept est en accord avec les idées de Bion et de Winnicott que je viens de citer, mais aussi avec le fait que les neurosciences reconnaissent que le cerveau contient déjà de nombreux centres de traitement de l'information, qui sont reliés les uns avec les autres de diverses manières. En associant ces éléments avec notre histoire de fonctionnement en groupe d'un point de vue de l'évolution, nous avons des indices pour penser que les humains sont de diverses façons fondamentalement adaptés à traiter l'information psychique de manière distribuée[2]. C'est vrai que nous regardions les multiples dendrites d'une section de cerveau comme des processeurs séparés de la communication, identifions l'hippocampe et les amygdales dans un hémisphère comme séparés mais en communication, observions les deux hémisphères communiquer à travers le corps calleux, ou voyions deux cerveaux ou davantage séparés physiquement, travailler ensemble afin de traiter certains stimuli psychiques. Traiter l'information de manière distribuée ajoute de la redondance, de la stabilité, des nuances et de la puissance[3] à n'importe quel système informatique mais rend la résolution exacte de « ce qui se passe où » plus difficile.

Cependant, même avec un traitement de l'information de manière distribuée, il existe toujours une situation qui peut concrètement démontrer le rôle des structures cérébrales spécifiques dans le traitement de l'information, la situation du néant. Ainsi, comme je pense que les champs symboliques sont des phénomènes qui peuvent grandir et sont essentiels à de nombreuses formes de champs psychiques, incluant les champs intersubjectifs, je pense aussi que l'exploration proposée dans cet article commence simplement par l'examen de patients dont l'hippocampe ne fonctionne plus des deux côtés. L'examen des preuves directes de l'expansion du processus symbolique ne fera pas partie de cet article, mais j'espère que la majorité des lecteurs seront d'accord pour

2. NdT : distributed processing : se réfèrent à des systèmes qui ont besoin de plus d'un ordinateur ou processeur pour être traités.
3. En comparaison avec d'autres systèmes, chaque combinaison entre unités processuelles peut créer un phénomène unique et nouveau qui n'est pas seulement une addition des unités.

appliquer ce raisonnement à des groupes plus grands, une fois que j'en aurai fait la preuve initiale.

Bien que le concept de champ symbolique recouvre les notions d'espaces proposées par Bion, Winnicott et d'autres auteurs, espérons que l'intégration des résultats issus des neurosciences aux idées analytiques lui apportera de nouvelles lumières. Malgré les difficultés à interpréter ces deux cultures, je pense que cette intégration montre, de manière tangible, la présence et le fonctionnement des champs symboliques mais révèle aussi que la symbolisation fait simplement partie d'une structure psychique dynamique plus grande. Par exemple, cette étude montrera qu'il existe des limites claires et mesurables liées aux champs symboliques. Dans la foulée, il est évident que ceux qui ne peuvent pas conserver ce type de fonctionnement symbolique sont tout de même encore capables d'apprendre à partir de certaines expériences, psychiques ou autres. Ce qui pose un défi à certaines anciennes conceptions psychanalytiques. Il existe aussi des indices qui montrent que, sous certaines conditions, on peut faire fleurir ou s'étioler, grandir ou s'effondrer le champ symbolique, résultats qui sont particulièrement importants pour la psychanalyse. Cela, avec les indices que l'activité symbolique pourrait être un phénomène mesurable dans le cerveau, ouvre des voies aux psychanalystes afin d'imaginer d'autres moyens pour aider les analysants, et nous-mêmes, à développer cet important aspect du psychisme.

L'hippocampe

L'hippocampe est un repli profond de la surface du cerveau. On le nomme parfois « paléo cortex », en partie à cause de sa situation, issue de l'évolution, entre le « cerveau reptilien » primitif qui contrôle les fonctions corporelles de base comme la respiration, et le néocortex qui s'est développé plus récemment.

L'hippocampe émet une onde oscillatoire enregistrée par l'électro-encéphalogramme à une fréquence entre 3 et 10 Hz, appelée aussi rythme thêta de l'hippocampe. Chez les rats, on retrouve ce rythme thêta le plus souvent durant les périodes d'activité exploratoire (quand le rat explore un nouvel environnement ou cherche quelque chose), il est considéré comme un composant neurophysiologique du sommeil en phase REM (Poe *et al.,* 2000) une phase associée avec des rêves nocturnes intégrés et émotionnellement forts (Wamsey and Stickgold, 2011). On le retrouve moins souvent quand le rat fait d'autre chose que de l'exploration comme manger ou faire sa toilette (Hasselmo *et al.,* 2002). Il est confirmé que le rythme thêta de l'hippocampe se produit aussi dans l'hippocampe humain (Eckstrom *et al.*).

Bien que rares, il existe un certain nombre de situations où l'hippocampe est atteint de manière bilatérale, rendant cette fonction cérébrale inutilisable.

Cette situation donne aux chercheurs la possibilité d'observer les conséquences de la lésion, mais aussi de faire des hypothèses sur le fonctionnement de l'hippocampe intact.

L'amnésie antérograde

Une conséquence catastrophique sur les individus atteints de lésions bilatérales de l'hippocampe est la gravité de l'atteinte de leur mémoire. Classiquement, ces individus ne peuvent mémoriser de nouvelles informations que s'ils restent consciemment attentifs et concentrés. Si on les distrait, même pour un bref instant, l'information est perdue et il devient alors évident qu'elle n'avait fondamentalement pas été stockée de manière efficace. Les modèles organiques actuels de ce mécanisme font l'hypothèse que la fonction de l'hippocampe est, d'une manière ou d'une autre, de faciliter le passage de la mémoire d'une forme qui nécessite une attention immédiate en une forme extra-hippocampique existant de manière distribuée à travers le néo cortex (Yamashita *et al.*, 2009 ; Winocur *et al.*, 2010 ; McClelland *et al.*, 1995).

L'expérience malchanceuse de Clive Wearing est un exemple de cette catastrophe. Chef d'orchestre anglais avant une encéphalite virale sévère qui détruisit la plus grande partie de ses lobes temporaux, M. Wearing était torturé par son incapacité à mémoriser des événements psychiques afin qu'il puisse s'en souvenir en dehors du moment présent. La femme de Clive a été interrogée lors d'une émission de radio. Elle y décrit des journaux intimes contenant des notes datées. Dans plusieurs notes, il écrivait que c'était la première note du « vrai » Clive et que toutes les notes précédentes avaient été écrites par quelqu'un d'autre. Plus tard, ces notes étaient barrées, remplacées par la note la plus récente (Abumrad, 2007).

Cependant, bien que l'amnésie antérograde existe chez les patients avec des lésions de l'hippocampe, certaines études plus nuancées concernant le rôle de l'hippocampe dans le fonctionnement mental pendant ces 10 dernières années nous ont énormément appris sur la mémoire, l'imagination, la pensée et le rêve.

L'agrandissement d'un bord, indice de l'usage du symbole

L'agrandissement d'un bord est un effet facilement testé, qui est, de manière intéressante, une preuve d'une « erreur » mentale présente chez les gens *sans* lésion cérébrale. On la démontre en montrant à quelqu'un dont l'hippocampe fonctionne normalement l'image d'un objet avec un arrière-fond (par exemple un ours en peluche devant un escalier), et en lui demandant de s'en souvenir.

L'image est ensuite cachée puis on demande à la personne de dessiner l'image exacte de mémoire. Au moyen de tests minutieux, on a validé que les individus *sans* lésions cérébrales ont la tendance inconsciente et automatique à *déformer* leurs dessins en agrandissant les bords de l'image et en dessinant la figure plus petite que celle qui avait été montrée (Mullaly *et al.,* 2012).

Cette erreur va dans le sens d'un processus de symbolisation. Au cours de la re-création normale de l'image, l'erreur prouve qu'on traite différemment les deux parties de l'image. D'une certaine manière, une partie des couleurs et des traits de l'image est désignée comme une « chose » qui a certaines caractéristiques (l'ours en peluche), alors qu'un autre arrangement de couleurs et de traits sont désignés comme autre chose (l'escalier). Lors de la reproduction de l'image, la déformation donne l'indice que l'esprit ne se souvient *pas* simplement de l'image complètement mémorisée comme une chose en soi. Le psychisme semble plutôt recréer l'image en assemblant inconsciemment les deux images. Cette conception de la mémoire comme un processus inconscient de consolidation, de démontage, et de manipulation des parties qui la constituent, entraînant une nouvelle consolidation sont un défi pour les conceptions antérieures de la mémoire (Nadel *et al.,* 2012)

Il est important de noter comment ceux qui souffrent de lésions de l'hippocampe bilatérales répondent à une tâche similaire. Quand on leur demande de reproduire l'image une fois cachée mais tout en maintenant leur attention, ceux qui ont une lésion de l'hippocampe tendent à ne pas agrandir les bords de l'image ! Ils tendent plutôt à dessiner leur image avec les mêmes proportions de l'objet et de son environnement que celles de l'image originale (Mullally *et al.,* 2012).

De cette façon, ceux qui souffrent d'une lésion de l'hippocampe sont *techniquement* plus précis que la population, car ils ne font pas cette erreur de mémoire manifeste. Cependant, ces résultats indiquent aussi une perte du traitement symbolique. Plutôt que l'hippocampe joue son rôle de facilitateur pour mémoriser l'image comme un escalier symbolique et un ours en peluche séparé, la lésion de l'hippocampe fait que l'observateur stocke l'image dans sa mémoire immédiate comme une seule chose, « un ours en peluche avec des escaliers derrière lui » qui, au niveau de l'information, ne peut être perçue et manipulée que comme une seule chose en soi. Cet échec de l'abstraction pourrait expliquer l'absence d'agrandissement des bords mais aussi l'incapacité à se souvenir de cette unique chose en soi, hors de la mémoire immédiate.

Laissez-moi souligner combien cette hypothèse est en accord avec une description des éléments bêta par Bion dans laquelle il n'y a aucune distinction des stimuli en éléments distinguables, mais renvoyant à la place des stimuli encore plus agglomérés qu'ils avaient été reçus par le système nerveux (Bion, 1962).

Perte de la première personne, narration basée sur l'expérience

H.M. souffrait de crises d'épilepsies invalidantes depuis son jeune âge et, à 27 ans, il a donné son accord à une résection bilatérale des lobes médio-temporaux (qui contiennent l'hippocampe). D'une certaine façon, cette chirurgie fut un succès car la fréquence des crises diminua, son QI se maintint à un excellent 112 et sa famille rapportait qu'il avait plus ou moins la même personnalité de base qu'avant (Corkin, 2013).

Cependant, quoique H.M. présente une amnésie antérograde invalidante, il est utile de s'engager dans un examen plus approfondi de la globalité de son handicap. Parce que, bien que H.M. avait vraiment de la peine à se souvenir de nouvelles expériences *après* la chirurgie, il était de plus en plus clair (bien que généralement moins connu) que H.M. se battait avec d'autres types de fonctionnements mentaux spécifiques.

Par exemple, alors que H.M. était capable de raconter des faits concernant des événements (évènements) antérieurs à la chirurgie, il se démenait pour pouvoir les revivre mentalement. Si vous le lui demandiez, il pouvait vous répondre correctement, mais de manière impersonnelle, que la deuxième guerre mondiale avait eu lieu, ou un crash de la bourse en 1929, et raconter certains détails spécifiques de sa jeunesse, comme le fait que, comme enfant, il avait fait des leçons de banjo. Cependant, *H.M. avait une grosse difficulté à décrire les événements à la première personne, comme une narration basée sur l'expérience.*

Voici un exemple où l'investigateur essaye d'obtenir de H.M. le récit d'une expérience personnelle. Il est utile de savoir qu'H.M. avait eu deux relations amoureuses avant la chirurgie.

> E : Êtes-vous déjà tombé amoureux ?
> H.M. : Oui.
> E : Pouvez-vous m'en parler ?
> H.M. : Et bien, c'est juste comme on se sent et tout, et comme ça devrait être. Et elles en craquent pour vous. Et vous ne savez pas encore.
> E : Pouvez-vous me raconter comme vous vous sentiez la première fois que vous êtes tombé amoureux de quelqu'un ?... un événement particulier ?
> H.M. : Non.
> E : Non, vous ne pouvez pas penser à ça ?... Pouvez-vous penser à un événement particulier d'une durée de plusieurs heures de votre petite enfance ? Est-ce que quelque chose de ce genre vous vient à l'esprit ?
> H.M. : Non, je ne peux pas.
>
> (Steinvorth *et al.*, 2005)

Une revue de 147 cas de lésions temporales a été faite en 2001. Dans cet article, on note que les 17 patients présentent une détérioration de cette capacité que les neuroscientifiques nomment déficits de la « mémoire épisodique », ou plus spécifiquement, de la mémoire autobiographique (Spiers *et al.*, 2001).

Pour Bion et Winnicott, la structure narrative de la pensée est une caractéristique essentielle de la pensée. C'est un élément fondamental de l'exemple de Winnicott que j'ai cité. Bion se réfère aussi à la structure narrative des pensées du rêve.

> L'homme qui dort vit une expérience émotionnelle, la convertit en éléments-alpha et devient ainsi capable de pensées du rêve. Il a alors la possibilité de devenir conscient (c'est-à-dire de s'éveiller) et de décrire l'expérience émotionnelle au moyen d'un récit communément appelé un rêve.
>
> (Bion, 1962, p. 32)

Laissez-moi à nouveau plaider en faveur du développement des processus de symbolisation en montrant comment l'expérience propre, vécue de manière profonde, est transformée en choix narratifs personnels et riches de sens. Car si H.M. semble capable de mémoriser des informations impersonnelles, non subjectives, il ne peut pas raconter l'expérience réelle, à la première personne, à travers un récit vivant et stimulant les sens.

Cellules de lieu et carte cognitive

L'hippocampe a aussi été associé avec un système cérébral qui signale la position de l'individu. Les docteurs John M. O'Keefe, May-Britt Moser et Edvard Moser ont été les pionniers de ce type de recherche, en découvrant les « cellules de lieu » dans l'hippocampe (O'Keefe *et al.*, 1998). Ces cellules, dont l'existence a été d'abord confirmée chez le rat, déchargent à chaque fois que l'individu se trouve dans un certain lieu physique. Quand l'individu se met physiquement en mouvement, différentes cellules de lieu déchargent. De manière intéressante, les cellules de lieu qui sont extrêmement actives de jour sont réactivées pendant le sommeil, confirmant les indices en faveur d'une fonction mentale intégrative pendant le sommeil (Pavlides et Reece, 1993).

Si on combine le concept de cellules de lieu avec l'hypothèse cliniquement validée que l'esprit a la capacité de créer et de stocker des schémas psychiques, la valeur des cellules de lieu croît exponentiellement. Ce processus qui consiste à déplacer les cellules de lieu tout en les gardant connectées de manière fiable a comme effet d'orienter la carte psychique interne sur le monde physique externe. Il permet aux individus, non seulement de se diriger dans le monde avec plus d'informations, mais aussi, grâce à l'imagination, il permet des voyages psychiques à l'intérieur de la « carte » psychique, en utilisant leurs positions orientées afin de pouvoir raisonnablement prédire ce « qui se trouve plus loin », physiquement et temporellement. Et comme quelqu'un peut « voir plus loin » en utilisant sa carte psychique, il peut aussi faire des prédictions de plus en plus sophistiquées sur ce que le futur pourrait contenir même si elles étaient vraiment basées sur un schéma largement construit sur l'intégration d'expériences passées (Mullaly and Maguire, 2013). Plus la carte psychique est précise, prédictive et dynamique, mieux les individus survivent et peuvent transmettre leur matériel génétique à la génération suivante. Si la carte intègre aussi des états émotionnels comme des niveaux d'anxiété, des représentations précises de personnes qu'on pourrait rencontrer ou des interactions possibles, alors la carte devient encore bien plus opérationnelle. Si nous admettons que cette carte se développe continuellement et que les cellules de lieu subissent la pression de l'évolution, nous pourrions raisonnablement expliquer une forme basique de pensée, donner une origine possible aux champs symboliques et peut-être même à un aspect des fondations du psychisme.

Traitement intégratif, schémas cognitifs et penser

Étudiant comment s'entremêlent les schémas cognitifs, la mémoire et différentes manières de penser, le docteur Elanor Maguire et ses collègues ont publié une curieuse étude sur un chauffeur de taxi, T.T. qui, malheureusement présenta des lésions bilatérales sévères de l'hippocampe après une poussée d'encéphalite (Maguire *et al.*, 2006). Une fois guéri, T.T. avait à peu près le même QI qu'avant, et il se débrouillait bien lors des tests exécutifs, perceptifs et de langage. En revanche, il présentait de graves troubles mnésiques concernant les événements avant et après l'infection. Au moment de l'infection, il avait été conducteur de taxi à Londres pendant 37 ans, une activité qui nécessite d'excellentes connaissances pour se diriger et pour reconnaître le réseau compliqué des rues de la ville. Après l'infection, il était incapable de conduire son taxi.

Le but de l'étude était d'en savoir davantage sur T.T. en comparaison avec 10 personnes qui étaient grossièrement du même âge, avec le même QI et la même expérience de chauffeur de taxi que lui, mais sans lésions de l'hippocampe. Dans la première partie de l'étude, ils ont comparé la reconnaissance de certains monuments et ils ont demandé aux conducteurs s'ils se trouvaient à Londres ou non (réponses oui ou non). Puis, ils demandèrent à T.T. et aux contrôles de comparer les distances relatives entre les monuments.

Lors de ces deux tâches, T.T. *obtint des scores similaires à ceux des contrôles.* En accord avec les résultats de H.M, il semble que les éléments significatifs « factuels » de la connaissance de Londres de T.T. étaient préservés. Ces résultats soulignent que T.T. avait encore une certaine compréhension de la géographie, de la localisation relative et d'autres informations indispensables sur la ville de Londres.

Dans la partie suivante de l'étude, ils utilisèrent un modèle informatique de la ville de Londres afin de tester l'habilité à la conduite de chaque personne. Ils y sont parvenus en répétant différentes courses de taxi avec un simulateur, demandant aux participants d'emmener un passager imaginaire d'un endroit de la ville à un autre.

La capacité de T.T. a trouver son chemin était extrêmement intéressante. *Car, sur certaines courses T.T. était capable de conduire avec la même justesse que les contrôles !* En revanche, sur d'autres courses, il en était tout à fait incapable, se perdant complètement.

Pour mon propos, la découverte que T.T. conduisait bien sur certains itinéraires utilisant essentiellement de grosses « artères » de Londres, des itinéraires connus par la plupart des conducteurs de taxi de Londres est capitale, alors que, sur les itinéraires sans « artères », il était incapable d'arriver au but. Encore plus intéressant, lors du suivi, on découvrit que, même si T.T. pouvait conduire le long de ces itinéraires sur le simulateur, si on lui demandait de prendre ces itinéraires verbalement et de *décrire* ces courses comme s'il conduisait, il était incapable de le faire. Dans l'article, on spécule beaucoup sur ce qui rendait T.T. capable d'avoir des performances si différentes. Laissez-moi me lancer dans la bataille en empruntant certaines hypothèses de l'article et en les associant à des théories analytiques autour des éléments bêta.

Les courses que T.T pouvait faire étaient celles dont on pourrait typiquement dire que les conducteurs peuvent faire sur « pilote automatique » ou « sans avoir à y penser ». Nous faisons tous cette expérience quand nous conduisons sur des routes dont nous avons l'habitude. Sur ces routes, nous « pensons » rarement à la conduite, nous le « faisons seulement ». C'est seulement quand quelque chose de nouveau se passe que nous devons nous tourner mentalement vers ce que nous sommes en train de faire. C'était sur les itinéraires qui ne sont pas automatiques, pas bien répétés, ceux qui nécessitent une attention réfléchie que T.T. était perdu. Malgré sa capacité à faire les courses en roulant mécaniquement, si on demandait à T.T. de décrire les itinéraires, il devait y penser d'une autre façon que d'agir simplement. Donc, alors qu'il pouvait conduire le long de ces itinéraires, il ne pouvait pas les décrire verbalement.

J'aimerais souligner que ce que T.T. semblait avoir perdu était de s'engager dans un processus qui nécessite une manipulation active, immédiate et immersive puis une intégration de sa carte psychique, créant ainsi un système plus intime de connaissances, raison pour laquelle les chauffeurs de taxi sont aussi bien connus. Dans son esprit, il avait perdu l'accès à sa propre carte dynamique de Londres, pour pouvoir se rendre d'un psychique « ici » sur la carte à un « là-bas » psychique différent. Il ne pouvait pas entrer dans cette partie de l'esprit qui conçoit symboliquement : « Je déplie ma carte construite sur mon expérience de Londres dans mon esprit, je vais me centrer *ici* sur la carte. Je veux aller là-bas. Maintenant j'imagine prendre différents itinéraires dans mon esprit, en me voyant conduire, en faisant l'expérience de conduire sur cette route, en m'adaptant à la carte de façons différentes sur différents itinéraires, pour voir comment ça va marcher. C'est une heure de pointe ? C'est une saison touristique ? Ah ! Voilà le meilleur itinéraire, c'est ainsi que je vais aller d'*ici* à *là-bas.* » Toutes les différents façons vivantes et dynamiques dont T.T. pourrait intégrer les dizaines de milliers d'éléments symboliques interconnectés, issus de son expérience personnelle de conduite à Londres (étudier pour l'examen de conduite de taxi, 37 ans d'expériences dans les rues, faire l'expérience de la frustration dans les bouchons, la joie de les éviter, etc.) qui créent cette carte étaient devenus consciemment et inconsciemment inaccessibles. À la place, il n'avait plus que son pilote automatique, un texte appris par cœur d'exemples comportementaux. Si ces exemples fonctionnaient tout allait bien, mais malheureusement la vie est pleine de trop de changements pour les individus pour que ce mécanisme fonctionne systématiquement.

Ce point de vue suggère que ce mécanisme mental facilité par l'hippocampe est en fait utilisé dans de nombreuses situations que, d'habitude, nous n'associons pas à une expérience à la première personne. Je pourrais aussi souligner que T.T. a perdu la capacité fondamentale de *penser (think)* sous divers aspects essentiels auxquels nous pourrions attribuer le terme *en pensant (thinking).*

Je pense qu'il peut recommencer et rejouer un message qui avait bien été enregistré dans son esprit, mais il ne peut pas ré-imaginer ses pensées d'une manière vivante et en temps réel pour découvrir quelque chose de nouveau à la place il est obligé de rejouer de vieux souvenirs dans son esprit : un itinéraire à travers la ville de Londres conçu sur le champ. Les fonctions de son hippocampe ne peuvent pas s'engager de manière immersive, consciemment ou inconsciemment. Pour le dire autrement, alors qu'il peut bien conduire en bêta, « agissant » de manière bien conditionnée, automatique mais irréfléchie, sa fonction alpha est endommagée et il ne peut commencer un rêve éveillé fait de pensées qui lui permettrait d'aller d'ici à là-bas. Si on lui présente des stimuli familiers, disons l'image d'un monument, il peut relayer l'information apprise par cœur qui avait été mémorisée en association avec l'image (sa localisation grossière dans la ville) mais seulement de manière qui reflète un lien *pré-conditionné*, préenregistré, plutôt que la solution *symbolique*, sur le vif, « je pense cela juste maintenant » dont il aurait besoin. Alors qu'il peut agir le contenu pré-conditionné de motifs qui avaient été mémorisés, il lui est impossible d'explorer, générer et manipuler des éléments reliés entre eux pour former un champ symbolique. Il ne peut pas vivre une expérience symbolique en temps réel.

Laissez-moi faire un parallèle entre H.M. et T.T., entre la carte psychique de Londres de T.T. et les souvenirs de H.M. sur son expérience amoureuse. L'hypothèse est que de manipuler une carte psychique subjective de Londres a beaucoup de parallèles avec s'immerger dans une « carte » psychique subjective de sa vie amoureuse et de ses quêtes. Les deux explorent une masse d'expériences historiques, d'émotions, de connaissances et d'idées de manière complexe et créative. On explore les deux dans le psychisme humain grâce à ce qui peut être grossièrement décrit comme un récit à la première personne. Ces mécanismes sont peut-être stockés de manière semblable, explorés de la même manière, partageant peut-être des déficits semblables quand les lésions bilatérales de l'hippocampe endommagent organiquement le mécanisme de l'intégration vivante elle-même. Les lésions de l'hippocampe réduisent l'individu à agir des éléments de vie déjà répétés auparavant.

La capacité intégrative est une capacité imaginative

Il existe des études encore plus centrées sur le rôle direct de l'hippocampe sur la créativité, ce qui contraste avec ce que beaucoup nomment simplement la mémoire. Ces études apportent des indices supplémentaires pour penser que les mécanismes qui produisent et traitent les souvenirs sont aussi essentiels pour produire de pensées créatives. Ces résultats mettent à l'épreuve les conceptions conventionnelles des souvenirs comme étant, d'une certaine manière, des enregistrements statiques et immuables du passé et d'événements historiques validés à l'extérieur. Cette nouvelle conception implique un fonctionnement plus dynamique de la mémoire qui joue un rôle actif dans la pensée créative et l'acte de penser lui-même.

Demis Hassabis et son équipe explorent cette idée dans un article intitulé (de manière très appropriée) : « Les patients souffrant de lésions de l'hippocampe ne peuvent pas imaginer de nouvelles expériences » (Hassabis *et al.*, 2007). Dans cette étude, ils comparent des individus souffrant de lésions de l'hippocampe bilatérales avec des contrôles, en leur proposant de décrire des événements imaginaires qui n'ont rien à voir avec des souvenirs spécifiques ou des expériences passées. Ils leur demandent simplement d'imaginer quelque chose à partir d'une réplique banale.

> Réplique : Imaginez que vous êtes étendus sur une plage de sable blanc dans une belle baie tropicale
> Contrôle sans lésions : Il fait très chaud et le soleil est brûlant. La chaleur du sable sous moi est presque insupportable. J'entends le son des vaguelettes lécher la plage. La mer est d'une intense couleur turquoise. Derrière moi, il y a une rangée de palmiers et, de temps en temps, je peux les entendre bruisser avec la brise légère. À ma gauche, la plage s'incurve pour devenir une pointe. Sur cette pointe, il y a des bâtiments, des bâtiments de bois, peut-être la cabane de quelqu'un ou une sorte de bar. L'autre côté de la plage, si on regarde de l'autre côté, se termine par de gros rochers bruns. Il n'y a personne dans les environs. Au loin sur la mer, il y a un bateau de pêche. C'est un vieux bateau

qui a l'air de grincer, dont le vieux moteur pétarade. Au milieu, il y a une cabine et une pile de filets à l'arrière. Devant, se trouve un homme, je lui fais signe de la main et il me répond… [il continue]…
Sujet atteint : Je ne peux pas vraiment voir, sauf seulement du ciel. Je peux entendre le son des mouettes et de la mer… hum… je sens les grains de sable entre mes doigts… j'entends le klaxon d'un de ces bateaux [rires]… hum… c'est tout. (L'interviewer : *Pouvez-vous vraiment voir tout ça avec les yeux de votre esprit ?)* Non, la seule chose que je peux voir c'est du bleu. (L'interviewer : *Alors, si vous regardez autour de vous, que pouvez-vous voir ?)* Vraiment, tout ce que je peux voir c'est le bleu du ciel et le blanc du sable, les autres choses, le son des choses, il est évident que je ne fais qu'écouter. (L'interviewer : *Pouvez-vous voir autre chose ?)* Non, c'est comme si je flottais seulement. (Les italiques sont utilisés pour clarifier qui parle).

(Hassabis *et al.,* 2007)

Les difficultés du sujet atteint contrastent beaucoup avec la capacité qui reste à d'autres pour construire des histoires qui n'ont pas besoin d'utiliser ce que j'appelle le traitement du champ symbolique. Ceci est confirmé par une étude d'Elizabeth Race. Elle demande à des patients atteints de lésions de l'hippocampe de produire des récits selon trois *scenarii* : le premier sur un scénario imaginaire dans le futur, le deuxième sur une expérience personnelle du passé, et le troisième, sur la description d'une scène alors qu'une image est présente tout le temps de la description. Les patients présentaient une détérioration à leur capacité à décrire des situations possibles du futur ou du passé, mais étaient relativement non atteints, par rapport aux contrôles, dans leur capacité à décrire des événements quand on leur présente une image pendant tout le processus (Race *et al.,* 2011).

Il y a aussi des indices pour penser que cette détérioration des capacités imaginatives n'est pas limitée aux scènes visuelles. Mellissa Duff et ses collègues ont exploré cette question. Ils ont découvert des déficits significatifs chez les personnes avec des lésions de l'hippocampe, comparés aux contrôles, lorsqu'ils étudiaient leurs capacité au jeu verbal avec des sujets sains (Duff *et al.,* 2009) ou leur faisaient passer le test de Torrence sur la pensée créative (Duff *et al.,* 2013) qui mesure la créativité dans différents domaines.

Ainsi, les preuves s'accumulent pour penser que la fonction de l'hippocampe n'est pas seulement en lien avec la mémoire, mais qu'il facilite aussi les processus créatifs. En explorant le lien entre créativité et mémoire, Nadel et ses collègues (2012) présentent des résultats montrant comment l'exploration psychique de la mémoire symbolique est semblable à des actes spontanés de créativité dans la psyché. La créativité a besoin de pouvoir accéder à un réseau symbolique qui lui-même a besoin de l'accès à une capacité intégrative facilitée par l'hippocampe. Ils étudient comment la mémoire de l'hippocampe et la mémoire extra-hippocampique comprennent un flux habituel de formes et degrés de consolidation et reconsolidation, incorporant des nouvelles informations et compréhensions de manière continuelle (Winocur *et al.*, 2010, Nadel *et al.*, 2012). On appelle cela l'hypothèse transformationnelle de la mémoire. Ceci implique, et Nadel le précise clairement, qu'un simple rappel d'un souvenir semble avoir le potentiel de transformer le lieu du premier souvenir et l'état de consolidation qui a permis un processus créatif de réintégration des souvenirs même lorsque nous sommes en train de nous les remémorer. Cela conforte l'idée que le simple rappel d'un souvenir a la capacité de transformer des éléments de pensées d'une forme consolidée, non-hippocampique, en un état hippocampique et non consolidé dans lequel le réarrangement et la reconsolidation de ces éléments sont une partie essentielle du fait de penser et de se souvenir. *Ce qui implique que chaque fois que nous nous « souvenons » de quelque chose de manière symbolique, nous sommes fondamentalement en train de le défaire et de le reconstruire, de le ré-imaginer de façons plus ou moins subtiles.* Cette théorie est bien plus compatible avec le concept d'un champ symbolique conçu comme un réseau informant de symboles qui se trouvent à différents niveaux d'un flux dynamique que les modèles précédents concevant une mémoire statique où la « mémoire à long terme » était d'une certaine façon pensée comme étant un enregistrement immuable et haute-fidélité d'un événement passé. Ce modèle revu souligne la fonction primaire du champ symbolique qui est comme une carte qui nous aide à nous diriger dans le présent, en nous aidant à la fois à savoir où nous sommes (physiquement et psychiquement), mais aussi à générer une carte utile, rapidement réactualisée, intégrée et capable de prévoir ce que le futur pourrait nous apporter selon ce que nous allons faire. Ce déplacement de priorité met en évidence que la « mémoire » qui utilise le champ symbolique est fondamentalement de nature dynamique plutôt que statique.

L'impact sur le rêve

Le rôle de l'hippocampe sur le sommeil et le rêve est un domaine de recherches et de débats[4] actif. Cependant, on accepte de plus en plus que le processus de consolidation continuel de la mémoire cité ci-dessus est présent et actif pendant le sommeil et qu'il engage un mécanisme responsable de l'amélioration des capacités, entre le moment de s'endormir et le réveil (Stickgold et Walker, 2007 ; Diekelmann et Born, 2010). Certaines études ont montré une amélioration des capacités après le sommeil dans certains domaines comme

4. Cf. les discussions entre Sue Llewellyn (Llewellyn, 2013) et Mark Solms (Solms, 2013) sans oublier la réponse du Dr Llewellyn aux affirmations du Dr Solms, dans la partie réponse de ce volume (Bloom, 2013, p. 644 et 645).

l'habileté physique lors d'exercices où l'on tape à la machine (Walker *et al.,* 2002 , Korman *et al.,* 2007), la discrimination visuelle (Stickgold *et al.,* 2000), et l'utilisation de vocabulaire (Dumay et Gaskel, 2005). En ce qui concerne spécifiquement les scènes narratives, il a été démontré, qu'après avoir essayé de trouver le centre d'un labyrinthe, les sujets qui faisaient une sieste et rêvaient du labyrinthe avaient des résultats *dix fois supérieurs* dans le labyrinthe après le réveil, en comparaison avec ceux qui n'avaient pas fait de sieste, ou ceux qui avaient dormi mais n'avaient pas fait de rêves avec un labyrinthe (Wamsley *et al.,* 2010b).[5]

Ce qui complique les choses c'est que le sommeil REM et l'activité de l'hippocampe ne sont pas complètement liés, chaque activité peut survenir indépendamment l'une de l'autre (Moroni *et al.,* 2007 ; Diekelmann et Born, 2010 ; Torda, 1969). De plus, comme je le montrerai plus bas, les images du sommeil ne sont pas seulement le champ du sommeil REM ou une fonction de l'hippocampe, elles surviennent dans différents stades du sommeil et peuvent être indépendantes de la fonction de l'hippocampe (Stickgold, 2000) – ainsi, avoir simplement une image à l'esprit pendant le sommeil n'est pas une preuve d'activité de l'hippocampe ou qu'une fonction intégrative du type dont je suis en train de parler a eu lieu ou non[6].

Mais, en plus du rythme thêta retrouvé pendant le sommeil REM (Ekstrom *et al.,* 2005), l'IRM fonctionnelle du cerveau, faite avant et après le sommeil, montre qu'une activation de l'hippocampe s'est produite (Stickgold et Walker, 2007) confortant ainsi le rôle de l'hippocampe dans le sommeil.

De manière similaire, dans une étude sur l'apprentissage verbal et la privation de sommeil, on note comment, dans l'état normal, non privé de sommeil, il y a une activation des lobes médio-temporaux (qui contiennent l'hippocampe) correspondant à l'apprentissage normal. Mais, dans l'état privé de sommeil, on note une baisse des capacités verbales et de l'apprentissage, ce qui correspond à une baisse de l'activation des lobes médio-temporaux, et un intéressant accroissement de l'activité du lobe pariétal[7] (Drummond *et al.,* 2000).

---

5. Il est intéressant de noter que c'est ceux qui, au début, avaient vraiment une grosse difficulté à se retrouver dans le labyrinthe, qui semblent avoir rêvé de lui. Cela conforte l'idée qu'une fonction des émotions pourrait être de marquer certaines activités pendant la journée afin qu'elles puissent encore être traitées mentalement pendant la nuit, dans les rêves.

6. Ce fait complique l'affirmation que H.M. dormait « normalement » (Solms, 2013). Bien qu'il soit possible que H.M. ait rapporté de manière anecdotique des images alors qu'il dormait, mais sans clarification supplémentaire et sans examen, ceci ne prouve ni n'infirme le rôle de l'hippocampe dans le traitement symbolique. Comme c'est évident plus bas, ceux qui présentent une dysfonction de l'hippocampe continuent de voir des images durant le sommeil, c'est *l'intégration symbolique de ces images qui est perturbée.*

7. Ce qui apporte des indices stimulants pour penser que, si le traitement symbolique est perturbé, certains systèmes somatiques pourraient essayer de compenser ce traitement des stimuli, ce qui pourrait expliquer certaines expressions de détresse psychique dont nous sommes si familiers.

Mais, dans mon article, j'explore *l'impact fonctionnel* de l'hippocampe sur l'intégration de la pensée symbolique dans un champ symbolique. Dans ce but, je vais choisir trois études qui rassemblent des récits du sommeil d'individus qui présentent et ne présentent pas de lésions de l'hippocampe. Je pense qu'elles accroissent la compréhension de la pensée symbolique et non symbolique.

La première étude examine des images se produisant lors du sommeil, hors du stade REM, après une période où 5 personnes avec des lésions médio-temporales jouent intensivement à Tetris, en comparaison avec des contrôles (Stickgold, 2000). Les sujets et les contrôles étaient réveillés pendant leur première heure de sommeil, et on leur demandait de rapporter leurs expériences psychiques pendant le sommeil. Trois des cinq sujets avec des lésions cérébrales ont raconté des expériences en lien avec Tetris pendant la durée de l'étude. Certains racontaient qu'ils pensaient simplement à comment organiser des objets qui tombaient d'en haut, alors que d'autres rapportaient des images visuelles de formes qui tombaient devant leurs yeux. Ils faisaient ces récits même si les sujets atteints étaient incapables de se souvenir qu'ils avaient joué à Tetris. Mais, ces récits de sommeil étaient très semblables aux récits du groupe contrôle. Les chercheurs continuent à discuter à propos de ces images stéréotypées qu'on trouve dans les deux groupes en disant : « Contrairement aux images de rêves ayant lieu pendant le stade REM du sommeil, ces images sont des images plutôt précises, des images visuelles réelles perçues pendant le jeu, bien qu'abstraites, auxquelles on a retiré les éléments non essentiels au jeu. Cette imagerie, extrêmement constante parmi les participants et les groupes, suggère que la construction d'une image, dans chaque groupe, a extrait et abstrait les aspects les plus saillants de l'expérience, au moyen d'un mécanisme semblable » (Stickgold, 2000). Il me semble que cette sorte de rêve non REM est *indépendant* de la fonction de l'hippocampe.

Dans la deuxième étude, les contrôles normaux jouent à un jeu vidéo intense impliquant le corps entier. À différents moments de la nuit, les rêves sont retranscrits, en s'intéressant particulièrement à savoir si les récits contenaient des souvenirs directs du jeu vidéo ou s'il s'agissait de souvenirs mêlant le jeu vidéo à d'autres expériences. L'étude montra que, juste après l'endormissement, les images du rêves étaient assez littérales et associées avec des récits contenant l'activité de jouer (semblable à l'étude Tetris). Au cours de la nuit, les références au jeu sont de plus en plus indirectes, incorporant d'autres matériaux psychiques (Wamsley et Sickgold, 2011). Leur conclusion est qu'il semble se produire une abstraction et une intégration graduelle et fonctionnelle des événements intenses de la journée avec la structure mentale existante, pendant la durée d'une nuit de sommeil.

La troisième étude examine des récits de sommeil REM de ceux qui présentent une lésion bilatérale de l'hippocampe, en les comparant à des contrôles (Torda, 1969). On recueille les récits suite aux réveils des sujets,

10 minutes après le début de la phase REM du sommeil, en proposant une phrase supposée aider les sujets atteints de lésions de l'hippocampe. Les récits de sommeil REM des contrôles non atteints contiennent, de manière typique, du matériel très symbolique et intégré. Ces récits sont ensuite comparés par plusieurs évaluateurs indépendants. Voici une partie de ce qui a été dit :

> Les rêves de F1, F2 et M1 (les patients avec lésion bilatérale de l'hippocampe) étaient courts et simples. Les récits contenaient une scène avec la répétition d'une ou plusieurs parties de la scène. Les rêves manquaient de détails imaginaires, inusuels ou mystérieux, et d'émotions intenses. Leur contenu était stéréotypé, répétitif, il leur manquait les restes diurnes. Pendant le réveil, chaque sujet rapportait avoir un besoin physiologique pressant (par ex. : la douleur, la faim, la soif, désir sexuel). *Il manquait à ces rêves l'élaboration symbolique des événements récents et une capacité à résoudre les problèmes. Ils étaient liés à la réalité et étaient faits de représentations visuelles d'un événement ancien qui, par le passé, avait offert une solution à un besoin physiologique du même genre* [on ajoute de l'emphase]. Pendant les interviews, à la fin de l'étude sur les rêves, on confrontait chaque sujet avec les détails de chaque rêve, de manière répétée, et il leur était demandé d'associer sur les détails. Les associations révélèrent que les événements rapportés dans les rêves étaient survenus avant le début de l'encéphalite.
>
> (Torda, 1969)

Ces résultats s'appuient sur les études ci-dessus *mais démontrent aussi clairement un dysfonctionnement concernant l'intégration du matériel du rêve.* Dans l'étude, un homme qui avait fait une randonnée le jour avant l'examen, fit l'expérience de revoir psychiquement, et de manière fixe, un événement qui s'était produit avant la lésion, quand il était monté à cheval et s'était blessé la jambe. Une femme sans relations sexuelles fit une expérience semblable, revoyant les images d'une rencontre sexuelle passée. Malheureusement, les résultats montrent que si les patients atteints montrent des indices dans le sens de *tentatives* d'intégration, ces tentatives sont un échec. Je fais l'hypothèse que, plus tôt dans la nuit, ces personnes ont fait des expériences de sommeil semblables à ceux de l'étude Tetris sur les activités diurnes, en les incorporant à un certain niveau d'éléments bêta. Cependant, sans fonction de l'hippocampe, il y a un trouble qui a empêché l'abstraction des éléments bêta en éléments alpha symbolisé et interconnectés, et, de la même manière, empêche l'intégration d'éléments psychiques passés et présents en ce que nous, analystes, appellerions un rêve. Dans chaque rêve, nous, les lecteurs, pouvons faire les liens entre les événements (grâce à notre fonction alpha) mais on peut douter que cela se produise vraiment dans l'esprit des sujets avec lésions de l'hippocampe.

Ce phénomène est *fonctionnellement* semblable à celui de la capacité préservée de H.M. à raconter des faits concrets et appris par cœur sur sa vie amoureuse, ou la capacité de T.T. d'avoir des informations sur certains monuments de la ville de Londres. Ils conservent clairement un accès à un récit préenregistré des événements, mais nous n'obtenons pas un schéma narratif bien intégré de la pensée, schéma qui se modifie et s'intègre en temps réel.

Il est également intéressant de noter, que, d'un autre point de vue, ces études relèvent de manière féconde ce qui « soutient » la fonction du rêve et le champ symbolique lui-même. En accord avec la ficelle de Winnicott, ou la conception, par Bion, du rêve comme une barrière psychique, ce point de vue considère le réseau relationnel dynamique comme une structure informationnelle qui *chapeaute* des éléments bêta qui, sinon, seraient isolés, ou qui connecte des zones d'éléments alpha moins bien intégrés, de manière incomplètement comprise ou franchement mystérieuse à ce jour. Ce point de vue considère les éléments issus des études de Torda et sur Tetris comme des éléments plus primitifs, privés des couches denses, faites de connexions symboliques, qui constituent le champ symbolique de la pensée typique. Si nous reconnaissons ensuite que les connexions symboliques peuvent aussi bien obscurcir que clarifier l'expérience élémentaire, nous pouvons admettre qu'un certain degré de « vérité » est présent dans ces éléments primitifs ; d'une certaine manière, ils pourraient être les « faits » de base de l'esprit.

D'autres causes de dysfonction de l'hippocampe

Il y a des preuves que toute une série de phénomènes cliniquement relevant peut affecter le fonctionnement de l'hippocampe, de manière transitoire ou chronique. Par exemple, Sinead Mullaly du Trinity College de Dublin a étudié l'existence de lésions *virtuelles* de l'hippocampe (Mullaly et O'Mara, 2013). Elle a réussi à induire une lésion sélective et virtuelle de l'hippocampe, sur des étudiants du Trinity College, alors que leur fonction extra-hippocampique était conservée. Ce trouble était provoqué en demandant à certains étudiants de faire un exercice mental appelé 2-Back[8], dont on a démontré qu'il réduit l'activité du lobe médio-temporal.

Les étudiants ont été divisés en deux groupes, l'un passait l'exercice 2-Back, l'autre passait l'exercice 0-back, connu pour ne pas réduire l'activité médio-temporale. Les deux groupes ont ensuite passé une batterie de tests de la mémoire. Après le passage des tests, on a séparé les résultats selon qu'il s'agissait d'aspects de la mémoire dépendants de l'hippocampe ou non. Les deux groupes ont eu des résultats similaires sur les résultats ne dépendant pas de

8. Il est intéressant de noter, que l'exercice mental 2-Back requiert des individus qu'ils maintiennent une attention et une concentration intense pour remettre continuellement leur mémoire de travail

l'hippocampe. Les résultats pour la mémoire dépendant de l'hippocampe étaient différents et le groupe 2-Back présentait une détérioration.

Les résultats de cette étude s'inscrivent dans ceux de l'étude précédente où la privation de sommeil s'accompagnait d'une baisse de l'activation des lobes médio-temporaux ainsi que d'une baisse correspondante de la capacité à se souvenir des apprentissages verbaux (Drummond *et al.*, 2000), hormis le fait qu'ici on retrouve cet effet alors que les individus sont éveillés pendant toute l'étude.

Les études montrent que la fonction de l'hippocampe peut être abaissée (en faisant des exercices 2-Back ou en se privant de sommeil) mais qu'il existe aussi des façons de stimuler la pensée intégrative (en arrêtant l'exercice ou en ayant une bonne nuit de sommeil).

Ces résultats sont cohérents avec la manière complexe dont certains états psychiques atteignent la fonction de l'hippocampe. Par exemple, on retrouve chez les patients souffrant de stress post traumatique une détérioration de différentes fonctions cognitives et de la mémoire qui matchent avec des résultats anormaux de la norme de l'activité et du volume de leurs hippocampes (Shin *et al.*, 2004 ; Levy-Gigi *et al.*, 2015). On retrouve aussi des altérations de la fonction et du volume de l'hippocampe chez ceux qui n'ont eu qu'un seul épisode de dépression majeure (Frodl *et al.*, 2002). On note également des différences d'oxygénation vasculaire de l'hippocampe chez des personnes qui écoutent de la musique triste en comparaison avec ceux qui écoutent de la musique gaie (Mitterschiffthaler *et al.*, 2007).

Clarifions l'impact clinique de ce phénomène sur la psychanalyse : Et si certaines choses qui se passent en séance atteignaient les capacités imaginatives et intégratives de ceux que nous traitons, au niveau de l'activité de l'hippocampe ? Et si les analysants *et* les analystes passent, en réponse aux stimuli et à l'engagement psychique dans la séance, d'états proches de celui de T.T. de H.M. ou de Clive Wearing à des états avec davantage de capacités fonctionnelles, imaginatives, créatives et intégratives ?

Cette prise de conscience ouvre la voie à de nombreuses questions intrigantes sur ce sujet, questions auxquelles il nous faut encore répondre. Par exemple, il fait sens de penser que la recommandation de Bion d'aborder chaque séance sans mémoire ni désir pourrait être implicitement reliée avec une stimulation de la fonction de l'hippocampe, à la fois chez l'analysant et l'analyste. Cela pose la question de savoir s'il existe d'autres moyens affectant cette capacité de manière similaire. Puisque l'activité de l'hippocampe peut être mesurée sur des scanners du cerveau, y aurait-il un moyen d'étudier différentes techniques pour voir lesquelles pourraient influencer cette capacité du psychisme à intégrer

---

à jour à partir d'une une liste assez lointaine de chiffres ou de lettres, un état bien différent que d'être sans mémoire ni désir.

de l'information ? Et s'il existait des techniques, auxquelles on n'a pas encore pensé, capables d'activer la capacité du psychisme à intégrer de l'information de manière à l'influencer positivement ? Bien que j'espère sincèrement que ces informations ne soient pas utilisées pour produire des lois contraignantes, il pourrait être utile aux analystes de savoir quels types d'interprétations ou d'interventions à but de soutien pourraient affecter la fonction de l'hippocampe, dans certaines situations, pour certains patients. Si ces informations pouvaient être utilisées de manière sage et attentive, au sein de notre compréhension et de nos méthodologies actuelles, elles pourraient améliorer notre capacité à rêver nos pensées et stimuler la capacité vivante de rêver de ceux que nous traitons.

Des systèmes préservés

En plus des articles présentés ci-dessus, il existe d'autres arguments en faveur de l'existence d'un travail psychique continu qui a lieu de manière indépendante de l'hippocampe. Ce chapitre ne veut pas être exhaustif mais plutôt montrer l'implication d'autres systèmes de pensées.

Un examen spécifique de ces apprentissages a été étudié chez H.M. Dans une étude subtile, on demande à H.M. de dessiner une image en le limitant à regarder son dessin dans un miroir, ce qu'il ne savait pas faire avant la lésion de l'hippocampe. H.M. devint de plus en plus performant avec le temps, même si sa capacité à se souvenir et à raconter comment il s'entraînait restait très perturbée. H.M. avait presque conservé l'entièreté de ses compétences une année plus tard (Gabrieli *et al.,* 1993).

En 1966, H.M. était capable de dessiner correctement, de mémoire, un plan de la maison dans il avait déménagé, même si le déménagement avait eu lieu après la lésion (Corkin, 2002). L'hypothèse est la suivante : l'investissement physique actif et corporel, jour après jour, dans sa maison a activé un système alternatif de mémoire sur lequel H.M. pouvait compter, afin de créer ce plan.

Cette réussite semble compatible avec l'étude Tetris des images de sommeil citée ci-dessus (Stickgold, 2000) qui démontre une intégration continue d'expérience physique pendant le sommeil malgré les lésions de l'hippocampe.

Dans la même veine, Larry Squire relève que les études sur le rat, le singe et l'humain ont toutes, de manière indépendante, convergé vers des arguments en faveur des capacités continues, et hors de l'hippocampe, à développer des compétences physiques, à mémoriser une information réflexe ainsi qu'un phénomène psychique nommé *priming* (Squire, 1992). Cela a aussi été confirmé dans l'article de revue sur 147 patients présentant des lésions de l'hippocampe. Il stipule qu'alors que *tous* les 147 patients avaient une amnésie antérograde, *aucun* de ces patients n'avait d'argument en faveur d'une détérioration de la mémoire à court terme, des capacités d'apprentissage, de type apprentissages conditionnés classiques, *priming* ou par catégories (Spiers *et al.*, 2001).

Les recherches pointues en neurosciences actuelles se penchent sur l'étude des variations de ces capacités. De nombreux auteurs comparent la mémoire liée à l'hippocampe à celle qui ne l'est pas, la mémoire schématique à la mémoire épisodique, essayant de caractériser ces différentes formes de pensée (Winocur *et al.*, 2010). Bien que les détails et les connexions entre ces relations ne soient pas encore élucidés, les arguments en faveur de systèmes de pensées fondamentalement différents s'accumulent.

Discussion

Retournons à Winnicott et à ce qu'il écrit du lieu où l'on vit, en perspective avec la vision binoculaire de cette recherche naissante.

> Je peux être *dans* la pagaille, alors j'essaie de m'en sortir ou bien j'essaie de remettre les choses en ordre afin de pouvoir, pour un temps au moins, savoir *où je suis*. Ou encore, je peux avoir le sentiment d'être en mer, de faire le point pour rentrer au port (à n'importe quel port s'il y a de la tempête) ; et, quand je suis à terre, je cherche une maison bâtie *sur* le roc plutôt que sur le sable, et, *dans* ma maison qui – je suis anglais – est mon château, je suis au septième ciel.
>
> (Winnicott, 1971 [1975], p. 144)

Notons la manière dont Winnicott a sa propre place dans ses pensées (le « je » du narrateur) et dont il nous emmène dans un voyage intime, à la première personne, avec lui. Ce voyage, bien que court, contient de nombreux niveaux d'intégration dynamique. C'est une affirmation de la pensée pleine d'une symbolisation joueuse, de souvenirs et d'une foi imprégnés de connexions profondes qui ont la nature mystérieuse des rêves. C'est un voyage qui, sur un certain niveau, contient des informations dispersées (« je suis anglais »), mais pleines de connexions subtiles, et pas si subtiles, entre les idées – certaines factuelles, d'autres saugrenues personnelles, culturelles religieuses ou émotionnelles. Dans ce voyage, nous sommes plongés dans un récit dansant, à la première personne, fait de liens, d'images, de faits et d'émotions. Winnicott suggère que c'est là qu'a lieu l'expérience d'être vivant.

Cet article montre comment l'hippocampe pourrait jouer un rôle central dans le processus que Winnicott décrit si poétiquement. De ce point de vue, Winnicott fait la preuve de l'intégration, toute personnelle, des expériences de sa vie avec le fonctionnement cérébral, sa compréhension des choses et l'environnement, le tout se combinant pour nous offrir un instantané de la carte de ses pensées.

Ce réseau n'est fait ni de *hardware*, ni de pulsions, ni d'objets mais d'une toile intégrée de connexions psychiques qui lient ces éléments en un seul moment.

En intégrant les études sur les lésions de l'hippocampe avec certaines idées de Winnicott, Bion et sur la théorie psychanalytique du champ, nous pouvons concevoir la manière dont l'hippocampe soutient la capacité du psychisme à s'immerger à ce niveau d'expériences intégrées, de métaphores, d'imagination et de rêves. Cette capacité nous plonge dans un schéma gorgé d'informations, en transformant une qualité psychique qui est tout autour de nous en une expérience. Cette expérience ne doit pas nécessairement être très fidèle aux événements historiques personnels, mais permet de nous donner accès à un guide dynamique afin de parcourir le voyage qu'est notre vie, en ce moment, en nous informant sur ce qui vient de se produire, ce qui est en train d'arriver et ce qui pourrait se trouver caché un peu plus loin.

La gravité des détériorations chez les patients atteints de dysfonctionnement de l'hippocampe montre combien un bon traitement par l'hippocampe dans le champ symbolique est un élément essentiel de la pensée elle-même. Bien que les études neuroscientifiques des atteintes de l'hippocampe n'en soient qu'à leurs balbutiements, si on les intègre avec l'étude des champs psychanalytiques, ensemble elles nous donnent accès à une meilleure compréhension du psychisme, confirmant ou étant un défi pour croyances et les théories, pivots de la psychanalyse et des neurosciences.

Pour moi, il est évident que les modèles bioniens de la pensée prédisent beaucoup de choses concernant ces recherches sur la fonction de l'hippocampe. Les théories de la fonction alpha et les résultats sur le fonctionnement de l'hippocampe ont de fortes ressemblances. On pourrait concevoir la rêverie comme le traitement par l'hippocampe d'éléments particulièrement marquants, à un moment particulier. On peut aussi constater combien un investissement excessif dans certaines tâches mentales, ou certains facteurs de stress, comme, par exemple, les exercices 2-Back mentaux du Dr Mullally, détériorent le traitement des stimuli par l'hippocampe, quelque chose dont il est possible que Bion ait eu l'intuition en recommandant aux analystes d'abandonner mémoire et désir avant et pendant les séances. La détérioration fonctionnelle du traitement de l'hippocampe ouvre aussi la voie vers une meilleure compréhension des nombreuses formes de troubles psychiques comprenant une dégradation de la pensée symbolique et de la mémoire comme les troubles de l'attention, la dépression, l'anxiété et les traumatismes.

De plus, cet article constate, qu'à l'évidence, d'autres mécanismes de la psyché fonctionnement sans faire appel aux motifs intégratifs et immersifs de la symbolisation. Partageant certaines ressemblances avec les éléments bêta, on a des indices pour penser que ces mécanismes s'expriment par l'action, et qu'ils répondent aussi à l'environnement grâce à une potentialisation inconsciente.

Ils sont aussi actifs pendant la nuit sous leur propre forme de rêve, bien que ce soit sous une forme à laquelle nous pensons rarement.

Le fait qu'on puisse améliorer ou détériorer la fonction de l'hippocampe au moyen de certaines expériences mentales devrait rendre le besoin de poursuivre ces études évident. Je pense que les théoriciens et les cliniciens, qu'ils soient analystes ou neuroscientifiques, sont d'accord pour penser qu'une meilleure capacité à intégrer la pensée symbolique est souhaitable. Il se pourrait que cette idée puisse être en accord avec les positions raisonnables défendues par Rachel Blass et Zvi Carmeli sur la valeur à intégrer d'importants concepts entre psychanalyse et neurosciences. Car si, au début l'hippocampe avait été étudié à travers l'exemple plutôt concret de l'agrandissement des bords d'une image, l'étendue et la complexité de l'usage du symbole dans la pensée humain démontre que ce processus est actif dans une foule de domaines, allant jusqu'à concevoir, symboliser et relier des idées qui incluent d'innombrables aspects de la conception dans la psyché humaine elle-même.

RÉFÉRENCES

Abumrad J., Producer (2007). Radiolab [Audio Podcast]. Retrieved from < http://www.radiolab.org/story/91578-clive/>.

Aguayo J. (2014). Notes sur la mémoire et le désir de Bion, son premier accueil clinique aux États-Unis : une note sur du matériel d'archives. *L'Année Psychanalytique Internationale*. Paris : In Press, 2015.

Bion W.R. (1959). Attaques aux liens. *Réflexion faite*. Paris : PUF, 1967.

Bion W.R. (1962). *Aux sources de l'expérience*. Paris : PUF, 1962.

Bion W.R. (1965). *Transformations. Passage de l'apprentissage à la croissance*. Paris : PUF, 1982.

Bion W.R. (1967). *Réflexion faite*. Paris : PUF, 1967.

Bion W.R. (1992). *Cogitations*. Paris : In Press, 1992.

Blass R.B., Carmeli Z. (2015). Further evidence for the case against neuropsychoanalysis : How Yovell, Solms, and Fotopoulou's response to our critique confirms the irrelevance and harmfulness to psychoanalysis of the contemporary neuroscientific trend. *Int. J. Psychoanal.* 96 (6) : 1555-73.

Blechner M.J. (2013). What are dreams like and how does the brain make them that way ? *Contemp. Psychoanal.* 49 (2) : 165-75.

Bloom P. (ed.) (2013). Brain and Behavioral, *Sciences* 36 : 589-659. doi : 10.1017/S0140525X12003135.

Bohleber W. (2013). Le concept d'intersubjectivité en psychanalyse : une évaluation critique. *L'Année Psychanalytique Internationale.* Paris : In Press, 2014.

Civitarese G., Ferro A. (2015). The analytic field and its transformations. London : Karnac Books.

Corkin S. (2002). What's new with the amnesic patient HM ? *Nat. Rev. Neurosci.* 3 (2) : 153-60.

Corkin S. (2013). Permanent present tense : The unforgettable life of the amnesic patient, H.M. New York, NY : Basic Books.

Diekelmann S., Born J. (2010). The memory function of sleep. *Nat. Rev. Neurosci.* 11 (2) : 14-26.

Drummond S.P., Brown G.G., Gillin J.C., Stricker J.L., Wong E.C., Buxton R.B. (2000). Altered brain response to verbal learning following sleep deprivation. *Nature* 403 : 655-7.

Dumay N., Gaskell M.G. (2005). Do words go to sleep ? Exploring consolidation of spoken forms through direct and indirect measures. *Behav. Brain. Sci.* 28 (01) : 69-70.

Duff M., Hengst J., Tranel D., Cohen N. (2009). Hippocampal amnesia disrupts verbal play and the creative use of language in social interaction. *Aphasiology* 23 (7-8) : 926-39.

Duff M., Kurczek J., Rubin R., Cohen N., Tranel D. (2013). Hippocampal amnesia disrupts creative thinking. *Hippocampus* 23 (12) : 1143-9.

Ekstrom A.D., Caplan J.B., Ho E., Shattuck K., Fried I., Kahana M.J. (2005). Human hippocampal theta activity during virtual navigation. *Hippocampus* 15 (7) : 881-9.

Freud S. (1893). Études sur l'Hystérie. OCP II Paris : PUF, 2009.

Freud S. (1900). L'interprétation du rêve. OCP IV Paris : PUF, 2012.

Frodl T., Meisenzahl E.M., Zetzsche T., Born C., Groll C., Jager M., Moller H. (2002). Hippocampal changes in patients with a first episode of major depression. *Am. J. Psych.* 159 (7) : 1112-18. doi : 10.1176/appi.ajp.159.7.1112.

Gabrieli J.D.E., Corkin S., Mickel S.F., Growdon J.H. (1993). Intact acquisition and long-term retention of mirror tracing skill in Alzheimer's disease and in global amnesia. *Behav. Neurosci.* 107 : 899-910.

Hassabis D., Kumaran D., Vann S.D., Maguire E.A. (2007). Patients with hippocampal amnesia cannot imagine new experiences. Proc Nat Acad Sci 104 (5) : 1726-31.

Hasselmo M.E., Bodel on C., Wyble B.P. (2002). A proposed function for hippocampal theta rhythm : Separate phases of encoding and retrieval enhance reversal of prior learning. Neural Computation 14 (4) : 793-817.

Kernberg O.F. (2015). Neurobiological correlates of object relations theory : The relationship between neurobiological and psychodynamic development. *Int. For Psychoanal.* 24 (1) : 38-46.

Korman M., Doyon J., Doljansky J., Carrier J., Dagan Y., Karni A. (2007). Daytime sleep condenses the time course of motor memory consolidation. *Nat. Neurosci.* 10 (9) : 1206-13.

Levy-Gigi E., Szabo C., Richter-Levin G., Kéri S. (2015). Reduced hippocampal volume is associated with overgeneralization of negative context in individuals with PTSD. *Neuropsychology* 29 (1) : 151-61. doi : 10.1037/neu0000131.

Llewellyn S. (2013). Such stuff as dreams are made on ? Elaborative encoding, the ancient art of memory, and the hippocampus. *Behav. Brain. Sci.* 36 : 589-607.

Maguire E., Nannery R., Spiers H. (2006). Navigation around London by a taxi driver with bilateral hippocampal lesions. *Brain* 129 (11) : 2894-907.

McClelland J.L., McNaughton B.L., O'Reilly R.C. (1995). Why there are complementary learning systems in the hippocampus and neocortex : Insights from the successes and failures of connectionist models of learning and memory. *Psychol. Rev.* 102 (3) : 419-57.

Mitterschiffthaler M.T., Fu C.H.Y., Dalton J.A., Andrew C.M., Williams S.C.R. (2007). A functional MRI study of happy and sad affective states induced by classical music. *Hum. Brain Mapp* 28 : 1150-62. doi : 10.1002/hbm.20337.

Moroni F., Nobili L., Curcio G., Carli F.D., Fratello F., Marzano C., Ferrara M. (2007). Sleep in the human hippocampus : A stereo-EEG study. PLoS ONE 2 (9) : e867.

Mullally S.L., Intraub H., Maguire E.A. (2012). Attenuated boundary extension produces a paradoxical memory advantage in amnesic patients. *Curr. Biol.* 22 (4) : 261-8.

Mullally S.L., Maguire E.A. (2013). Memory, imagination, and predicting the future : A common brain mechanism ? *The Neuroscientist* 20 (3) : 220-34.

Mullally S.L., O'Mara S.M. (2013). Suppressing the encoding of new information in memory : A behavioral study derived from principles of hippocampal function. PLoS ONE 8 (1) : e50814. doi : 10.1371/journal.pone.0050814.

Nadel L., Hupbacj A., Gomez R., Newman-Smith K. (2012). Memory formation, consolidation and transformation. *Neurosci. Biobehav. Rev.* 36 : 1640-5.

Ogden T.H. (1994). The analytic third : Working with intersubjective clinical facts. *Int. J. Psychoanal.* 75 : 3-19.

O'Keefe J., Burgess N., Donnett J.G., Jeffery K.J., Maguire E.A. (1998). Place cells, navigational accuracy, and the human hippocampus. Philosophical Transactions of the Royal Society B : *Biological Sciences* 353 (1373) : 1333-40.

O'Keefe J., Reece M.L. (1993). Phase relationship between hippocampal place units and the EEG theta rhythm. *Hippocampus* 3 : 317-30.

Pavlides C., Winson J. (1989). Influences of hippocampal place cell firing in the awake state on the activity of these cells during subsequent sleep episodes. *J. Neurosci.* 9 (8) : 2907-18.

Poe G.R., Nitz D.A., Mcnaughton B.L., Barnes C.A. (2000). Experience-dependent phase-reversal of hippocampal neuron firing during REM sleep. *Brain Research* 855 (1) : 176-80.

Race E., Keane M., Verfaelli M. (2011). Medial temporal lobe damage causes deficits in episodic memory and episodic future thinking not attributable to deficits in narrative construction. *J. Neurosci.*, 31 (28) : 10262-9.

Shin L.M., Shin P.S., Heckers S., Krangel T.S., Macklin M.L., Orr S.P.,… Rauch S.L. (2004). Hippocampal function in posttraumatic stress disorder. *Hippocampus* 14 (3) : 292-300. doi : 10.1002/hipo.10183.

Solms M. (2013). Dreaming is not controlled by hippocampal mechanisms. Behav Brain Sci 36 : 629.

Spiers H., Maguire E.A., Burgess N. (2001). Hippocampal amnesia. Neurocase 7 (5) : 375-82.

Squire L.R. (1992). Memory and the hippocampus : A synthesis from findings with rats, monkeys, and humans. *Psychol. Rev.* 99 (2) : 195.

Steinvorth S., Levine B., Corkin S. (2005). Medial temporal lobe structures are needed to re-experience remote autobiographical memories : Evidence from H.M. and W.R. *Neuropsychologia* 43 (4) : 479-96.

Stickgold R. (2000). Replaying the game : Hypnagogic images in normals and amnesics. Science, 290 : 350-3.

Stickgold R., Walker M.P. (2007). Sleep-dependent memory consolidation and reconsolidation. Sleep Medicine 8 (4) : 331-43.

Stickgold R., Whidbee D., Schirmer B., Patel V., Hobson J.A. (2000). Visual discrimination task improvement : A multi-step process occurring during sleep. *J. Cog. Neurosci.* 12 (2) : 246-54.

Torda C. (1969). Dreams of subjects with bilateral hippocampal lesions. Acta Psychiatrica Scandinavica. doi : 10.1111/j.1600-0447.1969.tb07128.x.

Walker M.P., Brakefield T., Morgan A., Hobson J., Stickgold R. (2002). Practice with sleep makes perfect. *Neuron.* 35 (1) : 205-11.

Wamsley E.J., Perry K., Djonlagic I., Reaven L., Stickgold R. (2010a). Cognitive replay of visuomotor learning at sleep onset : Temporal dynamics and relationship to task performance. *Sleep* 33 : 59.

Wamsley E.J., Tucker M., Payne J.D., Benavides J.A., Stickgold R. (2010b). Dreaming of a learning task is associated with enhanced sleep-dependent memory consolidation. *Current Biology* 20 (9) : 850-5.

Wamsley E.J., Stickgold R. (2011). Memory, sleep, and dreaming : Experiencing consolidation. *Sleep Medicine Clinics* 6 (1) : 97-108.

Winnicott D.W. (1953). Objets transitionnels et phénomènes transitionnels. *Jeu et Réalité.* Paris : PUF, 1975.

Winnicott D.W. (1971). *Jeu et Réalité.* Paris : Gallimard, 1975.

Winocur G., Moscovitch M., Bontempi B. (2010). Memory formation and long-term retention in humans and animals : Convergence towards a transformation account of hippocampal – neocortical interactions. *Neuropsychologia* 48 (8) : 2339-56.

Yamashita K., Hirose S., Kunimatsu A., Aoki S., Chikazoe J., Jimura K.,… Konishi S. (2009). Formation of long-term memory representation in human temporal cortex related to pictorial paired associates. *J. Neuroscience* 29 (33) : 10335-40.

Yovell Y., Solms M., Fotopoulou A. (2015). The case for neuropsychoanalysis : Why a dialogue with neuroscience is necessary but not sufficient for psychoanalysis. *Int. J. Psychoanal.* 96 (6) : 1515-53.

FORMATION

LES MOUVEMENTS CONTRE-TRANSFÉRENTIELS DU SUPERVISEUR ET LEURS INTERFÉRENCES DANS L'ÉVALUATION DE LA CAPACITÉ DES CANDIDATS À VALIDER LEUR CURSUS : des facteurs toujours présents mais systématiquement sous-estimés[1]

Lena THEODOROU EHRLICH[a], Nancy MANN KULISH[a], Margaret Ann FITZPATRICK HANLY[b], Marianne ROBINSON[c, d] and Arden ROTHSTEIN[e]

(a) Michigan Psychoanalytic Institute, 32841 Middlebelt Road, Suite 411, Farmington Hills, MI, 48334, USA – lenaehrlich @drlenaehrlich.com

(b) Toronto Institute of Psychoanalysis, 40 St. Clair Avenue East, Suite 203, Toronto, ON, M4T 1M9, Canada – mafhanly@gmail.com

(c) Northwestern Psychoanalytic Society, 2701 First Avenue, Suite 120 Seattle, WA, 98121, USA – mrobins@nwlink.com

(d) Psychoanalytic Center of California, 11500 W. Olympic Blvd., Suite 445, Los Angeles, CA, 90064, USA

(e) Institute for Psychoanalytic Education (IPE), Affiliated with NYU School of Medicine, 1 Park Avenue, 8th Floor, New York, NY, 10017, USA – aroth275@aol.com

Résumé : À partir de matériel détaillé et approfondi extrait de séances de supervision qui ont eu lieu dans le monde entier (étudié dans le cadre des groupes « Évaluation de la Fin de la Formation » [EFF]), cet article montre que les superviseurs sont sujets à des mouvements contre-transférentiels intenses, multiformes et variés, et parfois même continus, qui empiètent sur leur capacité d'évaluer les progrès des candidats. Les sources multiples, externes et internes, de ces interférences sont examinées ici. Les auteurs avancent l'idée que les mouvements contre-transférentiels des superviseurs et leurs manifestations via des mises en acte en parallèle demeurent sous-estimés et inutilisés, de même que leur impact et les informations qu'ils contiennent. Les auteurs soutiennent que la reconnaissance, l'endiguement et

1. Article paru sous le titre « Supervisory countertransferences and impingements in evaluating readiness for graduation : Always present, routinely under-recognized » *The International Journal of Psychoanalysis* (2017) 98 : 491-516, traduit par Jean-Michel Quinodoz, relu par Jenny Chan et Michel Sanchez-Cardenas.

l'utilisation de ces phénomènes parallèles et des mouvements contre-transférentiels en supervision sont essentiels pour pouvoir évaluer les progrès des candidats et leur capacité de valider leur cursus. Ils décrivent également les signaux les plus courants de ce type d'enchevêtrement qui altère la fonction évaluative du superviseur et proposent trois solutions « tierces » pour aider les superviseurs à utiliser leur contre-transfert à bon escient : auto-supervision, consultation et mesures de correction institutionnelles.

MOTS-CLÉS : contre-transfert, supervision, évaluation du candidat, progrès du candidat, formation, signaux contre-transférentiels, « tiers », consultation, interférences, processus parallèle, contre-transfert en supervision.

Introduction

Les analystes considèrent actuellement le contre-transfert comme un élément indispensable de la technique psychanalytique. On ne peut pas en dire autant des analystes qui supervisent. Bien que depuis plusieurs décennies la littérature ait accordé une grande attention au contre-transfert dans la situation de supervision, paradoxalement, en ce qui concerne son application en clinique, une part notable de cette discussion ne s'est pas traduite dans la pratique courante. De plus, peu d'écrits approfondis ont été consacrés aux contre-transferts en supervision, notamment en ce qui concerne spécifiquement la fonction du superviseur chargé d'évaluer les progrès du candidat, bien qu'il s'agisse là d'une fonction parmi les plus importantes des superviseurs au sein des institutions psychanalytiques. Ajoutons que les analystes proposent rarement des moyens susceptibles de remédier aux interférences qui se produisent en cours de supervision.

Cet article est divisé en deux parties. Dans la partie I, nous sommes partis des données qualitatives détaillées provenant de rapports approfondis de séances de supervision, pour démontrer que, dans leur fonction d'évaluation, les superviseurs sont sujets à des pressions internes et externes selon des combinaisons variées ; si celles-ci ne sont pas reconnues, elles peuvent générer à leur tour des taches aveugles contre-transférentielles susceptibles d'entraîner des mises en acte. Nous trouvons que les contre-transferts en supervision (et leurs manifestations à travers des mises en acte parallèles) de même que les interférences externes restent souvent méconnues et insuffisamment utilisés, de sorte que l'on sous-estime leur impact sur la capacité du superviseur d'évaluer les progrès du candidat par rapport à la validation de son cursus. Dans la partie II nous proposons des réflexions sur les caractéristiques et la dynamique particulières de ces contre-transferts, ainsi que sur la manière de mieux les reconnaître. De plus, nous avons identifié des signaux communs appartenant en propre au contre-transfert en supervision et nous avançons des propositions quant à la façon de les gérer.

Notre conception du contre-transfert est semblable à celle de Kernberg qui le définit comme suit :

> La conception contemporaine du contre-transfert en tant que réaction émotionnelle totale de l'analyste envers le patient comprend à la fois les contributions du patient au contre-transfert (en particulier, mais pas exclusivement, à travers les mécanismes d'identification projective et de contrôle omnipotent) et la participation potentielle des dispositions transférentielles de l'analyste au contre-transfert, en particulier en cas de mises en acte transférentielles intensives fortement réprimées.
>
> (1997, p. 101-102, traduction J.M.Q.)

À travers cet article, nous cherchons à partager nos résultats concernant les processus émotionnels (conscients, préconscients et inconscients) qui se produisent dans l'esprit du superviseur et interfèrent avec son évaluation des progrès du candidat. Certaines réactions appartiennent à la stricte catégorie du contre-transfert, impliquant principalement des réactions transférentielles du superviseur envers le supervisé ou le patient. D'autres réactions peuvent être considérées au sens étroit du terme comme des transferts du superviseur envers les supervisés. On peut aussi considérer d'autres réactions propres à la supervision comme constituant des processus parallèles[2] : il s'agit des réponses aux transferts des candidats ou de leurs patients à valeur défensive et/ou de communication. Certaines réactions en supervision peuvent être comprises comme des réponses aux identifications projectives des candidats ou de leurs patients, réactions exerçant de multiples fonctions telles que celles de communication, d'empathie, de défense ou de fusion. Naturellement, le but d'une réponse contre-transférentielle particulière ne peut être compris que grâce à une écoute contextuelle et fidèle à partir des comptes rendus phénoménologiques des expériences de supervision. Dans cet article nous voulons aussi présenter nos résultats concernant les interférences institutionnelles (la relation du superviseur à l'institution ainsi qu'aux directives et pratiques de leur institut) qui déterminent des contre-transferts et d'autres réactions émotionnelles en supervision.

À travers ce qui va suivre, nous ne prétendons pas être parvenus à une compréhension globale de toutes les données. Notre but est de présenter ces données, de les soumettre à notre compréhension actuelle et, nous l'espérons, stimuler ainsi de nouvelles recherches et de nouvelles études.

---

2. En ce qui concerne la catégorie insaisissable des processus parallèles, voir la revue de la littérature. [Note du traducteur : voir aussi plus loin la définition et la discussion au sujet de la notion de « processus parallèle »].

Partie 1. — Du côté du superviseur dans la pensée du superviseur. Transfert et contre-transfert en supervision

Alors qu'il existe de nombreux écrits sur la supervision, y compris le contre-transfert en supervision (Caligor, 1981 ; Strean, 1991 ; Lester et Robertson, 1995 ; Skolnikoff, 1997 ; Berman, 2000 ; Jacobs, 2001 ; Weinstein et coll., 2009) il existe relativement peu d'articles présentant des exemples détaillés de contre-transfert en supervision tirés de séances de supervision. La présente étude offre une occasion unique d'utiliser du matériel clinique en profondeur provenant de séances de supervision. Nos données portent sur de nombreuses supervisions psychanalytiques et proviennent de groupes consacrés à l'étude de la manière dont les superviseurs évaluent les candidats, avec des modérateurs et des rapporteurs appartenant au groupe de travail « Évaluation de la fin de la formation / Qu'en pense le superviseur », en Amérique du Nord, soutenu par l'API et par tous les auteurs impliqués. Le format particulier de ces groupes (voir « Format du groupe de travail ») permet de jeter un regard en profondeur sur les phénomènes de supervision qui ne sont pas disponibles habituellement. De nombreuses idées destinées à cet article ont surgi au cours d'un séminaire au cours duquel nous nous sommes réunis tous les cinq – réunion de supervision au cours de laquelle nous avons examiné dans les plus petits détails le matériel de supervision mis à notre disposition provenant de comptes rendus des discussions au sein du « groupe de travail ». De plus, tous les auteurs ont rassemblé et partagé leurs impressions et leurs données à partir de leur expérience de superviseurs et d'enseignants. Quatre sur les cinq parmi nous avaient été responsables de comités de suivi du cursus dans leurs instituts respectifs et le cinquième avait été membre de l'un de ses comités. Nous cinq avons été impliqués dans la révision et la clarification des critères de progrès utilisés par les superviseurs lorsqu'ils évaluent des candidats.

Revue de la littérature

Évolution d'une relation impliquant une seule personne vers une relation impliquant deux personnes

Les premières discussions ayant porté sur les mises en acte inconscientes au sein de la situation de supervision ont été décrites dans la littérature sous le terme de « processus parallèles ». Searles (1955), Ekteins et Wallerstein (1958) et Arlow (1963) ont été frappés par un phénomène suivant lequel un supervisé reproduit inconsciemment avec son superviseur des aspects de la manière dont le patient se conduit et se vit dans sa relation avec lui. Ces articles, qui privilégient une perspective psychanalytique impliquant une seule personne, ont mis en évidence l'identification du supervisé avec le patient et le besoin d'en partager le contenu inconscient avec le superviseur.

Cependant la discussion s'est élargie. Dans un vaste projet de recherche, les données provenant des superviseurs et des étudiants ont été examinées au sein d'une consultation externe, et Doeherman (1976) a été frappé par la récurrence de processus parallèles et par la *complexité de la relation de supervision*. Doeherman a été le premier à suggérer que l'angoisse en supervision n'est pas le fait du seul supervisé. Les superviseurs sont également embarqués dans des liens de transfert et de contre-transfert en supervision qui reproduisent les liens observés en traitement. Afin d'élaborer les impasses qui sont survenues en cours de traitement et en supervision, cet auteur a relevé que tant les superviseurs que les supervisés auraient dû être en mesure de reconnaître qu'ils avaient contribué aux difficultés parallèles qui se produisent en supervision et en psychothérapie. Contrairement aux formulations originaires qui considèrent les processus parallèles comme des processus à sens unique partant du patient, cette étude observa que le superviseur peut également générer de l'angoisse chez le thérapeute, et que cette angoisse est ensuite mise en acte par le thérapeute avec son ou sa patiente. De plus, le superviseur pourrait ne pas percevoir clairement ces liens jusqu'à ce que ceux-ci soient discutés avec une personne tierce. Gediman et Wolkenfeld (1980) ont également relevé que, au cours d'un processus parallèle, il peut y avoir un retour d'impact dans lequel la dyade analyste/patient remet en acte des événements provenant de la situation de supervision.

Teitelbaum (1990) a inventé le terme de *supertransfert* pour désigner les contributions inconscientes du superviseur à la supervision. Il a souligné la forte influence qu'exercent un certain nombre de facteurs sur la capacité des supervisés de vraiment participer et utiliser la supervision ; parmi ceux-ci on trouve « des facteurs tels que des investissements et les besoins narcissiques du superviseur, ses attentes envers le thérapeute, ses réactions à l'égard de la personnalité du thérapeute, et ses propres contre-réactions au transfert du thérapeute envers le superviseur » (p. 256). De manière semblable, Jacobs (2001) a relevé que, si elles ne sont pas examinées, les vulnérabilités narcissiques du superviseur ainsi que les sentiments qu'il éprouve envers les étudiants peuvent se produire au détriment des supervisés et conduire à des transgressions. Relevant la vulnérabilité inévitable du candidat et la honte liée à la formation analytique, Buechler (2008) suggère que « la honte de la honte » (p. 370) – c'est-à-dire la manière dont les besoins narcissiques des superviseurs les conduisent à être insensibles aux vulnérabilités narcissiques de leur supervisé – est provoquée par le contre-transfert en supervision et qu'elle pourrait être évitée.

Le contre-transfert en supervision comme phénomène général : utilité du concept de « processus parallèle »

Considérant comme acquis le contre-transfert en supervision, Sarnat (1992) a relevé que l'attention portée à ces contre-transferts est essentielle pour établir une relation de supervision fructueuse. Dans un article ultérieur, Sarnat (1998) a ajouté qu'il était important pour le développement des analystes en formation qu'on intègre une compréhension des expériences régressives inévitables qui font partie de la relation de supervision. Une remarque similaire a été énoncée peu auparavant par Pergeron (1996) qui a fourni un exemple utile de la manière dont, lorsqu'elle est analysée avec le superviseur, l'élaboration des conflits et des résistances parallèles qui se développent entre les deux et sont mises en acte par chacun de son côté conduit le supervisé à accroître la compréhension de soi et celle de son patient, le libérant de l'idée qu'il est un meilleur analyste que le patient.

Après avoir commencé à tenir compte de la complexité de la relation de supervision et de l'existence des transferts du superviseur, les analystes ont alors été confrontés à la question essentielle de savoir si la notion de processus parallèle continue à être utile. Observant qu'il n'existe pas dans la littérature des exemples détaillés du contre-transfert en supervision, Stimmel (1995) conseille la prudence quant à utiliser les phénomènes de processus parallèles car ceux-ci peuvent servir de résistance contre la prise de conscience des contre-transferts du superviseur et devenir « de bons arguments pour cacher des transferts non désirés » (p. 615). D'autres auteurs (Baudry, 1993 ; Miller et Twomey, 1999 ; Werbart, 2007) ont souligné que l'usage du concept de processus « parallèle » a des limites et l'ont critiqué comme étant trop vague et réductionniste, et que sa valeur clinique était réduite voire nulle.

En réponse à la prise de conscience croissante de la complexité des processus interpersonnels et intra-personnels en jeu dans la supervision, le concept de processus parallèle a été élargi. Nous avons commencé par présenter les articles originaires qui décrivent les processus parallèles comme étant du type « du bas vers le haut »(du patient ou du supervisé vers le superviseur), c'est-à-dire en sens unique ; ensuite nous avons effectué un long périple conceptuel qui nous a conduit jusqu'à notre compréhension actuelle de la complexité des processus parallèles en tant qu'« autoroute à plusieurs voies conduisant vers de multiples directions possibles » (Watkins, 2011a, p. 407). L'hypothèse de Watkins selon laquelle plus les phénomènes de processus parallèles et de contre-transfert du superviseur sont reconnus et utilisés de manière productive en supervision, « plus grande sera leur impact positif sur la relation de supervision, sur son processus et sur son aboutissement » (Watkins, 2011b, p. 571), tant pour le patient que pour le candidat et le superviseur.

Néanmoins, bien des questions subsistent. Pourquoi le couple analyste/candidat répète-t-il des aspects du fonctionnement du patient ? Plusieurs auteurs (Searles, 1955 ; Arlow, 1963 ; Issachroff, 1982 ; Strean, 1991) observent que les candidats sont davantage enclins à mettre en acte des aspects de l'analyse susceptibles de déclencher en eux-mêmes un conflit. Et comment cela se transmet-il sous forme d'une interaction dans le processus parallèle ? Grinberg (1962, 1979) utilise le concept de contre-identification projective pour comprendre ce problème : le thérapeute provoque inconsciemment chez le superviseur ce qui a été provoqué en lui précédemment par son patient, et le superviseur s'identifie avec ces réactions émotionnelles.

De même, Mendelsohn (2012) considère que la mise en acte parallèle constitue un concept puissamment éclairant lorsqu'on le regarde comme étant le résultat d'un processus d'identification projective. Mendelsohn voit le processus parallèle comme « une sorte de contre-transfert » (p. 311) initié par les identifications projectives du patient (et parfois du candidat ou du superviseur). Il affirme qu'« au lieu de considérer de tels phénomènes comme étant si compliqués que l'on ne peut que les décrire sans les expliquer, ces phénomènes se comprennent souvent aisément et s'expliquent une fois que le clinicien sait quels sont les conflits/pulsions/besoins ainsi exprimés et contre lesquels on se défend » (p. 311).

Initialement conçu comme l'expression d'une provocation pathologique (Klein, 1946), le concept d'identification projective s'est élargi jusqu'à constituer actuellement un mode de communication de l'expérience ou de sensations non encore conscientes, ni pensées et ni verbalisées. Bion (1963, 1970) a élaboré les aspects de communication de l'identification projective. Il a développé le concept de contenant/contenu comme constituant un échange interpersonnel au cours duquel la présence de sensations et d'expériences pas encore métabolisées (le contenu) sont exprimées inconsciemment dans le but d'être reçues et métabolisées au sein d'une relation réceptive (contenant). Le receveur métabolise et retourne l'expérience d'une manière qui tient compte de la capacité de « l'expéditeur » de recevoir celle-ci et de l'utiliser dans un but de croissance.

Ce modèle semble naturellement s'appliquer non seulement à la situation de supervision, mais également au groupe de travail « Fin du cursus de formation / Qu'en pense le superviseur » dont la fonction par rapport au couple superviseur/supervisé qui lui est présenté peut être considérée comme un contenant potentiel et une entité capable de métabolisation. On peut alors décrire la « provocation » dont il a été question plus haut en termes de phénomène de résonance entre instruments (entre deux accords) qui, en se rapprochant, entreraient en résonance sur une même fréquence.

Le rôle de l'évaluation en supervision

Bien que l'évaluation soit toujours présente à l'arrière-plan de toute formation officielle, comme d'aucuns l'ont noté (Lebovici, 1970 ; Skolnikoff, 1997 ; Cabaniss *et al.*, 2001 ; Jaffe, 2001 ; Driver, 2008), la littérature se réfère peu au rôle joué par les contre-transferts du superviseur.

Dans l'une des rares études sur le rôle de l'évaluation en supervision, Frijiling-Schreuder et coll. (1981) rapportent les résultats obtenus en examinant 1 229 rapports d'évaluation de supervisions rédigées dans le cadre de la formation au sein de la Société hollandaise de psychanalyse. Ils en ont conclu que ces évaluations révèlent davantage sur les superviseurs que sur les supervisés. Ils notent que « presque tous les superviseurs estiment qu'évaluer un candidat est à la fois difficile et désagréable » (p. 393). Ils se sont aperçus que ces difficultés se manifestaient à travers des rapports de supervision peu clairs, se focalisant davantage sur les patients que sur l'évaluation des capacités d'analyse des candidats. De nombreux rapports étaient monotones, répétitifs et ne fournissaient pas de description significative de la capacité de travail des candidats.

Berman (2000) a parlé de l'importance qu'il y a à examiner la manière dont la tâche d'évaluer qui appartient au superviseur affecte l'enseignement en supervision. Il a souligné l'importance à la fois de reconnaître « les éléments critiques de l'évaluation propres à toute intervention honnête en supervision » (p. 282) et de porter attention aux vulnérabilités narcissiques des étudiants. S'intéressant à la fonction du superviseur chargé d'évaluer les supervisés, Driver (2008) observe que les superviseurs éprouvent une difficulté à trouver « une position d'observateur [...] qui inclue également un questionnement de sa propre prise de conscience ainsi qu'une réflexion portant à la fois sur le contenu et sur les processus ; [une telle approche, *NdT*] peut apporter une compréhension consciente et permettre d'évaluer une dynamique personnelle et interpersonnelle » (p. 330). Driver soutient que l'évaluation est une tâche difficile pour le superviseur parce qu'elle implique « des critères et une critique » ce qui peut susciter des transferts négatifs chez les superviseurs et perturber les sentiments aussi bien du superviseur que du supervisé. Eisold (2004), Jacobs (2001), Lebovici (1970), et Szeczödy (2008) ont également écrit sur cet aspect de la supervision.

Cadre du groupe de travail

Les groupes organisés par le groupe de travail « Fin de l'analyse/Que pense le superviseur »[3] qui se réunit en ateliers qui se tiennent conjointement aux Congrès de l'IPA et de la Fédération des Sociétés de psychanalyse de l'Amérique

3. Working Party on End of Training/Mind of the supervisor.

latine, des réunions du Forum sur la formation de la Fédération européenne de psychanalyse et du « Working Party Project of North America ». Le cadre des groupes de discussions « Évaluation de la fin de la formation » (EFF) est destiné à aider à pénétrer dans la pensée du superviseur lorsqu'il évalue la capacité des candidats à terminer leur cursus (Hinke, 2014). Au cours d'un atelier de deux jours, un modérateur particulièrement formé rejoint un groupe de 8 à 12 analystes superviseurs provenant de différents Instituts de l'API. Un analyste superviseur présente le matériel clinique mot à mot récolté antérieurement extrait de la supervision d'un ou de deux candidats en cours de formation psychanalytique. Le présentateur fournit l'arrière-plan concernant le patient et le supervisé, et donne des informations sur le programme de formation de l'institut auquel il appartient.

Le superviseur présente les notes des séances d'analyse telle qu'elles sont rapportées par le candidat avec des descriptions détaillées de ce qui est dit et se produit véritablement au cours des séances de supervision. On consacre généralement au moins trois heures à chaque cas. Trois heures supplémentaires sont habituellement dévolues à la discussion des pressions institutionnelles particulières et des paramètres significatifs pour le superviseur également. Un rapporteur prend des notes détaillées des échanges. Il appartient au groupe d'essayer de comprendre et de relier les critères explicites et implicites que le superviseur utilise pour évaluer le candidat – c'est-à-dire ce qu'il ou elle pense comme étant les capacités nécessaires pour devenir un analyste ayant accompli son cursus. Au cours de ce processus, les groupes de travail ont été en mesure de réunir une série de critères qui, bien qu'utilisés par les analystes venant du monde entier, frappaient par leurs similitudes, c'est-à-dire une capacité à contenir les affects, à fixer des limites, à gérer le transfert, à utiliser le contre-transfert, etc. Ces résultats ont été repris dans une série d'articles (Junkers et coll., 2008; Hinze, 2013). L'un des buts majeurs du groupe de travail EFF a été d'aider les Instituts psychanalytiques à clarifier leurs directives et leurs critères et à les rendre davantage transparents en vue des progrès de leurs candidats.

De plus, grâce à cette approche, les groupes de travail EFF ont été en mesure de mettre en évidence des processus qui se déroulent dans le psychisme des superviseurs au cours de la supervision. En plus de chercher à comprendre les positions explicites et implicites du superviseur au sujet de l'analyse et de l'état de préparation du candidat en vue de la fin de son cursus – et quels sont les critères qu'il utilise pour avancer ces affirmations – le groupe a également mis à jour des schèmes et des signes qui peuvent aider à élucider les taches aveugles et les contre-transferts du superviseur. Au cours de ce processus, les participants sont attentifs aux sentiments qui surgissent au sein du processus groupal alors qu'ils sont à l'écoute du cas et de la supervision. Le modérateur facilite une discussion de groupe qui puisse aboutir à des conclusions portant sur des critères communs par rapport à la fin du cursus ainsi que sur les moyens de mettre en évidence des facteurs susceptibles d'interférer avec le processus de supervision ou de le faciliter, cela spécialement en rapport avec l'évaluation des progrès du candidat.

Résultats : transferts, contre-transferts et interférences en supervision

Nous avons constaté que le superviseur était sujet à des interférences multiples et variées, parfois d'origine interne et externe, interférences qui influent sur sa capacité d'évaluer les progrès du candidat. Tandis que les groupes de travail tentaient de préciser les critères utilisés par les superviseurs pour évaluer la compétence analytique, ils ont commencé à remarquer que des forces silencieuses jouaient un rôle dans la manière de penser des superviseurs. *Ce fut une surprise de découvrir que, dans tous les cas que nous avons examinés, des interférences inconscientes et préconscientes entraient toujours en jeu – parfois pour faciliter, parfois pour interférer, parfois les deux.* Après coup, en tenant compte de la connaissance de l'inconscient que possèdent les analystes, il est *surprenant* que cela puisse être surprenant. Il s'agit d'un exemple de plus du déni (même parmi les analystes seniors) de l'ubiquité du phénomène de contre-transfert[4] en supervision.

Sources des contre-transferts et des interférences en supervision

Dans un effort de mettre en lumière certaine forces importantes en jeu, nous divisons nos résultats en deux catégories – les forces qui proviennent d'influences institutionnelles et les forces qui proviennent de l'intérieur de la triade de supervision – tout en reconnaissant qu'en réalité ces catégories se superposent fréquemment. À titre d'exemples, nous apportons des cas tirés de situations spécifiques de supervision.

---

4. Dans cet article, nous utiliserons le terme de contre-transfert pour exprimer à la fois les transferts provenant du superviseur et ceux qui proviennent de la triade composant la supervision.

Le cas des situations influencées par des interférences[5] institutionnelles externes, y compris par l'obligation d'évaluer

Nous avons eu l'occasion de comparer et d'étudier les influences variées exercées par l'institution sur le processus de supervision et d'évaluation en fonction du programme de formation psychanalytique auquel se réfère le superviseur. Il existe de grandes différences dans les cultures, les orientations et les procédures des programmes de formation psychanalytique de par le monde, ce qui constitue un arrière-plan silencieux sur lequel évoluent le processus de supervision et l'évaluation des progrès du candidat (Jaffe, 2001 ; Zaslavsky *et al.*, 2005 ; Erlich, 2014). Basant sa contribution sur les groupes de travail EFF, Mira Erlich a distingué sept secteurs centraux qui permettent de repérer les différences entre instituts de formation psychanalytique : exigences par rapport à l'analyse personnelle, travail clinique, supervision et séminaires didactiques, moyens d'évaluer les progrès, l'éventualité modifications antérieures apportées à la formation, la possibilité de réfléchir régulièrement quant à l'efficacité du système de formation.

Le besoin d'un institut de former des analystes, d'éviter de frustrer les candidats et d'écarter les questions pédagogiques difficiles, constituent autant de facteurs pouvant exercer une pression ouverte ou occulte pour « faire passer » le candidat, tout en fuyant ou en minimisant les problèmes. À l'opposé, un institut peut s'organiser de manière à ce que les candidats ne terminent pas leur cursus rapidement, ni facilement.

La place et l'importance du jugement individuel d'un superviseur constitue un autre facteur déterminant dans les procédures institutionnelles de suivi des progrès. Dans certains endroits, les jugements des superviseurs ont une grande influence et constituent le seul facteur déterminant par rapport aux progrès et

5. Bien qu'une revue de la littérature concernant les interférences institutionnelles dépasse le but de cet article, nous souhaitons citer quelques sources qui, pensons-nous, fournissent un contexte utile à notre discussion. Ainsi Erlich (2013) s'attaque au problème complexe posé par l'interaction entre réalité interne et réalité externe et présente une riche discussion sur la manière dont cette interaction interfère avec l'identité analytique et se manifeste dans les dynamiques organisationnelles et institutionnelles. Dans un compte rendu solide et très fouillé de l'histoire de quatre organisations psychanalytiques, Kirsner (2000) livre des exemples douloureux des effets dévastateurs que peut exercer l'institution sur des analystes pris individuellement. Dans une contribution originale sur la psychologie du cadre psychanalytique, Bleger (1967) relève que si le psychanalyste respecte le cadre institutionnel sans y réfléchir, il peut se tromper et penser que le travail analytique est bien installé alors qu'en fait le cadre est utilisé comme un rempart, établissant un refus de la partie indifférenciée, psychotique de la personnalité de l'analyste et du patient. Sklar et Parsons (2011) notent que, pour certains analystes, la relation envers leur société de psychanalyse est caractérisée par des sentiments d'idéalisation ou de persécution. Ils sont d'avis que l'enseignement et la supervision aide les analystes à rester « vivants analytiquement parlant » (p. 155) aussi longtemps qu'ils participent librement à leur organisation sans être animés avant tout par une idéalisation ou un sentiment de culpabilité.

à la terminaison du cursus. Ailleurs encore, les jugements des superviseurs sont pris en compte en même temps que d'autres opinions et d'autres évaluations. Il arrive que les jugements des superviseurs sur un candidat ne soient pas suivis s'ils diffèrent de l'opinion prévalente ou d'un jugement provenant d'autres superviseurs, d'enseignants ou de comités spéciaux. D'une manière générale, si les candidats sont idéalisés ou sous-estimés par le groupe, ces opinions peuvent interférer avec celle des superviseurs. Par ailleurs, une autre différence entre les instituts susceptibles d'influencer l'opinion des superviseurs dépend de ce que les superviseurs partagent ou non entre eux leurs rapports de supervision.

On constate également des différences étroitement liées aux influences qui précèdent et proviennent des critères institutionnels d'évaluation des progrès et de la fin du cursus, suivant que ceux-ci soient explicités ou non. Dans beaucoup de cas, les superviseurs suivent leurs propres critères internes sens avoir clairement accepté ou élaboré les critères propres à l'institution de formation censés leur servir de guide.

Un dilemme fréquent qui surgit dans l'esprit des superviseurs semble enraciné dans le conflit que constitue la tâche de s'occuper des problèmes émotionnels et des blocages des candidats. L'analyse de formation est faite pour s'occuper de ces problèmes. Néanmoins les instituts varient grandement quant à leurs exigences par rapport à l'analyse de formation – par exemple, dans la durée requise de l'analyse des candidats avant qu'ils commencent les séminaires ou un cas de contrôle. Dans certaines circonstances, les superviseurs sont confrontés à des problèmes qui ressortissent en premier lieu de candidats qui, soit n'ont pas été longtemps en analyse, soit ont effectué une analyse écourtée ou terminée[6].

Les Groupes de travail ont pu observer que, dans certaines situations, l'esprit du superviseur et même toute l'atmosphère des séances de supervision avaient été affectés par ces problèmes. Dans un cas, par exemple, un candidat qui avait interrompu deux analyses semblait ne plus avoir confiance dans le processus analytique. Le superviseur sentait que le candidat rejetait subtilement toutes ses propositions techniques ou théoriques. En même temps, le superviseur était confronté au fait que ce candidat avancé allait probablement être accepté par leur institut. Ce superviseur était empêtré dans des sentiments de détresse et de paralysie, une détresse qui reflétait les doutes du candidat quant à la psychanalyse. Tout cela paraissait une réponse émotionnelle raisonnable face à un candidat inadéquat, mais le superviseur réalisa après réflexion que sa détresse et sa paralysie étaient également liées à des réactions personnelles plus profondes. Comme le suggère la littérature sur la supervision, la philosophie des superviseurs varie largement quant à la manière de gérer de tels problèmes personnels chez les candidats. Certains évitent de s'occuper de ces questions,

6. Nous ne parlons pas ici du modèle français de formation dans lequel les candidats ont terminé leur analyse *avant* de commencer à voir des patients pour la formation.

tandis que d'autres utilisent la séance de supervision davantage comme une séance d'analyse en analysant directement les contre-transferts du candidat.

Il existe un autre type de pression extérieure, rarement reconnue, qui est liée au cadre institutionnel et provient des sentiments que le superviseur ressent envers l'analyste du candidat, collègue de l'institut. Ce problème a déjà été soulevé par Lebovici (1970), Haesler (1993), et Skolnikoff (1997). Cet analyste formateur peut être un ami ou un adversaire politique, ou adhérer à des positions théoriques ou techniques différentes. De tels sentiments envers l'analyste formateur habitent souvent les pensées du superviseur. De même, dans les instituts dont les candidats sont en analyse avec des analystes formateurs provenant d'autres instituts, on peut assister à des rivalités inconscientes et/ou à des ambiances théoriques et à des modèles de formation différents. Ces réactions peuvent exercer une forte influence, bien qu'inconsciente, sur les attitudes du superviseur envers le candidat et envers le travail de ce dernier (Kernberg, 2010).

Bien que moins étudiée, nous estimons que l'exigence institutionnelle qui amène les superviseurs à évaluer les progrès du candidat constitue une source d'angoisse et de conflits omniprésents et souvent méconnus (Junkers *et al.*, 2008). Le superviseur est avant tout un analyste et, comme tel, il a été formé d'une manière particulière et unique pour suspendre son jugement envers ses patients. Lorsqu'on lui demande de superviser, l'analyste assume à la fois le rôle de formateur et d'évaluateur, et il se sent souvent mal à l'aise dans ces rôles (Driver, 2008). Les résultats de notre groupe de travail nous permettent de conclure que les superviseurs ne réalisent pas suffisamment à quel point jouer le rôle d'un objet qui reçoit et qui contient (le bon rôle) entre en conflit avec celui d'évaluer et de poser des limites (le mauvais rôle). Confrontés à ce conflit, souvent inconscient, les superviseurs peuvent trouver beaucoup plus facile de dire ce qu'ils pensent de la dynamique du patient ou donner des conseils techniques plutôt que formuler des jugements cruciaux capables de changer la vie de quelqu'un, comme par exemple : « Je pense que ce candidat est prêt (ou n'est pas prêt) à terminer son cursus. » Nous avons vu que le manque de volonté du superviseur à prendre position explicitement peut se manifester de différentes manières — par exemple, en ne disant pas clairement au supervisé ou à la supervisée quels sont ses problèmes, ou bien en portant des jugements arrêtés sur ce qui est inadéquat. De telles réticences ne sont pas toujours conscientes et font souvent l'objet de rationalisations.

Une autre source potentielle de moyens détournés utilisés par des superviseurs peut provenir d'un désir inconscient d'être idéalisé par les candidats ; ces collègues préfèrent laisser à d'autres collègues de l'institut, comme par exemple à des membres du comité d'évaluation, la tâche de communiquer des commentaires critiques. Consciemment, ces superviseurs croient compromettre leur rôle de formateur s'ils communiquent directement leur évaluation, même s'ils n'ont pas à l'écrire dans un rapport. Bien que la littérature ait mit l'accent sur la vulnérabilité du supervisé (en tant que membre moins expérimenté de la dyade soumis à évaluation), nous trouvons que les superviseurs ont tendance à se sentir vulnérables face au jugement provenant de collègues, y compris de l'analyste du supervisé, voire se sentent rejetés en cas de votations au sein de l'institut (Berman, 2000) ou du Groupe de Travail.

Le cas des situations déclenchées par la triade de supervision

De même qu'en analyse, les figures du transfert/contre-transfert sont le propre de chaque dyade en supervision, reflétant les personnalités, les conflits et les sentiments de chacun dans ce couple, ainsi que leurs interactions (Levenson, 1982 ; Lester et Robertson, 1995 ; Jaffe, 2001 ; Weinstein et coll., 2009). En écoutant les candidats rapporter le matériel clinique, les superviseurs s'identifient inconsciemment au patient, au candidat ou à tous les deux. Mais ces identifications ne sont pas à distance ; elles reprennent vie en relation avec ce qui se passe dans le bureau entre superviseur et candidat. Ce qui s'y passe peut s'avérer bien plus complexe qu'un simple reflet en miroir. Un échange de fantasmes dans les deux sens se joue inconsciemment au sein du couple superviseur/supervisé, de sorte que plusieurs vertex sont au travail (Skolnikoff, 1997 ; Gediman, 2001 ; Weinstein et coll., 2009).

Nous avons constaté que de nombreux superviseurs sont réticents à l'idée qu'on pose un regard sur leur travail de supervision. Mais qu'est-ce qui retient les superviseurs de révéler ou de regarder en eux-mêmes ? Ce qui pose problème, pensons-nous, ce sont les concepts théoriques d'identification projective, de contre-identification et de contenance pourtant si utiles pour en parler. Les superviseurs sont appelés à contenir, comprendre et utiliser des fantasmes et des sentiments transférentiels dérangeants en provenance du patient et des contre-transferts du candidat. Lorsque le superviseur ne parvient pas à contenir cette double pression, des contre-transferts dédoublés et complexes peuvent surgir chez le superviseur. Des transferts peuvent également provenir du candidat envers le superviseur, car le superviseur est un analyste et sa personne devient ainsi un objet de déplacements de la part de l'analyste du patient, compte tenu de sa position de pouvoir par rapport au candidat (Lebovici, 1970). Des transferts envers le patient ou envers le candidat de la part du superviseur peuvent également se produire[7].

7. D'après nos données, ces identifications projectives poursuivent des buts multiples. Comme l'a noté Rosenfeld (1983) les patients utilisent l'identification projective pour communiquer, se débarrasser d'affects intolérables, contrôler ou fusionner avec le superviseur. Nous avons

Tout cela se déroule dans l'immédiateté de la situation de supervision, à l'intérieur du cabinet d'analyste, tandis qu'à l'arrière-plan le superviseur doit évaluer les progrès du candidat. Par exemple, il arrive qu'un candidat mis sous pression par les exigences de son cursus éprouve une difficulté face à un patient sadomasochiste qui le met au défi, au risque de s'enferrer dans une réaction thérapeutique négative. En réaction, la superviseuse éprouve alors des sentiments maternels et de l'empathie envers le candidat, sans parvenir à repérer les mises en acte sadomasochistes de la part du candidat. En retour, le candidat transfert son besoin d'être secouru et ses sentiments d'impuissance et de rage envers la superviseuse qui, inconsciemment, réagit en les repoussant davantage. Les partenaires sont alors paralysés par des forces inconscientes convergentes. Au milieu de cette tempête d'émotions, la superviseuse devrait effectuer une évaluation « objective ».

En examinant en détail un matériel de supervision, les auteurs ont été fascinés de découvrir que, *dans chaque supervision* étudiée soigneusement, des projections semblables et des identifications complexes se répètent et rejaillissent, entraînant le patient, le candidat et le superviseur (et même le groupe de travail). Dans certains cas, à notre surprise, nous avons spontanément taxé de « contamination » des perturbations survenues dans la dyade de supervision parce qu'elles s'infiltraient silencieusement dans l'esprit du superviseur, à son insu[8]. Ces perturbations semblaient infiltrer l'atmosphère du groupe pendant l'écoute du matériel. Parfois, le candidat et le superviseur partageaient une même tache aveugle, d'autres fois ils reproduisaient dans l'analyse une interaction sadomasochiste sans que ni l'un ni l'autre s'en aperçoive. Ces dynamiques étaient semblables aux « processus parallèles » décrits dans la littérature, mais plus complexes. L'incapacité du superviseur et du candidat à contenir et à métaboliser séance tenante l'angoisse prédominante s'est avérée un commun dénominateur. *Nous avons été frappés par le fait que dans leur rôle d'enseignants, de mentors et particulièrement d'évaluateurs, les superviseurs ne sont souvent pas préparés à percevoir, à ressentir ou à penser d'aussi puissantes émotions.* Le plus souvent, ils s'efforcent d'être objectifs même si, paradoxalement, ils utilisent d'une manière routinière et consciente leurs émotions pour comprendre le matériel analytique qui leur est présenté. Les superviseurs s'imaginent qu'ils sont *supposés savoir*, *supposés être des « experts »*. Cette attente crée une situation dans laquelle ils se sentent libres de pressions inconscientes, ce qui renforce leur résistance à examiner leur

également observé que des candidats utilisent l'identification projective dans des buts de défense et de communication.

8. Le groupe de travail sur le début de la psychanalyse rapporte que des « tempêtes affectives » ont été le résultat le plus marquant de leur recherche qualitative concernant les éléments critiques lors des consultations préliminaires (Reith, 2010).

travail de supervision et fragilise leur vulnérabilité narcissique. En tant que professionnels, une fois écarté le mythe de l'analyste « objectif », nous sommes plus libres d'examiner les interférences contre-transférentielles (telles que des affects intensément négatifs ou des gratifications provenant d'un transfert idéalisant) et disposés à solliciter une consultation en cas d'impasse. Cependant, dans notre rôle de superviseur, nous éprouvons une résistance à reconnaître et à faire usage de nos contre-transferts et à demander une consultation portant sur le travail de supervision (Mayman, 1976; Martin *et al.*, 1978; Teitelbaum, 1990; Frawley-O'Dea et Sarnat, 2001; Watkins, 2011a).

Comment concevoir le phénomène de « contamination » ? Dans l'atmosphère multi-théorique du Groupe de Travail « Fin de la Formation/Qu'en pense le superviseur », le terme descriptif « infection » permet une compréhension plus large des processus et des dynamiques de la transmission, dont la dimension intime de la relation qu'elles impliquent constitue l'ingrédient principal. Le terme « contamination » est une métaphore empruntée à la médecine pour désigner un rapprochement physique ou une ingestion, condition requise pour qu'une infection se transmette. [En supervision] ces contaminations semblent prendre racine dans de puissants affects – parfois conscients mais dans la plupart des cas inconscients – qui sont transmis d'un individu à l'autre. Pareils affects sont parfois liés à un fantasme inconscient selon lequel quelque chose de mauvais ou de désagréable va arriver ou est arrivé, telle une expérience honteuse, une perte catastrophique, un échec de l'analyse ou de la supervision, ou encore une confusion des limites entre les membres de la dyade (ou dans le groupe). Cependant, à d'autres occasions, nous n'avons pas pu relier de puissants affects à un fantasme ou à une croyance précise, telle qu'une issue redoutée; nous avons alors supposé que ces affects provenaient d'un stade de préverbal ou qu'ils étaient associés à un traumatisme.

Nous supposons que ces « contaminations » sont des phénomènes qui surviennent lorsque les limites sont davantage perméables. Si on les conceptualise en termes d'identification projective et de contenant/contenu, processus qui impliquent une perméabilité accrue des limites entre soi et l'autre, on comprend que l'origine des contre-transferts soit difficile à déterminer. Ainsi, ils apparaissent comme des « contaminations » sans que leur origine soit claire chez le patient, chez l'analyste et chez le superviseur. Néanmoins, au cours des discussions exploratoires du Groupe de Travail, nous avons constaté l'existence de dynamiques liées à un traumatisme reconnu et à des affects intolérables chez le patient celles-ci ont entraîné des limitations chez le supervisé, en particulier lorsque le superviseur n'est plus parvenu à réfléchir clairement sur la situation ni à émettre un jugement sur le supervisé.

Comment et pourquoi ces affects sont-ils transmis ? Un individu peut être motivé à introduire ces affects dans le psychisme d'autrui afin de le contenir ou de le coloniser, de communiquer ou d'évacuer (Goretti, 2007) ; l'affect peut également être transmis au receveur en l'absence des motivations qui précèdent : la transmission de l'émotion est alors quasi automatique. Gallese et coll. (2007) ont étudié les soubassements neuronaux de l'accordage et suggèrent qu'« en se basant sur le phénomène des neurones miroirs et des découvertes associées, on peut dire virtuellement que dans toute interaction interpersonnelle on assiste chez chaque partenaire à une "induction" inconsciente automatique de ce que l'autre ressent » (p. 149). Autrement dit, dans la plupart des interactions humaines, les processus neuronaux qui sous-tendent une émotion spécifique chez l'observateur se reflètent en miroir chez l'observé, et vice versa. De la sorte, chaque partenaire acquiert une perception immédiate et vive de l'état des sentiments éprouvés par l'autre.

En étudiant de près des séances de supervision, Weinstein et coll. (2009) ont observé des glissements dans les modes d'« interaction »[9] entre superviseur et supervisé ; il s'agissait d'une angoisse apparue chez l'un ou chez les deux partenaires reflétant des tentatives de « régulation mutuelle des affects au sein de la relation de supervision » (p. 1392).

Nos exemples cliniques montrent que des contre-transferts surgissent *séance tenante* chez le superviseur envers le candidat ou envers la dyade candidat/patient. Nous estimons que, dans chaque cas et à des degrés divers, ces contre-transferts interfèrent avec les processus d'évaluation et que la discussion en groupe a permis de repérer des sources de perturbations. Dans toutes les présentations cliniques, le contre-transfert a joué un certain rôle mais sans pour autant provoquer des interférences sérieuses ou durables, spécialement lorsque le superviseur a pu les débusquer. En conséquence, après avoir lu en détail les rapports des discussions de groupe et le matériel des superviseurs (résumés dans les exemples cliniques qui vont suivre), les modérateurs et les consultants du groupe de travail ont conclu, dans la deuxième partie de cet article, qu'ouvrir la dyade de supervision à un « tiers » peut faciliter de bonnes observations et de bonnes évaluations.

9. Les auteurs ont distingué un mode moral, un mode thérapeutique, un mode empirique et un mode modélisant dans l'interaction superviseur/supervisé.

Exemples cliniques montrant la diversité des contre-transferts en supervision (« infection »)

Exemple 1 : interférence institutionnelle et processus parallèles jusque dans le Groupe de travail

Une superviseuse a présenté au groupe « Évaluation de la fin de la formation » (EFF)[10] une candidate avancée qui avait en traitement une femme déprimée d'âge moyen. Elle décrivait la candidate comme travailleuse, motivée et sérieuse avec des tendances obsessionnelles et intellectualisantes. La patiente de la candidate, Madame C, était venue en traitement avec le but de « trouver sa voix ». Cette dernière présentait une histoire de traumatismes, y compris de maltraitance sexuelle et de pertes douloureuses. La superviseuse rapporta au groupe que la candidate éprouvait des difficultés à ressentir de l'empathie par rapport au sentiment de frustration et à la profonde douleur de Madame C. La superviseuse remarqua aussi que la candidate parlait trop durant les séances d'analyse, souvent d'une manière autoritaire et paternaliste, à la manière d'un robot et d'une façon conventionnelle, comme si elle cherchait à plaire et à rester en surface. En supervision, la candidate semblait « dépourvue d'oreille musicale », lisant ses notes de séances et notant méticuleusement les retours de la supervision. Au cours des séances qui ont suivi la supervision, la candidate est intervenue auprès de Madame C en se basant sur ce qu'elle avait appris en supervision, sans l'avoir digéré[11]. La superviseuse s'est sentie frustrée de ne pas être capable de toucher émotionnellement la candidate ; malgré son désir d'y parvenir, elle réalisa au contraire qu'elle gardait sa distance. La candidate confia alors à la superviseuse que sa patiente lui rappelait la fragilité de sa propre mère. Ce genre de communication concernant les difficultés personnelles d'un candidat est considéré dans la littérature comme étant le signe d'une intensification du transfert du supervisé envers le superviseur, puis du contre-transfert du superviseur.

Au début de la réunion, après avoir écouté la supervision, le groupe EFF s'est senti à son tour découragé quant à sa capacité d'aider la superviseuse et pessimiste par rapport à la capacité de la candidate de fonctionner en tant qu'analyste. Les sentiments liés aux processus parallèles ont diminué lorsque les contre-transferts de la superviseuse (sentiments de frustration, détresse, critique et retrait) ont été discutés par le groupe ; ces sentiments ont été compris comme des signes d'un traumatisme, d'un conflit et d'une défense contre ceux-ci et mis en acte au sein de la dyade patiente – candidate puis reproduits en écho par un retrait de la superviseuse. Cette dernière

10. End of Training Évaluation Group.
11. Il s'agit d'un bon exemple de ce qu'on a appelé « supervision en cascade » (supervisory lag).

commença à reconnaître plus explicitement qu'elle-même et la candidate ressentaient comme dangereuse la situation de supervision, avec le risque potentiel d'éprouver et de mettre en acte des émotions puissantes et perturbatrices liées à des expériences d'abus sexuels et de pertes vécues par la patiente. Autrement dit, la candidate ressentait consciemment qu'elle risquait de blesser la patiente et craignait inconsciemment d'être blessée par elle. Une dynamique identique s'est installée dans la dyade de supervision. Avec l'aide du groupe, la superviseuse a retrouvé *sa* voix ; lorsqu'elle put relier plus clairement ses identifications complexes au sadisme de la patiente et à celui de l'analyste, elle parvint à les dissocier de ses craintes traumatiques d'intrusion, d'être critiquée et abandonnée. Signe de son contre-transfert, l'inhibition de la superviseuse est apparue comme le symptôme d'un conflit en rapport avec des sentiments sadiques envers la candidate qui, à son tour, s'est défendue contre des sentiments de vulnérabilité.

La discussion a également mis en lumière une pression institutionnelle visant à freiner les candidats dans l'avance de leur cursus (pour les candidats ayant acquis un certain degré d'ancienneté et sans tenir compte de leur niveau de compétence), frein qui a contribué dans le cas présent à frustrer la candidate et la superviseuse, créant un sentiment d'urgence. De plus, le fait que la candidate ait eu besoin de l'approbation de la superviseuse pour terminer son cursus a intensifié la dynamique sadomasochiste de la situation de supervision. L'évaluation par la superviseuse a accentué la sévérité du surmoi de la candidate, l'amenant à percevoir la superviseuse comme sadique et réticente quant à l'autoriser à poursuivre son cursus.

Exemple 2 : interférence institutionnelle et transfert idéalisant du superviseur envers le supervisé

Dans ce second exemple, une superviseuse a présenté une candidate avancée qu'elle a décrite comme étant une psychothérapeute expérimentée ayant une connaissance théorique étendue. Le patient, M. E., avait une histoire de difficultés dans ses relations, y compris sa relation actuelle. Ses relations passées étaient émaillées de jalousies et d'infidélités triangulaires. Précédemment, son analyse avait été interrompue à deux reprises : d'abord lorsque le patient avait déménagé pendant plusieurs mois pour des raisons professionnelles, ensuite parce que son analyste avait pris un bref congé pour des raisons personnelles. Dans la séance de supervision présentée, la candidate exprima des jugements sur un ton critique envers le patient après que celui-ci lui ait déclaré que son amie désirait un enfant. La candidate remarqua qu'elle avait été critique envers le patient, mais elle ne sembla pas curieuse de connaître la signification de son contre-transfert, ni motivée à y réfléchir.

Avec l'aide du groupe, la superviseuse réalisa que son idéalisation défensive des connaissances théoriques de cette candidate avait compromis sa propre capacité d'évaluer le rôle joué par l'intellectualisation également défensive de la candidate et par sa difficulté face à tout rapprochement. Après discussion en groupe, la superviseuse a réalisé que la candidate et le patient se sont tous deux détournés de leur angoisse parallèle, c'est-à-dire de la crainte que l'enfant du patient risque de ne pas avoir une mère suffisamment bonne. La superviseuse était également profondément préoccupée quant à la capacité du candidat d'être un analyste suffisamment bon et d'être elle-même une superviseuse suffisamment bonne. En rassemblant les dynamiques de cette analyse et de cette supervision, il nous est apparu que la politique de cet institut qui exige seulement deux ans de supervision a créé plus de pression inconsciente qu'elle n'a résolu les problèmes de supervision.

Exemple 3 : interférence institutionnelle et identification du superviseur avec un patient

Dans ce troisième exemple, un superviseur a présenté un candidat avancé qui avait entrepris sa formation en ayant un peu d'expérience en psychothérapie ; par ailleurs, son passé professionnel s'avérait problématique aux yeux de certains membres de l'institut qui doutaient de sa capacité d'adopter une attitude psychanalytique. Le candidat avait en traitement un homme gravement traumatisé et démuni, M. D, qui avait souffert aux mains d'une mère psychotique et d'un père indisponible. M. D avait grandi dans un milieu où il avait été exposé à la nudité et à la mort, en plus il avait une histoire de travestissement. Le superviseur pensait que le candidat pouvait avancer dans son cursus mais il émettait des réserves persistantes, redoutant que la commission du suivi puisse ne pas être d'accord avec son évaluation. Dans les séances de supervision que le superviseur a présentées au groupe, le candidat s'est montré capable d'auto-supervision (par exemple de s'interroger sur ce que signifiait le fait qu'il se détourne de son patient d'un air affairé chaque fois que ce dernier quitte le cabinet de consultation en fin de séance).

Le groupe observa que le superviseur faisait confiance au candidat en le pensant suffisamment motivé pour s'avancer vers des régions du psychisme plus profondes et plus sombres parce qu'une théorie de l'action thérapeutique, lui servait de guide. Le superviseur rapporta également au groupe que le traitement était bien géré et sûr car tout danger était relié et rapporté au transfert et au contre-transfert. Tandis que le groupe poursuivait la discussion au sujet de ce candidat, le superviseur se montra de plus en plus assuré que le candidat était prêt à poursuivre son cursus. Cependant, il prit conscience que *ses propres* angoisses étaient le reflet d'une identification méconnue avec ce candidat manquant d'assurance, alors qu'elles étaient le reflet d'une évaluation plus objective des capacités du candidat. L'angoisse du superviseur était aussi liée à sa crainte anticipée que les membres de son institut (qui avaient précédemment exprimé des doutes par rapport à la capacité analytique de ce candidat) pourraient le critiquer s'il effectuait une évaluation positive de ce candidat. Dans ces circonstances, le groupe est parvenu à contenir l'angoisse du superviseur par rapport à l'état de préparation du candidat ; notamment, le groupe l'a soulagé en l'aidant à reconnaître qu'il avait sous-estimé dans son contre-transfert la compétence du candidat, ce qui l'a conduit à effectuer une évaluation plus appropriée et nettement plus formelle.

Exemple 4 : Contre-transfert en supervision par rapport au patient et au candidat

Dans cet exemple, un superviseur a commencé par déclarer explicitement qu'il valorisait la théorie et l'usage du contre-transfert pour comprendre le matériel clinique. Son matériel de supervision provenait de son travail avec une candidate qu'il estimait talentueuse et capable de faire bon usage de sa pensée et de ses sentiments. Il sentait que la relation de supervision était solide parce qu'ils étaient tous deux capables de « jouer » durant les séances de supervision. Le patient était un homosexuel qui, au regard des membres du groupe, semblait mettre en scène son exhibitionnisme durant les séances d'analyse. Tandis que le superviseur soulignait la capacité et le talent de la candidate en poursuivant sa présentation, le groupe commença à se demander s'il s'agissait plutôt de sa réaction face à une séance d'analyse mise en scène par le patient.

Le groupe ressentit que l'échange entre candidat et patient tel qu'il était décrit par la superviseuse avait un caractère sadomasochiste et érotisé, sous couvert de « jouer ». Néanmoins, le superviseur releva que la candidate avait été capable de prendre distance en supervision. Tandis que le superviseur continuait à en discuter, il réalisa que, davantage que d'ordinaire, il était trop actif et trop bavard avec la supervisée et qu'il n'en avait pas été conscient sur le moment. Le superviseur poursuivit en décrivant la manière dont le matériel devenait « vivant » comme le montraient plusieurs lapsus de la candidate. De plus, dans son dialogue avec la candidate, le superviseur s'aperçut qu'il utilisait également des termes sexuels crus plus fréquemment qu'à son habitude.

Le groupe estima que le superviseur avait été « contaminé » par l'excitation sexuelle généralisée générée par le patient et que celle-ci avait d'abord été projetée sur la candidate, ensuite sur le superviseur. Ainsi, le dialogue entre candidate et superviseur est devenu sexualisé, mais d'une manière silencieuse. En dépit de la façon dont le superviseur utilise habituellement son propre contre-transfert et aide la candidate à faire de même, nous avons été frappés que le superviseur n'ait pas été conscient qu'ils avaient été tous deux été saisis, lui-même et la candidate, par une angoisse sexualisée liée à cette situation (et peut-être aussi par des angoisses propres à chacun d'eux). Plus tard, le superviseur rapporta qu'au cours d'une séance de supervision il s'était senti devenir confus et pensa qu'il s'agissait d'une projection de la confusion de la candidate et des identifications confuses et confusionnantes provenant du patient lui-même. Dans cette situation « contaminée », le superviseur s'est montré capable de supporter ces sentiments et de se constituer comme un modèle de contenance pour la candidate.

Exemple 5 : Interférence institutionnelle et processus parallèle

Ce superviseur, nommé analyste superviseur relativement récemment, présenta une supervision qui lui posait des problèmes. Celle-ci durait depuis trois ans et c'était le second cas du candidat. Ce candidat s'était montré profondément ambivalent envers la formation. En fait, il avait interrompu son analyse didactique. Quant au patient, il était déprimé et souffrait d'un manque d'estime de soi, semblant à la recherche de son identité tant par rapport à la carrière qu'il avait choisi que dans ses relations avec les femmes. Dans son histoire il avait éprouvé des difficultés avec un père alcoolique aux yeux duquel il s'était senti étranger.

Le superviseur décrivit la manière dont le candidat trouvait difficile d'intervenir avec ce patient, de n'importe quelle manière. La crainte d'intervenir du candidat s'intensifia après que son premier cas se soit terminé unilatéralement. De plus, le candidat exprimait souvent des jugements quant à la capacité du patient de progresser dans ses études. Le superviseur tenta alors d'aider le candidat à comprendre les problèmes du patient d'un point de vue dynamique ; il partagea avec le supervisé l'idée que ce patient s'identifiait avec les échecs de son père et qu'il redoutait de le dépasser (une dynamique qui, implicitement, se répétait dans le transfert). Le candidat a été d'accord avec cette formulation mais il n'a pas été capable d'intégrer ce qu'il avait compris dans des interprétations en séance. D'après le groupe, le superviseur pensait que cette analyse n'était pas « suffisamment bonne » et il s'efforçait de partager cette pensée avec le candidat, à la fois directement et à travers son style de supervision. Le groupe insista alors sur l'importance d'interpréter, de tolérer les affects et d'utiliser largement le contre-transfert en se modelant sur sa façon de fonctionner comme superviseur, mais le supervisé ne parut pas s'identifier avec le superviseur de cette manière-là.

Le patient avait tendance à intellectualiser la psychanalyse et la philosophie. Malgré cela, il venait régulièrement et paraissait accepter de dépendre de l'analyste, en dépit de sa difficulté à le payer régulièrement, et il arrivait fréquemment retard. Le candidat à son tour commença à venir en retard et à ne pas payer le superviseur dans les délais. Le groupe a alors été frappé par le processus parallèle qui s'était établi à travers ces mises en acte autour du cadre. En écoutant le matériel, ils [les membres du groupe] prirent conscience de la manière dont, par identification avec le superviseur, eux-mêmes commençaient à se sentir en détresse et à s'endormir. Le groupe était aussi d'avis que le candidat s'identifiait avec le patient. Tous les deux éprouvaient des difficultés à faire face à leurs sentiments et à trouver la bonne distance entre ce qui s'observe au cours du processus analytique et leurs propres sentiments. Le patient devenait inhibé et plein de honte, et le candidat encore davantage. Un « contre-transfert » de groupe ou « contamination » ainsi qu'une contre-identification se firent jour lorsque les participants commencèrent à faire des confusions entre le patient et le candidat, cela de manière répétée. En termes de contre-transfert, le groupe supposa que le superviseur suspendait sa fonction de superviseur chaque fois que le candidat suspendait sa fonction d'analyste. Les membres émirent aussi l'hypothèse que ce retrait subtil était de toute évidence lié à la sensation d'ennui que vivait le groupe en discutant cette supervision. Cet ennui se reflétait également dans le sentiment de détresse partagé par le superviseur et l'analyste. Pendant le Groupe de travail, le superviseur réalisa l'étendue de ses sentiments de détresse. Il reconnut ensuite qu'il était plus passif et désespéré dans cette supervision qu'habituellement, et qu'il était moins actif en communiquant ses rapports d'évaluations à son institut.

Le rôle joué par les problèmes personnels du supervisé devint de plus en plus clair, ce qui montrait qu'il avait davantage besoin d'analyse. De plus, l'institut concerné ne possédait pas une politique administrative claire par rapport aux directives concernant les analyses des candidats. De son côté, le superviseur se sentait inhibé à l'idée d'aborder les problèmes personnels et la question de l'analyse personnelle, aussi bien avec le candidat qu'avec l'institut. Avec l'aide du groupe de discussion, le superviseur se sentit de plus en plus déterminé à parler directement avec le candidat des problèmes qui interféraient avec sa capacité d'analyse.

Cette situation est loin d'être exceptionnelle. Dans une autre situation, dans laquelle le superviseur estimait que les problèmes personnels du candidat interféraient avec sa capacité de gérer du matériel sexuel, le candidat avait également interrompu son analyse personnelle. Dans cet institut, la situation était encore plus compliquée du fait que les superviseurs ne partageaient pas [avec leurs collègues] leurs rapports sur les candidats qu'ils avaient en commun,; de la sorte, le superviseur ne savait pas si le problème du candidat était unique, limité à ce cas en particulier, ou s'il s'agissait d'une problématique plus générale.

Exemple 6 : processus parallèles et contre-transfert envers le supervisé en cours de supervision

Cette superviseuse était déçue par un candidat débutant qui l'avait impressionnée précédemment pendant les cours. Le candidat semblait éprouver des difficultés à gérer le transfert et restait en surface au niveau du matériel. La patiente était venue en traitement à la suite de la perte de son ami. En écoutant le matériel clinique, le groupe fut impressionné par sa dépression et par son sentiment d'être seule, perdue et mise à l'écart, sentiments qu'elle gérait en étant active et en recourant à des défenses maniaques. Le candidat semblait également perdu, confus et incapable de recevoir ce que la superviseuse lui disait. En réaction, la superviseuse essayait consciemment d'être une « bonne enseignante » qui vient en aide au candidat en lui apportant les bases. Elle était plus active qu'à son habitude. Par exemple, à partir du matériel clinique, elle expliquait d'une manière didactique les désirs et les défenses.

Le groupe a été frappé par le processus parallèle suivant : le candidat semblait incapable de s'approprier ce que la superviseuse lui disait, de même que le patient était incapable de s'approprier les interventions du candidat. La superviseuse, qui avait adopté pendant un certain temps une attitude aimable et patiente envers le candidat en difficulté, devint à la fin plus passive et consciente de son désespoir face au processus de supervision. Le groupe sentit que, inconsciemment, la superviseuse avait abandonné la partie et qu'elle se l'était caché à elle-même sous le nom de « patience ». Quelques mois plus tard, la superviseuse était devenue plus active dans la supervision et avait l'impression que le candidat travaillait mieux. Il est important de noter que la superviseuse exerçait son activité à un niveau inhabituel et elle n'en avait pas conscience.

La discussion au sujet de cette supervision amena le groupe à conclure qu'il était important de considérer de tels cas sous le regard d'un « troisième œil ». La forte angoisse et le manque d'expérience du candidat rendaient difficile pour la superviseuse et pour le groupe d'accepter ce qui se passait. En fait le candidat et la superviseuse « regardaient » le patient chacun de manière un peu différente, ce qui ajoutait aux difficultés de cette supervision. De plus, l'impression de la superviseuse estimant que le candidat faisait certains progrès pouvait s'avérer valable, mais cette impression pouvait aussi refléter un besoin d'échapper au découragement face à l'incapacité du candidat de s'approprier ce qu'il lui disait.

Partie 2. – Repérer les signes de contre-transfert en supervision : importance du « tiers »

Nous avons montré qu'il était important de reconnaître, contenir, utiliser efficacement les phénomènes de processus parallèles et les contre-transferts en supervision ; ces éléments sont essentiels pour comprendre et évaluer le progrès du candidat et son aptitude à avancer dans son cursus. Cependant, étant donné que ces processus sont inconscients ou préconscients, comment un superviseur peut-il les identifier ?

Dès le début de l'histoire de la psychanalyse, les analystes ont reconnu la nécessité de l'intervention d'un « tiers » pour les aider à réaliser, à maintenir ou à récupérer leur capacité d'autoréflexion au milieu des forces régressives du transfert/contre-transfert. La « troisième oreille » de Reick (1949), « l'instrument analytique » de Isakower (1992), le « second regard » de Baranger et coll. (1983) représentent autant d'exemples de tels efforts. Depuis que l'illusion de l'objectivité de l'analyste s'est dissipée (Sandler, 1976 ; Jacobs, 1986 ; Hirsch, 1990 ; Renik, 1993), on a assisté à une intensification de la recherche de « quelque chose », de « quelqu'un » ou de « quelque part » situé en dehors du va-et-vient émotionnel régressif de la dyade qui permette de restaurer la capacité de l'analyste à penser de manière indépendante. Le concept de « tiers » s'est popularisé et est utilisé largement par la plupart des traditions théoriques psychanalytiques contemporaines (école des relations d'objet, Winnicottiens, Néo-Kleiniens, Lacaniens, intersubjectivistes) ; ce concept reste néanmoins mal défini et d'un usage inconsistant même au sein d'une école particulière. Il existe plusieurs conceptualisations de la notion de « tiers » (Benjamin 2004, 2009 ; Britton, 1989, 2004 ; Green, 2002 ; Ogden, 1994, 2004) et diverses tentatives de classifier leur usage (Gerson, 2004 ; Aron, 2006 et Muller, 2007).

Dans cet article, nous nous intéressons à trois usages spécifiques du « tiers » qui sont interconnectés. Le premier usage consiste à être capable de reconnaître que les interférences émotionnelles sont inévitables et qu'il est nécessaire de s'engager dans un processus d'autoréflexion. Le deuxième usage consiste à adopter une position d'observateur au sein d'une relation et d'être capable de l'assumer, ou bien d'être capable de récupérer une position d'observateur et de redevenir un participant. Pour Britton (1989) cette attitude demande d'avoir acquis une tolérance œdipienne du lien entre nos parents et reflète « une capacité de nous regarder nous-mêmes dans nos interactions avec autrui, de conserver un point de vue autre tout en concevant le nôtre, dans le but de réfléchir sur nous-mêmes tout en restant Soi-même » (p. 86-87). Enfin, le « tiers » constitue une entité externe « qui ne provient pas des points de vue subjectifs des partenaires de la dyade, mais plutôt qui enveloppe, pénètre et modèle les interactions de la dyade ainsi que les subjectivités de chacun de ses membres »

(Gerson, 2004, p. 76). Ce type de « tiers » inclut le corpus des standards professionnels et éthiques, la communauté psychanalytique, les procédures et débats au sein de l'institut et des groupes de supervisions par les pairs.

Dans le groupe « Évaluation de la Fin de la Formation » (EFF) il a été important de découvrir le besoin qu'a le superviseur de disposer d'une perspective « tierce » pour identifier et alléger les pressions et les interférences qui entravent une transmission de la psychanalyse et une évaluation des candidats suffisamment bonnes. Nous allons proposer maintenant trois remèdes dont chacun apporte un point de vue « tiers » : l'auto supervision, la consultation et le correctif institutionnel.

1. L'auto supervision

Le premier remède concerne la manière dont le superviseur peut maintenir/ramener une perspective psychanalytique qui lui est propre en gardant fermement à l'esprit le fait que des processus inconscients et préconscients sont présents *au cours de chaque supervision et à tout instant* et qu'il s'agit d'être attentif à tout signe de leur présence. L'importance de cette prise de conscience ne saurait être sous-estimée car, comme nous l'avons répété, ces processus sont connus et investigués depuis de nombreuses décennies et restent pourtant inutilisés au quotidien de la supervision. Nous défendons ici l'idée qu'un suivi interne attentif du processus de supervision permet d'identifier la manière dont chacun des participants influence l'autre.

Au cours des supervisions examinées par le groupe « Évaluation de la Fin de la Formation » ses membres et les consultants ont été capables d'identifier un certain nombre de signaux en supervision qui agissaient à un niveau inconscient (dans les circonstances suivantes) :

1) Lorsqu'un superviseur tente de s'orienter en fonction de l'un des critères qu'il utilise habituellement pour évaluer les capacités du candidat à progresser et qu'il éprouve de la difficulté à le faire, ou lorsqu'il élimine des critères significatifs pour lui ou spécifiés par l'institut.

2) Lorsque le superviseur s'aperçoit qu'il devient plus actif ou plus passif que d'habitude durant les séances de supervision. Par exemple lorsqu'il devient plus « didactique » ou plus en retrait que d'habitude.

3) Lorsque le superviseur se sent anxieux, stupide, s'ennuie ou se désespère.

4) Lorsque le superviseur se sent fâché contre le candidat. (Ce sentiment peut affecter l'évaluation et amener le superviseur à éprouver des sentiments plutôt négatifs envers les progrès du candidat ou, en formation réactionnelle, plutôt positifs.)

5) Lorsque le superviseur commence à se préoccuper de la manière dont les autres superviseurs ou l'institut pourrait considérer le candidat.

6) Lorsque le superviseur hésite à parler ouvertement et franchement au candidat des difficultés rencontrées.

D'après l'expérience des responsables et des membres des commissions de cursus, nous pensons également que les rapports d'évaluation permettent de déceler des contre-transferts non reconnus. Des tels signes peuvent apparaître dans les rapports écrits ou oraux à travers des éléments tels que :
– une attention concentrée sur le patient plutôt que sur les performances du candidat ;
– une évaluation vague et brève de la supervision ;
– lorsque le superviseur ne rédige pas ou ne partage pas son évaluation de la supervision d'un candidat avec le candidat concerné ;
– lorsque le superviseur est réticent à dire « non » ou « oui » à un candidat si un candidat lui demande s'il progresse ou s'il peut poursuivre son cursus ;
– lorsque le superviseur est réticent à partager son avis sur les points faibles du candidat, ou qu'il ne parle que de ses points forts.

Lors des réunions du Groupe de Travail, nous avons également observé des occasions où les superviseurs avaient repéré ces signaux et considéré comme des signes de dysfonctionnement du contre-transfert. Dans ces situations, les superviseurs ont été capables de retrouver une perspective tierce et de s'autocorriger en temps utile[12].

2. *Consultation auprès d'un tiers : supervision de la supervision*

Le second remède – c'est l'une des recommandations majeures de notre article – concerne le recours à une instance tierce. Introduire une participation à l'exploration de l'une de nos propres supervisions facilite fréquemment l'identification, la compréhension et l'usage des contre-transferts et rétablit une perspective tierce qui transcende la dynamique immédiate du transfert/contre-transfert et lui donne sens. Aussi considérons-nous que la fonction consultative des Groupes de Travail est semblable à la fonction décrite par Muller (1999) : « La principale intervention du consultant, par conséquent, consiste à réinstaller un tiers, c'est-à-dire un cadre œdipien triangulaire qui place la dyade dans son contexte, élargit sa dimension symbolique et introduit un espace par-delà la dynamique du transfert/contre-transfert. »

Il existe de nombreux exemples de l'utilité d'un groupe fonctionnant comme « tiers » permettant d'observer, d'absorber, de contenir les émotions des superviseurs et de récupérer leur capacité d'observer, de trouver du sens et des liens. Guediman et Wolkenfeld (1980) considèrent que des groupes d'études entre

12. Nous pensons que la question controversée « enseignement *versus* traitement » en supervision dépasse les buts de cet article.

pairs constituent une place unique pour étudier les contributions des trois partenaires de la triade de supervision. Dans un exemple présenté devant un groupe de supervision par les pairs composé de superviseurs seniors dans lequel « des mises en actes parallèles [du présentateur] émergeaient sans cesse », ces auteurs insistent sur la nécessité d'organiser des séminaires de supervision d'un cas continu au cours desquels les superviseurs peuvent se confronter viscéralement à leur inconscient « et à son mépris du temps, de la position et de l'ancienneté » (p. 253).

Caligor (1981) a effectué une étude du processus parallèle en présentant à deux autres superviseurs des enregistrements de ses propres séances de supervision avec un candidat et avec une candidate. En les présentant à ses collègues, Caligor observa qu'il avait profondément pris conscience de l'intensité de ses sentiments envers ses supervisés durant les séances de supervision proprement dites et qu'il en était perturbé. Il ajouta qu'il avait aussi redouté les mêmes critiques de la part de ses « superviseurs » que son supervisé semblait redouter par rapport à lui.

Bien qu'il ait relevé quelques perturbations dans ses enregistrements en cours de supervision, Caligor n'était pas vraiment conscient de l'intensité de son contre-transfert de ses sentiments contre-transférentiels jusqu'au moment où il s'est présenté devant le groupe d'études. Il écrit : « Mon point de vue intérieur était surtout affectif, il manquait de critique et n'était qu'en partie conscient de ce qui se passait. L'expérience affective était forte, mon désir de connaître en retrait. Le point de vue extérieur, représenté par le groupe de supervision, a insisté sur la nécessité d'un point de vue critique et d'un désir de connaître que j'avais en partie perdus mais, je l'espère, seulement de manière temporaire » (p. 12). Les données de Caligor montrent comment les dynamiques du transfert et du contre-transfert propres à la situation thérapeutique ont été mises hors jeu, non seulement entre le candidat et le superviseur mais également d'une manière parallèle au sein même de la supervision du superviseur.

Strean (1991) a présenté des résultats semblables en provenance d'un atelier de supervision en psychanalyse. Durant l'atelier, trois superviseurs ont discuté de leur cas de supervision avec un groupe de superviseurs composés de collègues pairs. À l'aide du groupe, les trois superviseurs ont pris conscience qu'ils étaient entrés à leur insu en collusion ou qu'ils avaient contribué à créer des impasses thérapeutiques entre leurs supervisés et leurs patients. Strean rapporta que le traitement s'améliora lorsque les superviseurs sont devenus conscients d'avoir contribué aux difficultés du traitement.

À partir de la théorie du contenant de Bion (1970) et du concept de holding de Winnicott (1960), Power (2013) s'est penché sur la supervision de la supervision en lui appliquant le terme de « consultance ». Elle considère que la consultance apporte une aide utile en créant un espace protégé dans lequel le superviseur peut penser par associations et donner du sens aux expériences perturbatrices et, de cette manière, aider le supervisé (et l'évaluer ajouterions-nous). Power considère que la consultance est plus utile lorsqu'elle se focalise sur le couple superviseur/supervisé (plus spécifiquement sur la façon de penser du superviseur) plutôt que sur le couple supervisé/patient, de manière à rester proche de l'expérience émotionnelle directe.

Les Groupes de travail constituent eux-mêmes une sorte de consultation pour le superviseur. Bien que la supervision ne soit pas l'affaire des groupes, tous les présentateurs ont trouvé que l'expérience de présenter dans cet espace a facilité leur compréhension de ce qui se déroulait dans leur pensée pendant la supervision et le processus d'évaluation. Les membres du groupe développent une qualité de relation unique, réflexive et englobante. Ainsi, le groupe est vécu comme un tiers dans le sens d'une entité externe qui, à la fois, observe et participe. De même les auteurs de cet article ont trouvé que la relecture et l'analyse des enregistrements des discussions de plusieurs groupes ont servi de « tiers » d'une manière similaire, grâce auxquels nous avons plus clairement pris conscience de nos façons de superviser.

Les ateliers ont joué un rôle important et utile de correctifs par rapport à une série de taches aveugles. Par conséquent, nous sommes d'avis qu'une supervision périodique de la supervision constitue un correctif important et nécessaire en raison des interférences généralisées qui affectent les superviseurs dans leur tâche de former et d'évaluer.

3. « Tiers » institutionnels

Le Groupe de travail « Évaluation de la Fin de la Formation » a également abouti à la conclusion que des correctifs institutionnels significatifs peuvent être apportés aux réactions émotionnelles préconscientes et inconscientes décrites dans notre article et constituer ainsi une autre forme de « tiers ». Il s'agit par exemple : de perspectives provenant de lecteurs (autres que les superviseurs) de rapports cliniques des candidats sur leur travail d'une analyse supervisée ; des rapports réguliers établis par les commissions de suivi du cursus (spécialement lorsque le superviseur d'un candidat pourrait connaître le point de vue d'autres superviseurs sur ce candidat) ; d'informations détaillées fournies aux candidats et aux superviseurs lorsque le comité répond à une demande concernant l'évolution du cursus ; de colloques formels au cours desquels les candidats présentent leur travail à des comités spécifiques ; d'informations données aux candidats lorsqu'ils assistent à un exposé de cas ou qu'ils effectuent une présentation à un institut en visite, etc. Naturellement, ces sources d'information extérieures à la triade de supervision peuvent servir de correctifs ; mais à condition que les superviseurs les utilisent pour comparer des données extérieures sur les progrès du candidat avec leur propre façon de comprendre et d'évaluer les progrès du candidat.

Conclusion

Pendant des années, de nombreuses présentations ont été effectuées par des analystes superviseurs venant de différentes régions du monde dans le cadre du groupe de travail « Évaluation de la Fin de la Formation ». Notre analyse d'une partie de ces données montre que, peu importent les caractéristiques personnelles et l'arrière-plan, le jugement d'un superviseur sur le degré de préparation d'un candidat en vue d'un travail analytique indépendant se trouve affecté par des facteurs intrinsèques et extrinsèques liés à la supervision.

À partir d'un grand nombre de cas, nos résultats fournissent des données qualitatives qui soutiennent l'idée que des phénomènes processuels parallèles et des contre-transferts en supervision existent sous des formes variées et à des degrés divers dans toutes les supervisions. Nous avons identifié quatre sources de contre-transfert en supervision : premièrement, une tension inhérente au rôle d'évaluateur; deuxièmement, des besoins narcissiques du superviseur; troisièmement, des identifications et contre-identifications complexes, des processus parallèles et des « contaminations » au sein de la triade en supervision; quatrièmement, la nature de la relation du superviseur avec ses collègues, les politiques et les exigences institutionnelles. Nos données montrent que les difficultés en cours de supervision surgissent souvent parallèlement aux difficultés du traitement, mais pas toujours.

De plus, nous avons réalisé que les contre-transferts en supervision et les mises en actes parallèles sont souvent insuffisamment reconnus et sous-utilisés de sorte qu'on mésestime leur impact sur la capacité des superviseurs d'évaluer les progrès des candidats. Nos résultats montrent que ces processus, lorsqu'ils ne sont pas vraiment reconnus et utilisés, peuvent compromettre la capacité du superviseur d'évaluer la capacité du candidat à pratiquer de manière indépendante, c'est-à-dire sa capacité de terminer son cursus. Bien qu'il reste encore beaucoup à comprendre dans la manière dont les processus parallèles agissent, nous avons réalisé combien le concept d'identification projective parallèle est utile dans la situation de traitement et dans la supervision.

Nous défendons l'idée qu'il est important que les superviseurs s'efforcent de repérer et de comprendre les différentes manières dont ils peuvent s'empêtrer dans la dynamique transféro/contre-transférentielle de la triade. Dans nos efforts pour aider les superviseurs à identifier, contenir et utiliser efficacement leurs réponses, nous avons mis en évidence des signaux communs à ces imbroglios propres à la fonction d'évaluation du superviseur. Nous avons proposé trois correctifs possibles pour réduire de telles interférences. Il s'agit de résultats préliminaires et nous espérons qu'à l'avenir il y aura davantage d'études et de recherches dans ce domaine.

BIBLIOGRAPHIE

Arlow J.A. (1963). The supervisory situation. *J Am Psychoanal Assoc* 11 : 576-94.

Aron L. (2006). Analytic impasse and the third. *Int. J. Psychoanal.* 87 : 349-68.

Baranger M., Baranger W., Mom J. (1983). Process and non-process in analytic work. *Int. J. Psychoanal.* 64 : 1-15.

Baudry F.D. (1993). The personal dimension and management of the supervisory situation with a special note on the parallel process. *Psychoanal. Q.* 62 : 588-614.

Benjamin J. (2004). Beyond doer and done to. *Psychoanal. Q.* 73 : 5-46.

Benjamin J. (2009). A relational psychoanalysis perspective on the necessity of acknowledging failure in order to restore the facilitating and containing features of the intersubjective relationship the shared third. *Int. J. Psychoanal.* 90 : 441-50.

Berman E. (2000). Psychoanalytic supervision. *Int. J. Psychoanal.* 81 : 273-90.

Bion W.R. (1963). *Elements of psycho-analysis*, 1-104. London : Heinemann.

Bion W.R. (1970). *Attention and interpretation : A scientific approach to insight in psycho-analysis and groups*. London : Tavistock.

Bleger J. (1967). Psycho-analysis of the psycho-analytic frame. *Int. J. Psychoanal.* 48 : 511-9.

Britton R. (1989). The missing link : Parental sexuality in the Oedipus complex. In *The Oedipus Complex Today Clinical Implications*, 83-101. London : Karnac.

Britton R. (2004). Subjectivity, objectivity, and triangular space. *Psychoanal. Q.* 73 : 47-61.

Buechler S. (2008). Shaming psychoanalytic candidates. *Psychoanal Inq* 28 : 361-72.

Cabaniss D.L., Glick R.A., Roose S.P. (2001). The Columbia supervision project. *J. Am. Psychoanal. Assoc.* 49 : 235-67.

Caligor L. (1981). Parallel and reciprocal processes in psychoanalytic supervision. *Contemp Psychoanal* 17 : 1-27.

Doehrman M.J.G. (1976). Parallel processes in supervision and psychotherapy. *Bulletin of the Menninger Clinic* 40 : 3-104.

Driver C. (2008). Assessment in supervision : An analytic perspective. *Brit. J. Psychother.,* 24 : 328-42.

Eisold K. (2004). Psychoanalytic training : The « Faculty System ». *Psychoanal. Inq.* 24 : 51-70.

Ekstein R., Wallerstein R.S. (1958). *The teaching and learning of psychotherapy*. Madison, CT : International UP.

Erlich H.S. (2013). *The couch in the marketplace : Psychoanalysis and social reality*. London : Karnac.

Erlich M. (2014). Personal communication.

Frawley-O'Dea M.G., Sarnat J. (2001). *The supervisory relationship : A contemporary psychodynamic approach*. New York : Guilford Press.

Frijling-Schreuder E.C., Isaac-Edersheim E., Van der Leeuw P.J. (1981). The supervisor's evaluation of the candidate. *Int. J. Psychoanal.* 8 : 393-400.

Gallese V., Eagle M.N., Migone P. (2007). Intentional attunement : Mirror neurons and the neural underpinnings of interpersonal relations. *J. Am. Psychoanal. Assoc.* 55 : 131-76.

Gediman H.K. (2001). The supervisory process : Triadic system and beyond. *J. Amer. Psychoanal. Assn.* 49 : 733-7.

Gediman H.K., Wolkenfeld F. (1980). The parallelism phenomenon in psychoanalysis and supervision : Its reconsideration as a triadic system. *Psychoanal. Q.* 49 : 243-55.

Gerson S. (2004). The relational unconscious. *Psychoanal. Q.* 73 : 63-98.

Goretti G.R. (2007). Projective identification. *Int. J. Psychoanal.* 88 : 387-405.

Green A. (2002). Configurations de la tiercéité. In *Idées directrices pour une psychanalyse contemporaine*. Paris : PUF, p. 249-252.

Grinberg L. (1962). On a specific aspect of countertransference due to the patient's projective identification. *Int. J. Psychoanal.* 43 : 436-40.

Grinberg L. (1979). Countertransference and projective counteridentification. *Contemp. Psychoanal.* 15 : 226-47.

Haesler L. (1993). Adequate distance in the relationship between supervisor and supervisee – The position of the supervisor between « teacher » and « analyst ». *Int. J. Psychoanal.* 74 : 547-55.

Hinke I. (2014). End of Training Évaluation Project. Unpublished paper presented to the March meetings of the North American Working Party, New York.

Hinze E. (2013). Expanding the field : Clinical Working Party today. *Int. J. Psychoanal.* 94 : 1194-6.

Hirsch I. (1990). Countertransference and participant observation. *Am. J. Psychoanal.* 50 : 275-84.

Isakower O. (1992). Chapter two : preliminary thoughts on the analyzing instrument. *J. Clin. Psychoanal.* 1 : 184-94.

Issacharoff A. (1982). Countertransference in supervision – therapeutic consequences for the supervisee. *Contemp. Psychoanal.* 18 : 455-72.

Jacobs T.J. (1986). On countertransference enactments. *J. Am. Psychoanal. Assoc.* 34 : 289-307.

Jacobs D. (2001). Narcissism, eroticism, and envy in the supervisory relationship. *J. Am. Psychoanal. Assoc.* 49 : 813-30.

Jaffe L. (2001). Countertransference, supervised analysis, and psychoanalytic training requirements. *J. Am. Psychoanal. Assoc.* 49 : 831-53.

Junkers G., Tuckett D., Zachrisson A. (2008). To be or not to be a psychoanalyst – How do we know a candidate is ready to qualify ? Difficulties and controversies in evaluating psychoanalytic competence. *Psychoanal. Inq.* 28 : 288-308.

Kernberg O.F. (1997). The nature of interpretation. *Ann Psychoanal* 25 : 97-11.

Kernberg O.F. (2010). Psychoanalytic supervision : The supervisor's tasks. *Psychoanal. Q.* 79 : 603-27.

Kirsner T. (2000). *Unfree association : Inside psychoanalytic institutions*. London : Process Press.

Klein M. (1946). Notes on some schizoid mechanisms. *Int. J. Psychoanal.* 27 : 99-110.

Lebovici S. (1970). Technical remarks on the supervision of psychoanalytic treatment. *Int. J. Psychoanal.* 51 : 385-92.

Lester E.P., Robertson B.M. (1995). Multiple interactive processes in psychoanalytic supervision. *Psychoanal. Inq.* 15 : 211-25.

Levenson E. (1982). Follow the fox : An inquiry into the vicissitudes of psychoanalytic supervision. *Contemp. Psychoanal.* 18 : 1-15.

Martin G.C., Mayerson P., Olsen H.E., Wiberg J.L. (1978). Candidates'evaluation of psychoanalytic supervision. *J. Am. Psychoanal. Assoc.* 26 : 407-24.

Mayman M. (1976). Parallel processes in supervision and psychotherapy. *Bulletin of the Menninger Clinic* 40 : 1-8.

Mendelsohn R. (2012). Parallel process and projective identification in psychoanalytic supervision. *Psychoanal. Rev.* 99 : 297 – 314.

Miller L., Twomey J.E. (1999). A parallel without a process. *Contemp. Psychoanal.* 35 : 557-80.

Muller J.P. (1999). Consultation from the position of the third. *Am. J. Psychoanal.* 59 : 113-8.9.

Muller P. (2007). A view from Riggs : Treatment resistance and patient authority-IV. Why the air needs the third. *Am. Psychoanal. Assoc.* 35 : 221-241

Ogden T.H. (1994). The analytic third : Working with intersubjective psychoanalytical facts. *Int. J. Psychoanal.* 75 : 3-9.

Ogden T.H. (2004). The analytic third : Implications for psychoanalytic theory and technique. *Psychoanal. Q.* 73 : 167-95.

Pegeron J. (1996). Supervision as an analytic experience. *Psychoanal. Q.*, 65 : 693-710.

Power A. (2013). Supervision of supervision : How many mirrors do we need? *Brit. J. Psychother.* 29 : 389-404.

Reik T. (1949). *Listening with the third ear*. New York : Farrar, Straus, and Co.

Reith B. (2010). The specific dynamics of initial interviews : Switching the level, or opening up a meaning space? *European Federation of Psychoanalysis : Bulletin* 64 (Suppl.) : 57-80.

Renik O. (1993). Analytic interaction : Conceptualizing technique in light of the analyst's irreducible subjectivity. *Psychoanal. Q.* 62 : 553-71.

Rosenfeld H. (1983). Primitive object relations and mechanisms, *Int. J. Psychoanal.* 64 : 261-7.

Sandler. J (1976). Countertransference and role-responsiveness. *Int. Rev. Psychoanal.* 3:43 -7.

Sarnat J.E. (1992). Supervision in relationship. *Psychoanal. Psychol.* 9 : 387-403.

Sarnat J.E. (1998). Rethinking the role of regressive experience in psychoanalytic supervision. *J. Am. Psychoanal. Assoc.* 26 : 529-43.

Searles H.F. (1955). The informational value of the supervisor's emotional experiences. *Psychiatry* 18 : 135-46.

Sklar J., Parsons S. (2011). *Landscapes of the dark : History, trauma, psychoanalysis.* London : Karnac.

Skolnikoff A.Z. (1997). The supervisorial situation : Intrinsic and extrinsic factors influencing transference and countertransference themes. *Psychoanal. Inq.* 17 : 90-107.

Stimmel B. (1995). Resistance to awareness of the supervisor's transferences with special reference to the parallel process. *Int. J. Psychoanal.* 76 : 609-18.

Strean H.S. (1991). Colluding illusions among analytic candidates, their supervisors, and their patients : A major factor in some treatment impasses. *Psychoanal. Psychol.* 8 : 403-14.

Szecsody I. (2008). Does anything go in psychoanalytic supervision? *Psychoanal. Inq.* 28 : 373-86.

Teitelbaum S.H. (1990). Supertransference. *Psychoanal Psychol* 7 : 243-58.

Watkins C.E., Jr (2011a). Celebrating psychoanalytic supervision : Considering a century of seminal contribution. *Psychoanal. Rev.* 98 : 401-18.

Watkins C.E., Jr (2011b). Toward a tripartite vision of supervision for psychoanalysis and psychoanalytic psychotherapies : Alliance, transference-countertransference configuration, and real relationship. *Psychoanal. Rev.* 98 : 557-90.

Weinstein L.S., Winer J.A., Ornstein E. (2009). Supervision and self-disclosure : Modes of supervisory interaction. *J. Am. Psychoanal. Assoc.* 57 : 1379-400.

Werbart A (2007). Utopic ideas of cure and joint exploration in psychoanalytic supervision. *Int. J. Psychoanal.* 88 : 1391-408.

Winnicott D.W. (1960). The theory of the parent-infant relationship. *Int. J. Psychoanal.* 41 : 585-95.

Zaslavsky J., Nunes M.L., Eizirik C.L. (2005). Approaching countertransference in psychoanalytical supervision. *Int. J. Psychoanal.* 86 : 1099-131.

THE INTERNATIONAL JOURNAL OF PSYCHOANALYSIS

Volume 98, 2017

Volume 98 Number 1 February 2017

Volume 98 *Number 2* *April 2017*

Volume 98 *Number 3* *June 2017*

Volume 98 *Number 4* *August 2017*

Volume 98 *Number 5* *October 2017*

Volume 98 Number 6 December 2017

INDEX DES SUJETS

A

B

C

D

E

J

L

M

N

O

P

R

S

T

V

INDEX DES AUTEURS

A

B

C

D

E

F

J

K

L

M

U

V

W

Y